《列国志》编辑委员会

主　任　陈佳贵
副主任　黄浩涛　武　寅
委　员　（以姓氏笔画为序）
　　　　于　沛　王立强　王延中　王缉思
　　　　邢广程　江时学　孙士海　李正乐
　　　　李向阳　李静杰　杨　光　张　森
　　　　张蕴岭　周　弘　赵国忠　蒋立峰
　　　　温伯友　谢寿光
秘书长　王延中（兼）　谢寿光（兼）

中国社会科学院重大课题
国家"十五"重点出版项目

列国志

GUIDE TO THE WORLD STATES

中国社会科学院《列国志》编辑委员会

索马里 吉布提

顾章义 付吉军 周海泓 编著

社会科学文献出版社
SOCIAL SCIENCES ACADEMIC PRESS (CHINA)

索马里、吉布提行政区划图

索马里国旗

索马里国徽

吉布提国旗

吉布提国徽

索马里的武士与少女

索马里技术人员查看棉花生长情况

索马里的红壤性土壤，绿树掩映着传统的小茅屋，别有一番风情

索马里南部农业区的姑娘为茁壮的庄稼而欢笑

索马里北部牧区的姑娘

索马里多数地方干旱少雨,为了饮水,人们往往要奔波很远的路程

索马里首都摩加迪沙的一条大街

索马里培养了自己的拖拉机手

穿上节日盛装的索马里妇女

索马里南部地区草原风光

吉布提总统府

吉布提港集装箱码头

吉布提电讯大楼

中国援建的吉布提人民宫　　　　　　　中国驻吉布提大使馆

（有关吉布提的照片由中国前驻吉使馆工作人员关金地提供）

吉布提迪基尔县群众盛装欢迎中国代表团来访场面

总统夫人与吉妇女载歌载舞

身着民族服装的吉布提总统夫人和母子中心的儿童欢迎李肇星部长访吉

低于海平面153米的阿萨勒湖

前　言

自 1840 年前后中国被迫开关、步入世界以来，对外国舆地政情的了解即应时而起。还在第一次鸦片战争期间，受林则徐之托，1842 年魏源编辑刊刻了近代中国首部介绍当时世界主要国家舆地政情的大型志书《海国图志》。林、魏之目的是为长期生活在闭关锁国之中、对外部世界知之甚少的国人"睁眼看世界"，提供一部基本的参考资料，尤其是让当时中国的各级统治者知道"天朝上国"之外的天地，学习西方的科学技术，"师夷之长技以制夷"。这部著作，在当时乃至其后相当长一段时间内，产生过巨大影响，对国人了解外部世界起到了积极的作用。

自那时起中国认识世界、融入世界的步伐就再也没有停止过。中华人民共和国成立以后，尤其是 1978 年改革开放以来，中国更以主动的自信自强的积极姿态，加速融入世界的步伐。与之相适应，不同时期先后出版过相当数量的不同层次的有关国际问题、列国政情、异域风俗等方面的著作，数量之多，可谓汗牛充栋。它们对时人了解外部世界起到了积极的作用。

当今世界,资本与现代科技正以前所未有的速度与广度在国际间流动和传播,"全球化"浪潮席卷世界各地,极大地影响着世界历史进程,对中国的发展也产生极其深刻的影响。面临不同以往的"大变局",中国已经并将继续以更开放的姿态、更快的步伐全面步入世界,迎接时代的挑战。不同的是,我们所面临的已不是林则徐、魏源时代要不要"睁眼看世界"、要不要"开放"问题,而是在新的历史条件下,在新的世界发展大势下,如何更好地步入世界,如何在融入世界的进程中更好地维护民族国家的主权与独立,积极参与国际事务,为维护世界和平,促进世界与人类共同发展做出贡献。这就要求我们对外部世界有比以往更深切、全面的了解,我们只有更全面、更深入地了解世界,才能在更高的层次上融入世界,也才能在融入世界的进程中不迷失方向,保持自我。

与此时代要求相比,已有的种种有关介绍、论述各国史地政情的著述,无论就规模还是内容来看,已远远不能适应我们了解外部世界的要求。人们期盼有更新、更系统、更权威的著作问世。

中国社会科学院作为国家哲学社会科学的最高研究机构和国际问题综合研究中心,有11个专门研究国际问题和外国问题的研究所,学科门类齐全,研究力量雄

前言

厚,有能力也有责任担当这一重任。早在20世纪90年代初,中国社会科学院的领导和中国社会科学出版社就提出编撰"简明国际百科全书"的设想。1993年3月11日,时任中国社会科学院院长的胡绳先生在科研局的一份报告上批示:"我想,国际片各所可考虑出一套列国志,体例类似几年前出的《简明中国百科全书》,以一国(美、日、英、法等)或几个国家(北欧各国、印支各国)为一册,请考虑可行否。"

中国社会科学院科研局根据胡绳院长的批示,在调查研究的基础上,于1994年2月28日发出《关于编纂〈简明国际百科全书〉和〈列国志〉立项的通报》。《列国志》和《简明国际百科全书》一起被列为中国社会科学院重点项目。按照当时的计划,首先编写《简明国际百科全书》,待这一项目完成后,再着手编写《列国志》。

1998年,率先完成《简明国际百科全书》有关卷编写任务的研究所开始了《列国志》的编写工作。随后,其他研究所也陆续启动这一项目。为了保证《列国志》这套大型丛书的高质量,科研局和社会科学文献出版社于1999年1月27日召开国际学科片各研究所及世界历史研究所负责人会议,讨论了这套大型丛书的编写大纲及基本要求。根据会议精神,科研局随后印发了《关于〈列国志〉编写工作有关事项的通知》,陆续为启动项目拨付研究经费。

为了加强对《列国志》项目编撰出版工作的组织协调，根据时任中国社会科学院院长的李铁映同志的提议，2002年8月，成立了由分管国际学科片的陈佳贵副院长为主任的《列国志》编辑委员会。编委会成员包括国际片各研究所、科研局、研究生院及社会科学文献出版社等部门的主要领导及有关同志。科研局和社会科学文献出版社组成《列国志》项目工作组，社会科学文献出版社成立了《列国志》工作室。同年，《列国志》项目被批准为中国社会科学院重大课题，国家新闻出版总署将《列国志》项目列入国家重点图书出版计划。

在《列国志》编辑委员会的领导下，《列国志》各承担单位尤其是各位学者加快了编撰进度。作为一项大型研究项目和大型丛书，编委会对《列国志》提出的基本要求是：资料详实、准确、最新，文笔流畅，学术性和可读性兼备。《列国志》之所以强调学术性，是因为这套丛书不是一般的"手册"、"概览"，而是在尽可能吸收前人成果的基础上，体现专家学者们的研究所得和个人见解。正因为如此，《列国志》在强调基本要求的同时，本着文责自负的原则，没有对各卷的具体内容及学术观点强行统一。应当指出，参加这一浩繁工程的，除了中国社会科学院的专业科研人员以外，还有院外的一些在该领域颇有研究的专家学者。

前言

现在凝聚着数百位专家学者心血、约计 200 卷的《列国志》丛书，将陆续出版与广大读者见面。我们希望这样一套大型丛书，能为各级干部了解、认识当代世界各国及主要国际组织的情况，了解世界发展趋势，把握时代发展脉络，提供有益的帮助；希望它能成为我国外交外事工作者、国际经贸企业及日渐增多的广大出国公民和旅游者走向世界的忠实"向导"，引领其步入更广阔的世界；希望它在帮助中国人民认识世界的同时，也能够架起世界各国人民认识中国的一座"桥梁"，一座中国走向世界、世界走向中国的"桥梁"。

《列国志》编辑委员会

2003 年 6 月

CONTENTS

目 录

索马里（Somalia）

导 言 / 3

第一章 国土与人民 / 7

第一节 自然地理 / 7
    一 地理位置 / 7
    二 行政区划 / 7
    三 地形特征 / 8
    四 河流与湖泊 / 10
    五 气候 / 11

第二节 自然资源 / 14
    一 矿产 / 14
    二 植物 / 15
    三 动物 / 17
    四 近海水域生物 / 20

第三节 居民与宗教 / 20
    一 人口 / 20
    二 民族 / 22

CONTENTS 目 录

  三　语言 / 23
  四　宗教 / 24
 第四节　民俗与节日 / 25
  一　民俗 / 25
  二　节日 / 30

第二章　历　史 / 33

 第一节　古代的索马里 / 33
  一　蓬特国 / 33
  二　诸素丹国 / 35
  三　古代中索关系 / 38
 第二节　西方列强对索马里的侵略与瓜分
    索马里人民的反抗斗争 / 40
  一　葡萄牙的入侵 / 40
  二　英国和法国的入侵 / 41
  三　西方列强对索马里的瓜分 / 43
  四　索马里人民的反抗斗争 / 45
 第三节　殖民统治下的索马里
    民族独立运动的兴起 / 48
  一　殖民统治下的索马里 / 48
  二　民族独立运动的兴起 / 50

CONTENTS

目 录

第四节　索马里独立的历史进程
　　　　索马里共和国的成立 / 52
　　一　英属索马里独立的历史进程 / 52
　　二　意属索马里独立的历史进程 / 54
　　三　索马里共和国的成立 / 56
第五节　独立后的索马里 / 57
　　一　共和国时期 / 57
　　二　民主共和国时期 / 60
　　三　动乱和地方割据时期 / 65
第六节　著名历史人物 / 69
　　一　穆罕默德·阿卜杜拉·哈桑 / 69
　　二　阿卜迪拉希·阿里·舍马克 / 70
　　三　穆罕默德·西亚德·巴雷 / 70

第三章　政治和军事 / 73

第一节　部落观念对索马里政治的影响 / 73
第二节　独立以来索马里政治体制的演变 / 75
　　一　共和国时期的政治体制 / 75
　　二　民主共和国时期的政治体制 / 77
　　三　动乱与地方割据时期的政治体制 / 78
第三节　立法与司法 / 79

CONTENTS

目　录

　　一　索马里的传统法制 / 79
　　二　殖民时期的法制 / 80
　　三　共和国时期的立法与司法 / 80
　　四　民主共和国时期的立法与司法 / 81
　　五　动乱与地方割据时期的立法与司法 / 83
　　六　监狱 / 85
第四节　政党、团体 / 85
　　一　政党 / 85
　　二　社会团体 / 92
第五节　难民与侨民 / 93
　　一　难民 / 93
　　二　侨民 / 95
第六节　军事 / 96
　　一　建军历程 / 96
　　二　准军事力量 / 98

第四章　经　　济 / 101

第一节　经济发展的几个主要阶段 / 101
　　一　殖民统治以前的经济 / 101
　　二　殖民统治阶段的经济 / 102
　　三　独立以来的经济 / 107

CONTENTS

目 录

第二节 农业／118
　一 种植业／118
　二 畜牧业／124
　三 渔业／129
　四 林业／130

第三节 工业／132
　一 制造业／132
　二 电力业／133
　三 石油／134
　四 采矿业／135

第四节 商业、服务业／135

第五节 交通与通讯／139
　一 公路运输／140
　二 海上运输与港口／141
　三 空运／144
　四 邮电通讯／146

第六节 财政金融／147
　一 货币／147
　二 侨汇／148

第七节 对外经济关系／149
　一 对外贸易／149
　二 外国援助／152

CONTENTS 目 录

第八节 旅游业 / 154
 一 首都摩加迪沙 / 154
 二 基斯马尤 / 158
 三 哈尔格萨 / 159
 四 柏培拉 / 159
 五 其他旅游景点 / 160
 六 珍贵的旅游纪念品：银饰雕刻 / 160

第九节 国民生活 / 161
 一 概况 / 161
 二 收入水平 / 161
 三 居住条件 / 162
 四 饮用水 / 163

第五章 教育、科学、文艺、卫生 / 165

第一节 教育 / 165
 一 殖民时期的教育 / 165
 二 独立以来的教育 / 166

第二节 科学技术 / 170

第三节 文学艺术 / 171
 一 文学 / 171
 二 戏剧电影 / 172

CONTENTS

目 录

　　三　音乐舞蹈 / 172
第四节　医药卫生 / 173
第五节　体育 / 175
第六节　新闻出版 / 176
　　一　报纸与通讯社 / 176
　　二　广播 / 178
　　三　电视 / 179

第六章　外　　交 / 181

第一节　外交政策 / 182
　　一　共和国时期的外交政策 / 182
　　二　民主共和国时期的外交政策 / 183
　　三　索马里政府签署的人权条约 / 184
第二节　同美国的关系 / 185
第三节　同意大利的关系 / 188
第四节　同英、德、法等欧盟国家的关系 / 190
第五节　同苏联/俄罗斯和东欧国家的关系 / 192
第六节　同周边邻国的关系 / 194
　　一　同埃塞俄比亚的关系 / 194
　　二　同肯尼亚的关系 / 198
　　三　同吉布提的关系 / 200

CONTENTS 目 录

第七节 同阿拉伯国家的关系 / 202
第八节 同中国的关系 / 204
 一 索马里与中国关系概述 / 204
 二 中索外交关系的建立 / 205
 三 中国与索马里共和国的友好交往 / 207
 四 中国与索马里民主共和国的友好交往 / 208
 五 索马里地方割据时期的中索关系 / 213
 六 中索经贸关系 / 214
 七 其他领域的交流与合作 / 217
 八 中索历任驻对方大使简况 / 219
第九节 联合国在索马里的维和及人道主义
   救援行动 / 220

吉布提（Djibouti）

导 言 / 227

第一章 国土与人民 / 230

第一节 自然地理 / 230
 一 地理位置 / 230
 二 行政区划 / 230

CONTENTS

目　录

　　三　地形特点 / 230
　　四　河流与湖泊 / 231
　　五　气候 / 232
第二节　自然资源 / 232
　　一　矿物 / 232
　　二　植物 / 233
　　三　动物 / 233
第三节　居民与宗教 / 233
　　一　人口 / 233
　　二　民族 / 234
　　三　语言 / 234
　　四　宗教 / 235
第四节　民俗与节日 / 235
　　一　民俗 / 235
　　二　节日 / 237

第二章　历　史 / 239

第一节　古代的吉布提 / 239
第二节　西方列强对吉布提的侵略和法国对
　　　　吉布提的占领 / 240
　　一　西方列强对吉布提的侵略 / 240

CONTENTS 目 录

  二 法国对吉布提的侵略和占领 / 241
第三节 法国殖民统治下的吉布提 / 243
第四节 吉布提人民争取独立的斗争
    吉布提共和国的成立 / 246
  一 吉布提人民争取独立的斗争 / 246
  二 吉布提的独立与共和国的成立 / 250

第三章 政治和军事 / 252

第一节 政治体制 / 252
第二节 国家机构 / 253
第三节 立法与司法 / 253
  一 立法 / 253
  二 司法 / 255
第四节 政党、团体 / 255
  一 政党与政党制度 / 255
  二 群众性团体 / 259
第五节 军事 / 261
  一 概述 / 261
  二 军种与兵种 / 262
  三 对外军事关系 / 263

CONTENTS

目 录

第四章 经　　济 / 265

第一节　概述 / 265

第二节　农业 / 267

　　一　种植业 / 267

　　二　畜牧业 / 268

　　三　渔业 / 268

　　四　林业 / 269

第三节　工业 / 269

第四节　商业、服务业 / 270

第五节　交通与通讯 / 271

　　一　交通运输 / 271

　　二　通讯 / 272

第六节　财政与金融 / 273

　　一　财政 / 273

　　二　金融与货币 / 274

第七节　对外经济关系 / 274

　　一　对外经济关系的方针政策 / 274

　　二　对外贸易 / 275

　　三　外国援助 / 275

第八节　旅游业 / 276

CONTENTS

目 录

第九节　国民生活 / 278

　　一　人文开发指数 / 278

　　二　就业 / 279

　　三　工资 / 279

　　四　人口增长与寿命 / 280

第五章　教育、科学、文艺、卫生 / 281

第一节　教育 / 281

第二节　文学艺术 / 282

　　一　文学 / 283

　　二　戏剧电影 / 283

　　三　音乐舞蹈 / 283

　　四　美术 / 284

　　五　文化设施 / 284

第三节　医药卫生 / 284

第四节　体育 / 285

第五节　新闻出版 / 286

　　一　报纸与通讯社 / 286

　　二　广播、电视 / 286

　　三　期刊 / 287

CONTENTS

目 录

第六章 外　　交 / 288

第一节　外交政策 / 288

　一　外交政策 / 288

　二　对当前重大国际问题的态度 / 289

第二节　同美国的关系 / 290

第三节　同法国的关系 / 291

第四节　同苏联/俄罗斯的关系 / 293

第五节　同中国的关系 / 294

　一　人员互访 / 294

　二　经济合作与贸易 / 295

　三　医疗、教育和文化合作 / 296

　四　两国驻对方使馆 / 296

第六节　同周边国家的关系 / 297

　一　同索马里的关系 / 297

　二　同埃塞俄比亚的关系 / 298

　三　同厄立特里亚的关系 / 299

附录　吉布提重要人物介绍 / 300

主要参考文献 / 302

索马里
(Somalia)

列国志

导　言

在非洲大陆的东部，有一个突出在印度洋和亚丁湾之间的半岛，其形状如同犀牛角，被称之为"非洲之角"，这就是索马里半岛。索马里共和国就坐落在这个半岛上。由于该半岛处在印度洋通向红海的要冲地带，是沟通亚、非、欧三大洲的桥梁，联结太平洋、印度洋和大西洋的纽带，在地理交通和战略上都十分重要，这就使索马里成为世人关注的一个国家。

正由于地缘上的重要性，从16世纪开始，葡萄牙、英国、法国、意大利和德国等西方国家先后都将侵略矛头指向索马里，欲将索马里变成自己的殖民地。19世纪末和20世纪初，英国和意大利达成瓜分索马里协议后，英国就把英属索马里看成是通向印度洋和远东的战略基地和中转站，意大利则把意属索马里当作向非洲内地扩张的基地和跳板。1960年索马里独立后，美、苏竞相将索马里变为自己的军事基地。1991年索马里陷入军阀混战和地方割据后，美国极力主张联合国使用武力干预，并统领多国部队出兵索马里，介入索马里内部冲突。2001年"九一一"事件后，索马里被列为打恐、防恐的重点目标之一。

自古以来，索马里一直是以畜牧业为主的国家。饲养的牲畜主要有牛、羊、骆驼、马和驴等。根据索马里民主共和国政府被推翻，全国陷入地方割据的前一年即1990年统计，全国各类牲

 索马里

畜约4200万头,其产值占国内生产总值的40%,出口收入占全国出口总值的70%。在各类牲畜中,以骆驼最为珍贵。在索马里,一匹500公斤左右的骆驼可卖1000美元,一匹怀孕的母驼的售价则高达1300多美元。这主要由于骆驼比其他牲畜更能适应干旱的天气,能为人们提供所需的一切。营养丰富的驼奶和驼奶酪是牧民的主要食品,也是城市居民不可缺少的美食。骆驼还是民间的交通工具,是边防军人保卫边疆的得力助手,等等。难怪索马里至今仍流行着这样的民歌:"你可曾见过我可爱的骆驼?你可曾见过我那枣红的母骆驼?它长得多么肥壮……一旦我失去它,将会感到万分悲伤。"

在非洲,索马里是民族成分比较单一的国家,同时又是部落制残余比较严重的国家。索马里的主体民族是索马里人,其人口在全国总人口中约占97%。然而,由于历史和社会的原因,索马里人在进入民族发展阶段和建立国家组织后,仍保留较多的部落制残余。这种部落制残余主要表现在部落时代人们共同体的名称和实体仍得到保留,表现在部落制时代人们的思想意识——部落观念和部落主义仍继续存在。在索马里独立前,这种部落制残余是西方殖民者推行分而治之的工具。独立后,这种部落制残余是影响民族团结的重要因素,是导致国家政局不稳甚至分裂的重要政治思想根源。

应该说,索马里的一些先进人士和政治家们对部落制残余的危害是有所认识的。例如,为了削弱人们思想中的部落观念和部落主义,独立初期索马里议会就作出一项决议,不许用部落和氏族的名称命名政党。随后,政府部门作出相关规定,废除部落和氏族拥有土地、牧场和水源的特权,禁止宣传部落主义,加强民族团结教育等。这些措施对索马里自1960年获得独立后近20年间稳定国家政局,发展经济,改善人民大众生活等,都起到积极的作用。

导 言

然而，部落观念和部落主义作为一种社会思想意识对人们的影响，是不能在短时间消除的。到 70 年代末和 80 年代初，随着索马里国内和国际形势的变化，部落观念在人们的头脑中又滋长起来，部落主义在索马里再度盛行，以部落或氏族为后盾的政治军事派别组织纷纷建立。这些政治军事派别组织以推翻索马里民主共和国政府为目标，实行大联合。可是当 1991 年 1 月民主共和国政府被推翻后，这些派别组织就割据一方，彼此争斗，互不相让，致使索马里陷入"一国多主"的"战国时代"。

1991 年开始的索马里各政治军事派别的混战和索马里国家的分裂状态，引起了国际社会的高度关注。为了调解索马里各政治军事派别的矛盾和冲突，恢复索马里的和平与统一，联合国、非洲统一组织、非洲联盟、阿拉伯国家联盟以及索马里的邻国几经努力，克服多种困难，扫除多种障碍，终于使索马里各派达成和解，并于 2004 年 2 月通过《索马里过渡联邦共和国宪章》，8 月成立索马里过渡联邦议会，10 月选举过渡联邦政府总统。2005 年 1 月，过渡联邦政府内阁正式组成。6 月，过渡联邦政府从肯尼亚迁回索马里国内开展工作。索马里过渡联邦政府的成立是索马里各政治军事派别走向和解的契机，使人们看到了索马里结束十多年动乱和割据，重新实现统一的曙光。

这里需要说明的一点是，我国一些媒体和出版物常常把包括索马里在内的非洲国家的人们共同体称作"部族"。有的人还说，非洲国家的人们共同体不论如何发展，都只能称作"部族"。这未免有失偏颇。其实，人们共同体有没有"部族"这一发展阶段，"部族"一词的内涵是什么，如何定界，这在我国学术界仍是争论的问题。把一个没有确切内涵，定界不清的"部族"词语，用作对包括索马里在内的非洲国家人们共同体的统一称呼，显然是不妥当的。正因为如此，所以本书在涉及索马里人们共同体的称谓时摒弃了"部族"这一词语，而采用马克思

主义经典作家常用的氏族、部落和民族这样的术语。

本书编撰体例恪守《列国志》编写大纲，但根据索马里的具体情况作了适当调整。首先，鉴于索马里自1991年以来国家陷于四分五裂状态，原来的国家军队解体，相关资料甚少，故将大纲所列第五章"军事"方面的内容合并于第三章"政治"之中，第三章的标题改为"政治和军事"。其次，为了突出《列国志》的国别特色，作者对"节"的设置和名称作了调整和充实。这在第二章"历史"和第三章"政治和军事"尤为明显。为了说明部落观念和部落主义对独立后索马里的危害，第三章专辟一节"部落观念对索马里政治的影响"，进行论述。

本书撰写过程中，作者参考了国内外有关文献、专著、辞书、年鉴以及百科全书等。资料一般截止到2003年，个别延伸到2005年。

第一章
国土与人民

第一节 自然地理

一 地理位置

索马里共和国位于非洲大陆东部的索马里半岛上,系非洲与亚洲两大洲的交接处。由于索马里半岛的轮廓恰似犀牛之角,故通常被称为"非洲之角"。索马里国土面积637660平方公里。其陆地部分的最东端哈丰角也是非洲大陆的最东端,位于东经51度23分;最南端,位于南纬1度36分;西南边界,则沿着东经41度线;最北端,位于北纬11度30分。索马里东面和东南濒临印度洋,西南与肯尼亚为邻,西面与埃塞俄比亚接壤,西北与吉布提毗连,北面濒临亚丁湾,与亚洲的阿拉伯半岛隔水相望。索马里的这种地理位置,在区域交通和地缘上都十分重要,对索马里的社会、历史、政治、经济和文化很有影响。

二 行政区划

独立初期,索马里政府将全国划分为8个州。州的下一级行政单位是区,各州共辖48个区。区下辖镇和村。

20世纪70年代和80年代,中央政府对行政区划作了多次调整,将全国划分为18个州,即下朱巴、中朱巴、盖多、巴科尔、拜多阿、下谢贝利、中谢贝利、贝纳迪尔、希兰、加尔古杜德、穆杜格、努加尔、萨纳格、巴里、托格代尔、沃戈伊加尔贝德、阿瓦达尔和索尔。各州下辖若干区,全国共分87个区。州和区均设地方政府和经选举产生的州、区委员会。

首都摩加迪沙,人口80万(2004年估计)。

三 地形特征

总体来看,索马里的地形具有平原的特征。国土的大部分是被称为索马里高原的高平原,其高度从北向南和东南逐渐降低,然后通过不高的陡坡过渡到微缓起伏的沿海平原。只有高原的北部边缘在亚丁湾沿海低地的内侧隆起,并且被断层分割成一些山块,形成山链状。海岸线少弯曲,全长3200公里,是非洲大陆海岸线最长的国家。根据地貌特征,全境大体上可分为四个不同部分:

1. 亚丁湾沿海低地

这是一条狭窄的冲积平原,被称为古班平原①。平原沿亚丁湾自西向东逐渐变窄,西段起点处宽达100公里,东段末端处宽仅数米。在布勒哈尔、柏培拉和博萨索等海滨地带有风积沙丘。

2. 北部山地

由一系列平顶的山块和山脉组成,与亚丁湾沿海低地平行。东部和西部山地海拔为1500~1800米,中部山地则在2000米以上,其中位于埃里加沃西北面的苏鲁德山海拔为2408米。该山地南、北两面的结构很不对称。北坡是一系列陡坎,它们像一堵

---

① "古班"(Guban)一词源于索马里语"古卜"(Gub),意为"火烧"、"酷热"。

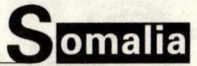

高墙屹立在狭窄的沿海低地内侧,形成山链状。但因受更新世水流冲蚀,在一些山块之间也有宽阔坡缓的谷地,人们通过这些天然谷地可以较容易地从沿海进入内陆。南坡比较平缓,山地渐渐递降到索马里高原的一般高度。北部山地在索马里水文地理上起重大作用,它是索马里的一条主要分水岭,许多季节性河流皆源于此。这些河流顺着地表的坡向,向北或东南方向流去。

3. 内陆高原

在北部山地以南和东南沿海平原以西的广大地区,是一片波状起伏、切割微弱、一望无垠的内陆高平原——索马里高原,其总的地面坡向是由北部和西部的1500米递降到东南部和南部的500~600米。高原由中生界和新生界石灰岩、砂岩和石膏层组成。由于这类岩石主要由可塑性沉积层组成,垂直的地质构造主要表现为轻微隆起与沉降,很少表现为裂缝和断裂,这就决定了高原地表波状起伏平缓的特点。努加尔谷地(宽130多公里)将整个高原分成两大部分,谷地以北称索尔高原,以南称豪德高原。由于气候干燥和岩石透水性强,地表十分缺水,妨碍了耕作业的发展和定居村庄的形成,所以自古以来索马里内陆高原是一个以游牧业为主的地区。高原上一些宽阔不深的洼地和水塘,是游牧民和牲畜重要的饮用水源。高原地带纵横交错着驮运商队踩出的一条条小径,说明高原上不大的地表坡度并不妨碍人们的交往。

4. 东南沿海平原

该平原从同肯尼亚接壤处沿印度洋海岸一直延伸到半岛的东北端。宽度从西南向东北逐渐变窄。平原的西南部宽度为200~300公里,几乎包括整个西南部国土,而平原的东部和东北部则渐次变窄,最后没于海洋。地表较平坦,海岸多沙丘。东南沿海平原雨量较其他地区充沛,适于耕作。这里的贝纳迪尔沿海地区被称为"索马里的美索不达米亚",是索马里人口集中居住的地方。全国的一些重要城市,如摩加迪沙、基斯马尤等,也位于此。

四　河流与湖泊

马里是河网不发达的非洲国家之一。全境常年有水的河流只有两条,即谢贝利河和朱巴河,其余皆为季节性河流。所谓季节性河流,就是这类河流只在雨季有水流,其余时间则干涸。这主要是气候干燥炎热,雨量稀少并分配不匀造成的。

谢贝利河和朱巴河皆源于降水量超过1500毫米的埃塞俄比亚中南部山地。谢贝利河源于格朗巴山,全长约2000公里,其中索马里境内河段长约700公里。该河在巴累特温附近流入索马里境内后,就朝东南方向流到巴拉德,因附近沙丘阻挡折向西南,并同印度洋岸相隔20～25公里的距离平行流下,然后在离朱巴河口不远处的杰利布镇附近的一大片沼泽洼地中消失。不过,遇有大暴雨,河水量增大时,这条河也流入朱巴河,从而注入印度洋。朱巴河发源于埃塞俄比亚的松卡鲁山南麓,全长1600多公里,其中索马里境内河段长500多公里。该河在多洛附近流入索马里境内后,就朝东南方向流下,在基斯马尤港以北5公里处注入印度洋。谢贝利河和朱巴河的上游及其支流都流经又深又窄的峡谷,落差大,水流湍急并携带大量泥沙和碎屑物。流入索马里境内后,地面起伏平缓,河面展宽,落差变小。其中谢贝利河从维拉布鲁齐到阿瓦伊之间河段的落差为每公里21厘米,朱巴河从杜朱马到出海口之间河段的落差为每公里28厘米。河水原来携带的悬移物质不断沉淀,以致河床高出两岸地面,为自流灌溉提供便利条件。从古代起,两河之水就被用来灌溉农田。索马里人民在长期实践中在两河流域开辟了一系列灌溉系统,使之成为索马里的主要粮食产地。两河水力资源不多,总计

第一章 国土与人民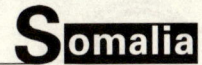

约800万千瓦。航运价值也不高,只有朱巴河在巴尔德拉以下可以航行浅水船。

季节性河流大多数在北部地区。主要的有努加尔河、达罗尔河、贾埃利河、达甘河、锡利勒河和博雷里斯河等。这些河流的发源地一般都在海拔1000~2000米的北部山地或高原,从源头到海边的距离有的仅百余公里,有的达数百公里。下雨季节,上游坡陡流急,水土流失严重;下游坡缓流慢,多数河流无固定河床,水流散乱,漫流入海。旱季时,则呈地下径流,但有些河段常有小股泉水露出地表,形成一些小的水洼,是当地农牧民良好的饮用水源。

湖泊,当地人称之为"巴列赫"(Balehe),是一些不大的浅底天然洼地,多数是由岩石在降雨时充水坍塌形成的。这类湖泊与当地水塘一样,具有明显的季节性,雨季来临后能存水1~2个月,也是人们饮用水的一个重要水源。湖泊面积一般为一公顷左右,有的达数公顷。

五 气候

索马里整个国土处在邻近赤道的纬度内,以干热的大陆性气候为特征。全年太阳辐射总量很大,西南部每平方厘米为160~180千卡,北部为180~200千卡。终年高温,年均温度为26℃~27℃。季节温差不大,冬季与夏季温度相差仅2℃~3℃。

索马里虽处在邻近赤道的纬度内,但雨量不多,全境每年平均降雨量为200~300毫米。降雨的季节分配很不均衡,大部分降雨集中在春季(占全年总雨量45%左右)和秋季(占30%左右),多为阵发性降雨。雨量地区分布也不均衡,总的来看是南多北少,东南沿海多内陆高原少。南部地区年均雨量为500~600毫米,其中两河流域有的年份可达1000毫米左右。北部山

区年均雨量为 500 毫米左右。内陆高原年均雨量为 200 毫米左右。而亚丁湾沿海低地不到 100 毫米,其中柏培拉是 51 毫米,博萨索是 19 毫米。造成上述这种状况的原因主要有三方面。首先,索马里地处埃塞俄比亚高原的背风面,来自西南赤道季风所携带的水分大部分降落在埃塞俄比亚高原的西坡,带到索马里上空的主要是干燥炽热的空气。其次,索马里半岛外形紧凑,海岸少弯曲,东南赤道季风在地球自转力影响下,其风向平行于海岸线,所携带的水分只降落在西南地区和东部沿海地带。再次,每年冬季和夏季索马里都处在东北季风的影响之下。东北季风将亚洲大陆上空的干燥气团吹到索马里上空时,其绝对和相对湿度均很低,很难给索马里带来降雨。至于全境每年春、秋两季多雨,并大多为阵发性降雨,则同赤道辐合带先后两次从索马里上空通过密切相关。

主要根据降雨的特点和多寡,索马里人将全年分为春、夏、秋、冬四季。农业耕作和放牧随季节而变化。

春季,索马里人称为"古"(Gu)。此季节大致在每年的 3~5 月。其特点是温度从西南向东北迅速升高,东北季风逐渐被携带赤道气团的西南季风取代,出现了短暂的静风期。于是,在湿润的空气中产生了强大的对流气流,并降下强暴雨。这是索马里每年降雨最集中的季节,降雨量往往超过全年雨量的一半。在此季节,常年河流河水猛涨,季节性河流不再干涸。人们充分利用这一季节从事农耕,种植玉米、高粱、芝麻、甘蔗和棉花等作物。在辽阔的绿色牧场上,随处可见放牧的山羊、绵羊和骆驼。在东北部,人们割开含胶的树皮,采取芳香树脂等。

夏季,索马里人称为"哈加伊"(Hagai),6~8 月。此时索马里处在东南季风将赤道气团输往北半球的地区,但因主要风向平行于海岸线,潮湿空气基本上只影响西南地区和东部沿海地带。随着潮湿空气而来的阵雨,减弱了这一带夏季的炎热。至于

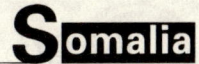

内陆高原和亚丁湾沿海低地,则处于全年的高温期。其中尤其亚丁湾沿海低地,7月平均温度为32℃~34℃,最高温可达50℃,成为世界上最炎热的地方之一。这个季末,人们收获第一熟玉米、高粱和甘蔗等,并采摘上年秋季播种的棉花。

秋季,索马里人称为"德尔"(Dayr),9~11月。此时东北季风挺进,西南季风衰退;北部气温下降,西南部气温上升,气压处于平静,是又一个多雨季节。但与春季相比,秋季降雨的量和次数均少,降雨强度也小。在这个季节里,牧场再次披上绿色,又为牲畜提供良好饲料。农民又进行新的耕作,种植玉米、高粱、花生和棉花等作物。

冬季,索马里人称为"吉拉尔"(Jilal),12月至次年2月。这个季度气候的特点是盛行东北季风,天空晴朗,空气干燥,蒸发量大,稀少而短暂的降雨难以增加土壤水分。在这个季节里,小河涸干,牧草枯萎,大多数树木落叶。对广大游牧民来说,这是一年中最困难的时期。由于缺乏食物和饮水,人和牲畜都容易患病,尤其是肠胃病。人们患粘膜病、呼吸道病和肺病也不少,这是因为在干燥炽热的土地上即使微弱的空气流动也会吹起一股股灰尘,侵入人们的呼吸系统。但在两河流域和西南部等农耕区,则是又一个收获期,人们收获在春季播种的棉花和秋季播种的花生,收割第二熟高粱和甘蔗等。不过,由于这个季节雨量稀少,妨碍农业增产的干旱现象也屡见不鲜。

根据气温和降雨的差异,索马里全境大体上可分为四个不同的气候区。(1)湿润的印度洋气候区,包括西南部和东南沿海平原。因受印度洋的影响,该地区常年气温适中。夏季比较凉爽,平均气温为25℃~26℃。冬季较热,平均温度为29℃~30℃。年降雨量500~600毫米,有的年份可达1000毫米。空气湿度大,春季和秋季湿度为76%~90%,夏季和冬季一般也不低于70%,相对湿度年差不超过20%。这是索马里主要农业区,约占国土面积10%。(2) 干旱的大陆性气候区,主要是内陆高原。全年有春秋两个多雨期和夏冬两个干旱期,降雨量不多,年均200毫米左右。终年高温,1月份和7月份平均温度都在26℃~28℃,农作物大多一年两熟。(3) 山地气候区,主要是北部高原山地。其特点是气候凉爽,年平均气温为18℃~24℃。最低气温出现在每年的12月和1月,有低于摄氏零度的纪录。年降雨量500毫米左右。(4) 热带大陆性气候区,主要是亚丁湾沿海地区。其特点是高温、干燥和少雨。夏季特别炎热干旱,7月平均温度为32℃~34℃,最高可达50℃,植物大多干枯。年降雨量大多少于100毫米。降雨多在每年的秋末和冬初。但全年相对湿度均高,一般在37%~45%之间,柏培拉则在45%~79%之间。

第二节 自然资源

一 矿产

索马里国土的地层是元古代基底上的非洲地台的突出部分,其地层是由古老的结晶质岩石构成。后经风化、海浸和地壳运动等作用,成为波状起伏的地形和很少弯曲的海岸。独立前,索马里被普遍认为是矿产资源贫乏的地方。独立后,经过初步勘探,已发现多种多样矿产资源,主要有煤、铁、铅、锡、锰、镍、锌、镁、钼、铀、铌、绿柱石、石膏、岩盐和石油等。这些矿产大多分布在北方地区。其中煤矿主要分布在亚丁湾沿岸的海相沉积层里。铁矿主要分布在北方的谢赫地区、巴里州和南方的下朱巴州,储藏量一亿多吨。铅矿主要分布在柏培拉地区。锡矿主要分布在博萨索地区、埃里加沃东部地带。铀矿分布在萨纳格州的布兰和拜达巴州的布尔哈卡巴。铌和锰矿分布

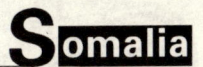

在哈尔格萨州的拉法鲁格。石膏矿主要分布在柏培拉和拉斯阿诺德附近。岩盐主要分布在泽拉、柏培拉和哈丰角等地。石油资源主要分布在东南沿海和东北部地区。独立初期，在摩加迪沙附近曾钻出石油。20 世纪 80 年代，有关外国石油公司在索马里的勘探表明，索马里储有可开采的石油和天然气资源。但进一步的勘探，被索马里战乱打断。目前，得到开采和利用的主要是岩盐、石膏和绿柱石。

二　植物

索马里植物种类较多，有着非洲和亚洲热带地区特有的植物。不过，由于土壤和气候条件的差异，索马里的植物以旱生植物为主，而中生和湿生植物则较少。

北纬 3 度以北的索马里广大地区，主要分布着热带及亚热带半干旱红棕色土壤和浅红棕色土壤。这种土壤是在干湿季节分明，水分经常变化的气候条件下发育成的。植被不稠密，主要分布着旱生灌木，而草被层则由多年生草本植物组成。灌木以金合欢属、柽柳属、巴豆属、扁担杆属和大戟属为主。多年生草本植物以金须茅属、画眉草属、三芒草属和细茎针茅属占优势。细茎针茅植物不仅是优质饲料，而且是编制席子、草鞋、草帽和绳索的重要原料。在长满草本植物的地面上还生长着多刺多枝杈的灌木，其高度一般都在 6 米以下。在季节性河流河床附近还可见到狼尾草属、孔颖草属等草本植物，还可见到棕榈树和枣树等。各种植物在湿润季节蓬勃生长，干旱季节大多落叶或枯萎。在人工灌溉条件下，这类土壤在耕作业上用来种植玉米、高粱和棉花等。

在这个国家的西南部，主要分布着褐红色土壤。这种土壤有明显的碳酸盐淀积层，并具有咸化的特点。地表遍覆半米左右高的草被层，其间散生着金合欢属、风车子属、榄仁树属、大戟属和猴面包树属等乔木。草被层常见的有三芒草属、金须茅属、画

索马里

眉草属、狗牙根属和鼠尾粟属等。而在朱巴河和谢贝利河下游两岸，则延伸着热带走廊林。林带宽从十多公里到数十公里不等，林子稠密，树高一般在20米以上。这里有许多榕属、藤黄属、金合欢属和椰子属等乔木。林下是藤本植物灌丛。藤本植物中最有代表性的是非洲橡胶树和青紫葛树。一些沼泽地带有的盛长须芒草属、马唐属、莎草属和澳洲香蒲等草本植物，有的则盛长芦苇、蘸草和纸莎草。沿印度洋的某些地段还分布着红树林，其代表性树种为红茄冬、海榄雌。此类树种的树身高7~20米，树冠密致，树干坚实。在人工灌溉条件下，西南部地区可生产玉米、高粱、甘蔗、花生、木薯、棉花、芝麻、香蕉、柠檬和稻谷等。

在北部山地，主要分布着山地稀树草原红棕色土壤。这里气候比较温和，蒸发量较小，年降雨量500毫米左右，土壤相对湿润，所以大部分地表终年常绿。代表性的植物有金合欢属、密儿拉属、大戟属、虎尾兰属、芦荟属、黄杨属和桧属等。多年生草本植物以金须茅属、画眉草属和三芒草属为多。而东北部山地，还生长着索马里特有的出产芳香树脂的乔木（高6~7米）和灌木（高1~2米）。这类乔木和灌木有没药、乳香、弗里尔乳香和含胶树等。沿季节性河流河床，还可见到椎果属、棕榈属等组成的丛林。

索马里境内的植物具有重要经济价值。例如，乳香林出产的乳香、没药和阿拉伯树胶是索马里重要出口物资，大部分输往阿拉伯国家。椎果属、黄杨属、大戟属和金合欢等，其树干可用于建造房舍、小帆船等。红树林中海榄雌和红茄冬，其树皮可以提取单宁，树干可用作坚实的木桩。猴面包树和棕榈树可生产植物油，其纤维还可制作绳索、席子和口袋。莎草属植物和澳洲香蒲，是造纸的好原料，等等。

索马里境内的植物有着明显的生态效益，对调节水土气候起着积极的作用。独立后，民族政府为改善生态环境，采取了封山

第一章 国土与人民

育林、扩大林地面积的措施，如只有经过政府部门许可才能砍伐树木，定期规定禁牧区等。根据官方资料，20世纪60年代中期，适于农业耕种的土地面积占全国总面积的12.5%，适于畜牧业的土地约占60%，森林和林地面积约占20%。但从1991年1月民主共和国政府垮台后，索马里长期处于无政府状态，滥伐树木和过度放牧现象十分严重，森林和牧场遭到了严重毁坏。目前，森林和林地面积不到全国总面积的13%。索马里的生态环境明显恶化。

三　动物

按动物地理区的划分，索马里的动物群属于热带界东非区。这里动物种类多种多样，既有东非地理区的动物种，如羚羊、犀牛、河马、长颈鹿、象、蹄兔、土豚和狭鼻猴等，又有索马里特有的兽种和鸟种，前者如索马里驴、瞪羚，后者如索马里鸵鸟。

辽阔的热带草原和疏林地带，是羚羊和长颈鹿的栖身之地。羚羊的种属很多，常见的有大角斑羚、麋羚、直角羚、捻角羚、瞪羚和跳羚等。索马里人称麋羚为"齐格"（Zige）牛羚，具有强烈的进攻性，不易为人们所接近。瞪羚仅见于索马里，它同一般羚羊的主要差别是其颈部和尾巴均较长。跳羚个头不大，同兔差不多，但躯体匀称，角短而直，蹄很小，可以抓住很微小的地表起伏，灵活轻便地攀跳陡崖。跳羚主要分布在北部山地，常成为当地人猎杀的对象。

长颈鹿是相当稀有的动物。它皮色美观，呈栗褐色，并带有黄色条纹。它以吃树叶和嫩枝为主，以草为辅，很少喝水。长颈鹿的视觉和听觉都很灵敏，一旦发现受到威胁，会很快地躲避，并能用前脚的蹬踢来进行自卫。长颈鹿的经济价值很高。目前这种动物在索马里的数量已不多。

蹄兔是一种食草的有蹄动物,外形似家兔,常栖息于季节性河流域的洞穴中。一般是白天眠于凉爽的洞穴中,夜间出来觅食。土豚也是个头不大的动物,它同食蚁兽一样,以蚂蚁及其它昆虫为食。

象,一般生活在附近有水的灌木丛中。与非洲其他地区的象一样,索马里象的门牙可长到2.5米,重70~75公斤。象虽然看似粗笨,但是其听觉极灵,如果遇到危险,就会以火车头似的速度奔入灌木丛的深处。由于象的门牙价值高,所以自古以来象常成为人们猎杀的对象。现在索马里境内的象已十分罕见。

谢贝利河和朱巴河两岸的森林和灌木丛是猴子、犀牛、野猪、瘤牛和狒狒等动物的栖息之处。常见的猴子有髯猴和长尾猴。髯猴体形不大,头和躯体长着浓密的黑色毛发,但脸部是白色毛发。常三五成群活动在树上和地下,以果实和昆虫为食。髯猴的皮在古代很值钱,被用来制作士兵的盾牌。长尾猴体形也不大,但很雅致。长尾猴与狒狒一样,很活跃,常成群闯入当地居民的庄稼园地,任意摘取食物,糟蹋庄稼。犀牛喜欢在河边的芦苇丛中为自己踩出巢穴,以植物的根、叶和嫩树枝为食,大多在夜间出来活动,白天在巢穴中休息。犀牛极富进攻性,甚至敢于同进入其活动区的吉普车顶撞,并有将吉普车顶翻的记录。瘤牛是一种奇特的动物,其腿和身躯看起来倒匀称,但面部形状古怪,除了长有三对硬瘤状的增生物之外,还有一对巨大的獠牙。

在谢贝利河和朱巴河的河水中,人们可见到巨大的河马和鳄鱼。河马体长4~5米,体重1~1.5吨,大部分时间生活在河水里,以水藻、芦苇、岸边的草和灌木枝条为食,有时在夜间闯入庄稼园地寻觅食物,践踏农作物。鳄鱼生性凶猛,对人和牲畜都有危害性。

索马里有多种猛兽,如狮、豹、鬣狗、土狼、胡狼、大耳犬等。它们主要以吃羚羊等食草动物为生。狮、豹一般在夜间出来

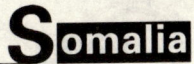

猎食，跟踪羚羊，偷袭家畜。鬣狗和土狼吃的食物主要是狮、豹吃剩下的东西。

索马里境内的啮齿动物主要有沙地大老鼠和长腿鼠。它们主要活动在半荒漠地带，繁殖力很强，吃植物或杂食。沙地大老鼠的体形与刚生下的小狗差不多，眼很小，皮毛为黄色。通常在夜间出来活动，白天在洞穴中休眠。人们从地面出现的无数小土堆，可以判断出这种动物的存在。

爬虫纲和两栖纲动物也很多，有蛇、蜥蜴、蟾蜍等。在蛇类中对人特别危险的是灰色眼镜蛇。这种蛇长2米左右，能喷射毒液。蟾蜍通称癞蛤蟆或疥蛤，生活在潮湿的地方，吃蜗牛、昆虫等小动物，对农作物有益。

索马里的鸟类也很多。其中著名的除了前面提到的索马里鸵鸟之外，还有小巧的羽毛鲜艳的太阳鸟，五彩缤纷的食蕉鸟，会筑精致球形巢的文鸟等。此外，还有金雀、白头翁、伯劳、犀鸟、珠鸡、沙鸡、鸽子、隼、鹰和鹫等。索马里鸵鸟常见于稀树草原地带。雌性鸵鸟全身浅灰色，雄的是黑色，翅膀和尾部有白色羽毛。鸵鸟是杂食鸟类，除了吃昆虫、果实和草之外，还吃蜥蜴、蛇、小鸟和小哺乳动物等。耐渴，能长时间不喝水。

索马里境内的昆虫种类不少，其中最值得注意的是萃萃蝇和白蚁。萃萃蝇主要分布在南部地区。尤其是雨季，在谢贝利河和朱巴河两岸的灌木丛中会出现成群的萃萃蝇。萃萃蝇是引起牲畜重病——寄生虫病的主要传播者，对牲畜特别有害。萃萃蝇还直接危害人的健康，会使人患一种难以治愈的昏睡病。白蚁之所以引起人们的注意，乃是因为它修筑的蚁巢是一道别具一格的自然景观。白蚁一般是在有石灰岩地层的地表上修筑蚁巢。蚁巢直径2米左右，高5～7米，有的像座小山，有的像蘑菇或巧克力糖果。在树桩里建巢的白蚁，则把树桩中软的部分咬掉，而把硬的木质留作通道间的隔墙。

四 近海水域生物

马里近海水域辽阔,水中生物丰富多彩。各种各样的藻类、海绵和五颜六色的珊瑚,构成了一片又一片海底森林。在其间来回穿梭的有鲂鮄、豹鲂鮄、鲈鱼、鳝鱼和飞鱼等,而庞大透明的水母则在珊瑚枝杈间缓慢晃动。在接近底部的海水里还生长着海参、海胆和海星等生物。

在索马里近海水域的鱼类中以鲨鱼、鲔鱼、鲭鱼、比目鱼和沙丁鱼最富经济价值。捕获的对象还有海龟、海参、螯虾和砗磲。砗磲是一种巨型珍珠贝,生活在海底,介壳厚,略呈三角形,大的长达一米左右。在索马里海岸一带还可见到儒艮。儒艮俗称"人鱼",是一种海洋哺乳动物。全身灰褐色,无毛,头圆,无耳郭,吻部有刚毛,眼小,前肢呈鳍状,后肢已退化,雌性有一对乳头。食物以海藻为主。目前全球儒艮的数量已很少。

第三节 居民与宗教

一 人口

据联合国有关部门估计,索马里的人口 1947 年为 161.1 万人,1953 年为 190 万人,1958 年为 199 万人,1962 年为 220 万人①,人口自然增长率年均约 0.5%。自然增长率低的原因显然不是由于出生率低,而是由于医疗卫生条件差,儿童死亡率和成人死亡率都高。独立后,由于医疗条件的改善,人口增长率明显上升,1971 年全国人口达 450 万人,人口

---

① 联合国《人口统计年鉴》,纽约,1962,第 133 页。

年均增长率城镇为 3.5%，农牧区为 2.2%。① 1990 年，据联合国发展署估计，该国人口约 750 万人，年均增长率为 3.1%。2002 年伦敦经济研究所估计索马里人口已达 1040 万人，年均增长率降为 2.2%。

人口分布很不均衡。按索马里目前 1000 万人口计算，全国人口密度每平方公里为 16 人，而占国土面积 36% 的西南部地区每平方公里为 21 人，谢贝利河和朱巴河谷地、贝纳迪尔州一带逾 200 人。这主要由于西南部地区的土壤气候条件与其他地区相比，更有利于农牧业的发展。至于其他地区，人口大多又集中在供水较方便的沿海港口城市（如柏培拉、奥比亚）、渔业中心（如阿卢拉）和农业区（如哈尔格萨、布劳），每平方公里 20~80 人。这些人口较密集的地方其周围一般是用于放牧的旷野，每平方公里仅 1~5 人。内陆高原每平方公里不到 1 人，有的地方往往步行数日见不到一个人。

长期以来，索马里的大多数居民都以游牧为生。他们主要饲养山羊、绵羊和骆驼，而在一些比较湿润的地区还饲养牛。据一般统计，独立前夕，游牧民占当地总人口的 71%，定居人口包括农民、渔民、手工业者和商人等，仅占 29%。一万人以上的城市人口比例更低，不足全国人口的 10%。独立以后，随着国家经济建设的开展，到城市就业的人越来越多。到 20 世纪 80 年代末，城市人口在全国总人口中已占 25%。其中 33% 的人口从事工业生产，其余的从事商业、手工业和服务行业等。20 世纪 80 年代末内战爆发后，为躲避战乱，不少城市居民又回到农村。目前，在全国总人口中游牧民约占 60%，农民占 20% 左右，城市居民约占 20%。

---

① 索马里新闻部：《1969~1973 年索马里社会主义革命建设》，摩加迪沙，1973，第 145~147 页。

二 民族

马里是非洲民族成分比较单一的国家，主体民族索马里人约占全国总人口的97%，故有的社会学家将索马里这个国家称为"索马里人之国"。少数民族有希德莱人、谢贝利人和瓦加沙人等。

从人种学上说，索马里人属于埃塞俄比亚人种，是欧罗巴人种和尼格罗人种的过渡类型。其特点是头颅狭长，身材较高，肤色介于古铜色与暗褐色之间，头发卷曲，嘴唇稍厚，脸型酷似欧罗巴人。

索马里人源于埃塞俄比亚高原，是库希特人的一支。考古资料表明，距今3500多年前，索马里人已分布于整个非洲之角。公元9世纪开始接受伊斯兰教。10～13世纪，一批又一批阿拉伯人和一些伊斯兰教长移居索马里，出现了阿拉伯移民与当地索马里的人大混合。结果，索马里人虽保留自身的许多特点，但基本上都改信伊斯兰教。

依照文化、地理和历史的差异，索马里人可分为两大部分，即主要从事游牧的萨马勒人和主要从事农耕的萨布人。而由于相同的社会和历史原因，这两部分人至今仍保持着部落时代按父系追溯血统的习俗，仍保留着部落时代的名称和实体。每一部分索马里人都有自己的始祖，并从这个始祖那里传下姓氏。按照父系血统追溯，萨马勒人分为迪尔、伊萨克、哈维耶和达鲁德四个部落，萨布人分为迪基尔和拉汉文两个部落。各个部落的人数不等，多的达数百万人，少的也有数十万人。每个部落都有自己的方言、标志和生活习惯。每一个部落又有若干支系，即氏族。在每个氏族里，其男性成员同自己的妻子、儿女组成一个家庭，然后若干家庭一起组成一个村落，从事放牧和相关劳作。在农业区，情况稍有不同，由于人们同土地关系日益密切，同一村落的

第一章 国土与人民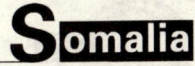

成员来自不同的氏族，血缘关系有近的，也有远的，但大多属于同一部落。由于没有明显的等级制度和阶级分化，所以促使索马里人结合在一起的不是对首领的依附关系，而是有约束力的父系血统关系，决定索马里人在政治上效忠的也是父系血统。索马里人在政治上同谁联合或同谁分裂，是以父系血缘为根据的。有时，同一部落的不同氏族，甚至同一氏族内部的不同家庭集团可能相互对立，但当这一部落或氏族受到外来敌人攻击时，它的各个氏族或家族就会联合起来保护其共同的利益。十分明显，这种按父系追溯血统的习俗是一种部落制残余。它对索马里社会和历史有着重大的影响。

希德莱人、谢贝利人和瓦加沙人等少数民族，属尼格罗人种，有30多万人。他们散居在谢贝利河和朱巴河流域地区，从事农耕。他们至今虽保留着原有体貌的不少特征，但作为社会集团来说，正越来越多地接受索马里人的文化。

此外，尚有阿拉伯人、印度人、巴基斯坦人、波斯人、英国人和意大利人等外来民族，总人数不多，不过数万人。他们大部分经商，一部分经营农场或企业。

三 语言

索马里的官方语言为索马里语和阿拉伯语，并通用英语和意大利语。索马里语和阿拉伯语之所以都被作为官方语言，这主要由于索马里人在同阿拉伯人的长期交往中，许多索马里人都学会阿拉伯语，甚至把阿拉伯语看成是索马里人的第二种民族语言。

索马里语有多种方言，其中主要的有北部方言、南部方言和沿海方言。北部方言主要是广大从事畜牧业的居民的语言。南部方言主要是从事农耕的居民的语言。沿海方言通用于东部沿海及介于南、北方言之间的地带。不过，这三种方言的差别都不大，

几方面的人在一起,彼此都能沟通。

索马里语长期没有文字。在英、意殖民统治时期,索马里民族知识分子多次提出文字方案,但均遭殖民当局禁止。索马里独立不久,民族政府就设立了索马里语言委员会,负责研究和制订索马里语的最佳书写方案。该语委先后考虑了包括阿拉伯文、拉丁文等九种文字的字母拼写方案。但在1962年提出的报告中,该语委倾向于使用拉丁文字母,认为该字母最适合索马里语的结构和发音,有利于索马里青年到国外接受高等教育,便于索马里采用现代印刷设备等。但是,由于一些宗教界人士和泛阿拉伯主义者的强烈反对,政府未能宣布实行。该语委工作也因此停顿。1969年索马里最高革命委员会成立后,索马里语言的文字化再次被提到议事日程。1971年1月,索马里语言委员会恢复运行,并开始编写用拉丁文字母拼写的索马里文语法、字典和学校教材。1972年10月21日最高革命委员会作出决议,规定用拉丁文字母拼写的索马里文为国家的官方文字,从1973年1月1日开始使用。决议还要求政府官员用3个月(后延长为6个月)学会使用索马里文字。1973年10月21日,官方首张索马里文报纸——《十月之星报》问世。

四　宗教

索马里人早先信奉原始宗教,公元9世纪开始从阿拉伯人那里接受伊斯兰教。从10世纪起,由于不断有成批的阿拉伯移民来到索马里,并同当地人通婚,皈依伊斯兰教的索马里人与日俱增。到13世纪,广大索马里居民基本上都改信伊斯兰教。后来,西方列强对索马里的侵略和在索马里的殖民统治,都未能改变索马里人对伊斯兰教的信仰。1960年索马里独立后,政府宣布伊斯兰教为国教。宪法明文规定,一切法律都必须符合伊斯兰的教规和精神,不允许进行反对伊斯兰教的宣传和

第一章 国土与人民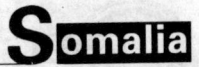

活动。索马里还加入了阿拉伯联盟组织,积极参加伊斯兰的国际活动。由于索马里政府的努力,1964年12月下旬至1965年1月上旬在摩加迪沙成功召开了第六届世界穆斯林大会。这次大会还提出了"非洲——穆斯林的大陆"的口号。目前,索马里近98%的居民信奉伊斯兰教,大多数属于逊尼派。全国大小城市和重要村镇都有清真寺,各级学校都设有与伊斯兰教义有关的课程。

索马里虽以伊斯兰教为国教,但对信仰其他宗教(如基督教、印度教等)的人并不歧视,妇女的地位也比较高。为了提高妇女的地位,1975年1月政府还颁布了关于实行男女平等的法令。在索马里,穆斯林女子同男子一样参加生产劳动和社会活动,一般不用面纱遮脸。

第四节 民俗与节日

一 民俗

1. 衣着

索马里人的传统衣着较简单。男子的衣服主要由两块布组成,一块布缠在腰、腿部,另一块布披在上身。人们还常用皮带束腰,使得披在上身的布像一件百折衬衫,显得颇为潇洒。女子通常穿裙子,上身或用一块布紧裹前胸、后背和右肩膀,露着左肩,或穿短袖外衣。头巾可戴也可不戴。衣着虽简,但高挑的身材、优美的曲线、楚楚动人的外形,使索马里女子往往成为模特公司注视的对象。当今非洲不少名模出自索马里,实非偶然。衣着布料,有白色、灰色、红色和赭色条格等。

由于天气炎热,索马里人平日大多穿凉鞋,尤其爱穿本地的传统凉鞋。这种凉鞋系用骆驼皮或河马皮、长颈鹿皮等制成,鞋

索马里

底厚，具有耐用、凉爽的特点。但在农业区，人们仍有平日赤脚的习惯。

到现代，由于受到外来文化的影响，在城市居民中穿西服的人也屡见不鲜，一些妇女还穿起色彩鲜艳的连衣裙等。

2. 饮食

在索马里，广为人们食用的是牲畜的奶和肉。这主要是由于畜牧业在索马里国民经济中长期占主导地位造成的。奶类主要是骆驼奶、羊奶和牛奶。肉类主要是羊肉和牛肉。喝奶时，人们喜欢用同量的茶水将奶冲稀后饮用。家中来客人，主人通常都以奶茶招待。难怪当地许多人在解释"索马里"这一名称时说，"索马里"（Somalia）是"去"（So）和"奶汁"（Mai）两词的合成，其意为好客的主人去拿奶汁，以招待客人。

在各种奶类食品中，最富营养的是骆驼奶和奶酪。经食品专家测定，骆驼奶和奶酪几乎含有人体所需要的各种营养物质，维生素A、B、C的含量尤其丰富，蛋白质的含量不低于牛、羊奶，而脂肪的含量则低于牛、羊奶。人们经常食用骆驼奶和奶酪可以强健身体，可以防止因营养不良而引起的多种疾病。

索马里牧民除了经常食用奶类和肉类食品之外，还食用玉米、高粱、豆类等农产品。这些农产品有的是牧民们利用放牧空余时间种植的，有的是购买或用畜产品交换来的。农民除了经常食用玉米、高粱、木薯和香蕉等农产品之外，也食用奶类食品。奶类食品有的是自己饲养的牲畜产的，有的是购买或用农产品交换来的。城市居民食用的玉米、高粱和奶类等食物，均可通过市场购买。城市附近的牧民和农民可以直接将这些食物运到市场出售。至于市场上出售的大米、面粉一类食物，基本上都靠进口。

索马里人平日很少吃蔬菜。蔬菜品种不多。大城市出售的蔬菜，相当部分来自海外。索马里人一般不喝酒，但吸烟较普遍。

第一章　国土与人民　

3. 居住

索马里人的传统住房大体上可分两类，一类是固定性住房，另一类是活动性住房。固定性住房主要是茅舍，此外还有木房和阿拉伯式石砌房。活动性住房是一种易于安装、拆卸，并便于搬迁的帐篷和席篷。前者是从事农耕的农民、定居的牧民和城镇居民的住房，后者为游牧民的住房。当然，到近代，在城镇还出现了泥瓦砖房、水泥楼房等固定性住房。

索马里人的茅舍大多为圆柱状，屋顶呈圆锥形或圆形。茅舍中间是一根或数根高 3 米左右的柱子，支撑着屋顶。屋顶用树枝和草帘铺成，然后在草帘上抹一层黏土，防止雨水渗漏。茅舍的墙壁用树枝和树皮编成，墙根用石块加固。墙面一般抹上薄层黏土和石灰。茅舍内部用树枝、草帘和兽皮等作隔墙分成两间，一间为卧室，另一间为家务用房，包括炊事、纺织和贮存日用品等。一般在茅舍的南墙上开一扇门，没有窗子。屋内虽不明亮，但较凉爽，即使在炎热的天气也是如此。有的茅舍前还有一个庭院，庭院里有小棚子、炉灶等。

4. 婚姻

索马里人的婚姻习俗既具有伊斯兰教的特征，又具有民族的特色。男子一般在 20 岁左右结婚，女子大多在 12～15 岁出嫁。禁止同一氏族的人结婚。实行一夫多妻制，允许一个男子娶四个妻子。不过由于财力所限，能娶四个妻子的只有少数富人，大多数穷人只能娶一个妻子。结婚事先要征得家长同意。

索马里人的求婚方式多种多样，有的别有情趣。小伙子求婚由家长出面向女方家长提出，被称为"巴杜努斯"。小伙子直接向姑娘求婚，被称为"范戴德布"。在见到心爱的姑娘时，有的腼腆的小伙子，就扔一件衣服给姑娘，被称为"莫罗萨尔"。姑娘如果接受小伙子的衣服，就表示自己接受了小伙子的求婚。此时，小伙子还要给姑娘再送一件她所喜欢的衣服。随后，姑娘就

索马里

会拿着意中人送的衣服，兴高采烈地跑到父亲面前，诉说见到心爱的小伙子的情景。面对女儿的诉说和恳求，其父母一般都会同意这门亲事。还有一种求婚方式叫"待婚"，即一位小伙子或成年男子看上了某个姑娘，决定要娶她为妻，但由于姑娘年纪尚小，完婚尚待时日，在征得女孩家长的同意后，可以在女孩头上系一根彩色的头绳，表示这个女孩已有了归宿，别的小伙子或成年男子见后就不会冒昧再向这个女孩求婚了。

男女双方在征得父母同意后，就互赠订婚信物。随后，小伙子就可登门拜访女方的父母。为接待未来的女婿，女方家要为他准备休息的房间，姑娘则要亲自下厨房为未来的郎君做可口的佳肴，然后端到他面前。到了夜晚，这对未来的夫妻可在姑娘的卧室里通宵长谈，以增加相互了解，加深爱慕之情。不过此夜小伙子千万不可有越规的行为，否则姑娘的父母会因自己贞洁的女儿受到污辱和伤害而要进行报复，结果不仅这门婚事会成泡影，而且可能反目成仇，甚至造成人命血案。

索马里人婚前有索要聘礼的习惯。聘礼通常是一两头骆驼。有的年轻人实在出不起聘礼，往往同姑娘一起远走他乡。在异地共同生活一些日子后，年轻人会把姑娘送回老家，然后再请媒人登门提亲，以征得女方家长同意，再明媒正娶。在此情况，多数女方家长会顺水推舟，以同意这门婚姻了事。但有的女方家长固执己见，不依不饶，往往酿成悲剧。

为了让男女青年结婚，人们通常要为他们搭建新茅舍或帐篷以作洞房。举行婚礼那一天，亲戚、好友和邻里们都会前来庆贺，男方家则用丰盛的美餐予以款待。夜幕降临后，欢乐的人们聚集到洞房门前，跳起欢乐的舞蹈，唱起嘹亮的歌声，向新人表示美好的祝愿。欢庆活动一直到第二天破晓结束。有趣的是，新娘本人可以不参加婚礼，届时只要她的父母或保护人作为她的代表参加就行了。

索马里人尚有收寡补房的婚俗。一旦某一年轻的男子去世,他的一位近亲男子有权收其遗孀为妻。如果他有几个亲兄弟,那么最年长的一位享有优先权;如果没有亲兄弟,则由他的叔父或伯父收娶。在索马里人看来,为了维护家庭和家族的亲缘关系,收寡补房是十分重要的事情。寡妇欲同别的家族的男子结婚是绝对不允许的。除非她决定终身为亡夫守寡,否则她只能同亡夫的一位近亲结婚。

索马里人还崇尚联姻,视联姻为神圣。在索马里语中,联姻称作"哈达德"(Hadade),其意为"根"。索马里人认为,对树木来说,根深才能叶茂,同样道理,人要有力量,也要从联姻的"根"中得到滋养。所以,索马里人在双方家庭联姻后,特别讲究同舟共济,患难与共。一旦女方家受到欺凌,男方家一定鼎力相助。同样,要是男方家受到冒犯,女方家也是尽力相帮。

5. 爱惜骆驼

索马里是世界上拥有骆驼最多的国家,同时又是对骆驼十分爱惜的国家之一。据20世纪90年代初统计,全国骆驼685万多头,占世界骆驼总数的1/3。索马里人认为,骆驼整天为人们效力,人们对它应倍加爱护和尊敬。在平日,除了病人和儿童之外,骆驼是不让人骑的。在旅途上,骆驼驮运货物,人们是徒步同行。人们相互交谈,对骆驼多用赞美之词,不说有亵渎骆驼的话语。为了让骆驼健壮,索马里人不轻易让人对着骆驼照相,认为对着骆驼照相会缩短骆驼的寿命,加速其死亡。一些即使老态龙钟的骆驼,牧民们也不忍心加以屠宰,只有到了因长期干旱没有草料喂养,才难舍难分地将其出售。

索马里人如此爱惜骆驼,主要是因为骆驼比其他牲畜更能适应索马里干旱的天气,是人们在同大自然作斗争中难舍难分的伴侣。骆驼是一种既耐渴又耐饿的家畜。它能随外界气温的变化而调节自身的体温,排泄少,消耗水分也少。骆驼脊背上的驼峰里面储藏有大量脂肪,每当缺乏食物时,这些脂肪可供体内消耗。所以,骆驼在一次吃饱喝足后,可以十多天甚至更长时间不吃不喝,而牛、马、驴等家畜则不行。骆驼的这种特有本能,使它一年四季不论在何种天气条件下,都能跟随主人在索马里半岛上忙碌奔波,或驮运牧民的家什,或驮运商品货物,等等。此外,骆驼还能为主人提供许多日常生活必需品。骆驼的奶是人们的上等饮料,用驼奶制成的奶酪是传统美食,驼毛可以换取一些日常用品,驼皮制成的皮靴能保护人们双脚不被灼热的沙漠烫伤,等等。难怪索马里人常说:"只要家中养有几匹骆驼,日常生活不用愁。"

二 节日

索马里人的节日较多,大体上可分为三类,即民间性节日、宗教性节日和政治性节日。民间性节日极具民族特色,主要有"篝火节"和伊斯通卡节等。宗教性节日同其他伊斯兰国家类似,主要有朝圣节、斋戒节和开斋节等。政治性节日主要有独立节(6月21日,放假一天)、国庆节(7月1日,放假一天)和联合国节(10月24日,放假一天)等。

1. 篝火节

所谓"篝火节",实际上是一种迎新年、盼丰收的联欢活动。为了期盼新的一年风调雨顺,五谷丰登,六畜兴旺,人们在索马里的新年到来之时都要热烈欢庆一番。索马里新年的起算时间是公历8月1日。欢庆活动从新年的前一天,即7月31日开始,要持续数天。当夕阳西去,夜幕降临时,村落附近的大路旁或河湖岸边会点起一堆堆篝火,村民都身穿节日盛装,喜笑颜开地来到篝火旁。成年人相互寒暄致意,年轻人则嬉戏打闹。当作为主持人的一位长者宣布庆祝活动开始后,人们就围着一堆堆篝火跳舞唱歌,热闹异常。天真的少男少女还喜气洋洋地排成长

第一章 国土与人民

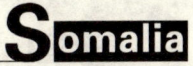

龙,一个个从篝火上跳过,以便烧掉过去一年自己身上的晦气,在新的一年里健康成长。成年人则在一旁为他们呐喊助威,并为他们计算跳过的次数。篝火节也是青年男女挑选意中人和谈情说爱的好机会。一些互相看中对方的青年男女,会悄悄地离开众人,躲到夜幕里互诉衷情。迎新活动往往通宵达旦,人们尽欢而散。

2. 伊斯通卡节

伊斯通卡节,又称"打棍子节"。这是从事农耕的索马里人每年夏天都要举行的节日。据说,该节日始于公元16世纪,源于谢贝利河畔的阿夫戈伊镇。说是节日,实际上是一种传统的庆丰收的游戏活动。起初,农民们在夏季喜获丰收时,高兴之余就举行一些小型的娱乐活动来庆祝,同时预祝来年有个好收成。一些年轻人为了活跃节日气氛,他们在唱歌跳舞之余还身穿类似古代战袍的服装,手持木棍,模仿古人打仗,相互打闹。如此年复一年,参加的人越来越多,此种游戏活动就被固定下来了。这种活动要求双方以同等人数参加。场地中间用石灰划出一条醒目的白线。比赛一般由当地长者主持。参赛人员手持木棍,高唱着"我们决不后退"的歌曲,列队进入阵地。比赛的长筒号角"西姆巴尔"一响,双方人员同时冲向白线,用木棍互相对打。不论哪一队的人只要冲过白线,迫使另一队的人后退,就算胜利。周围观众尤其姑娘们则为参赛队员呐喊助威。有的小伙子如果在"停止战斗"的号角吹响前就退下来,会遭到姑娘们的讥笑和斥责:"胆小鬼,快回到阵地上去!"在人们尤其姑娘们的眼里,只有那些遍体鳞伤,血流满面仍继续战斗,一直到"停止战斗"的号角吹响后撤离阵地的人才是真正的英雄,才会得到人们的尊敬和未婚姑娘的青睐。有时参赛双方各有招数,打得难分难解,为防止相持过久出现意外,常常由长者出来宣布停止比赛,并由别的参赛队进行另一场比赛。自然,用棍子对打虽然是一种游

戏，但是为了取胜对方，难免造成一些人皮开肉绽，鲜血迸流等情况。独立后，为了人身安全，木棍已逐渐被树枝所代替。比赛的组织者还要对双方参赛人员所持的树枝进行检查，防止过于粗大或带刺的树枝带进比赛场地。节日活动一般要连续三天。具体日期由一些年高德劭者商定。在此期间，人们都身着盛装，除参加娱乐游戏活动外，还走村串户，探亲访友，相互祝福，到处是一派节日景象。

一位索马里作家在谈到伊斯通卡节时深刻地指出："当人们了解到索马里人民赋予'伊斯通卡节'深刻的社会意义时，他们就能在这样一个叹为观止的场面中清楚地看到孕育在朴实的索马里民族性格中的英雄胆略。"这就是为什么"索马里人民没有被一个世纪多的欧洲殖民主义所屈服，也没有被殖民主义带到非洲土地上来的灾难所压倒"的原因。

第二章

历　史

第一节　古代的索马里

由于索马里历史上长期只有语言而没有文字，考古发掘尚未系统进行，所以有关索马里古代文明的确切材料至今仍很少。有关这一时期历史的材料，目前主要来自埃及的文献和神庙里的浮雕，来自古代到过索马里的埃及、希腊、罗马、腓尼基、阿拉伯和波斯等旅行家和商人的一些记载。

一　蓬特国

近代以来，在索马里北部的加罗韦、曼代拉和南部的布尔哈卡巴等地先后发现了石器时期的文化遗址。从加罗韦发掘出的燧斧、刮刀等石器工具来看，在距今一百万年左右的旧石器时期，索马里半岛就有了人类活动。而从曼代拉、布尔哈卡巴发掘出的刮削器、钝背刀和錾刀等石器工具来看，在距今一万年左右的新石器时期，索马里半岛多处都有人类活动。这些原始人三五成群，长期以采集打猎为生。他们可能是今天南部非洲科伊桑人[①]先

[①] 科伊桑人的早期居住地是非洲赤道以北的广大地区，后因受其他人群的排挤，有的被同化，有的向赤道以南方向迁移，直至南部非洲。

索马里

民的一部分。到公元前3000年左右,埃塞俄比亚高原的库希特人的一支索马里人开始进入索马里半岛。此时索马里人已知道使用金属工具,并饲养牲畜,生产水平高于当地的原始人群——科伊桑人。所以,在索马里人来到以后,岛上的科伊桑人不断受到排挤,有的被同化,有的向赤道以南方向迁移。到公元前2000年左右,索马里人已遍布整个索马里半岛,并在北部沿海地区建立起蓬特(Punt)国①。

有关蓬特国时期的资料很少。从古埃及的文献和神庙浮雕中可以知道,古埃及人把蓬特称作"神的故乡"和"神奇的香料之国"。早在公元前2000年左右,埃及与蓬特之间就有商业往来。公元前16世纪后半期至前15世纪初期是埃及第十八王朝(约公元前1570~前1320年)鼎盛时期,女王哈特舍普苏特(约公元前1504~前1482年在位)大力促进埃及与蓬特的贸易,派遣一支由8艘商船组成的贸易船队前往蓬特。贸易船队抵达后,受到蓬特国君(是一位很胖的老妇人)和当地居民的欢迎。船队从蓬特带回大批没药、乳香、肉桂、象牙、豹皮、没药树、肉桂树、黄金和白银等。此外,还有动物狒狒、长尾猴等。这些有的是蓬特人作为礼品赠送的,有的是埃及人用金属器皿和兵器交换来的。在公元前15世纪,索马里出产的没药和乳香已广泛用于埃及的宫廷和寺院。

蓬特国对古希腊人和罗马人也已闻名,他们的航海家到蓬特观光过,称蓬特为"香料之国"("香乡")。古希腊人还将索马里北部沿海地区取名为"巴巴里阿"(Babaria),今天柏培拉(Berbera)城名实际上保持了"巴巴里阿"这一名字。这说明柏培拉城在上古时代就已存在。在19世纪80年代英国侵占该城

---

① 关于蓬特国的地理位置,学术界长期存有争论。比较一致的看法是:蓬特国位于索马里北部沿海地区,但具体地点尚难确定。

第二章 历 史

时,发现其郊外有一段很长的路上随处可见碎陶片和碎玻璃片,可证明过去柏培拉城的面积比此时要大几倍。在柏培拉城西北方向不远处,有一座古城阿巴斯港废墟,其年代比柏培拉还要久远。①

蓬特国还同古印度、南阿拉伯、马其顿和腓尼基等有贸易关系和交往。蓬特国输出的主要有香料、象牙和龟壳,此外还有奴隶和大象。这说明蓬特国已处于奴隶制发展阶段。

到纪元开始前后,根据希腊人编写的《厄立特里亚海航行要览》一书记载,索马里沿海地区已有多个城市。这些城市类似古希腊的城邦,没有共同的统治者,由各自的首领治理。到公元4~6世纪,索马里北部沿海有的城邦如柏培拉、泽拉等,先后臣服于埃塞俄比亚的阿克苏姆王国,并成为后者对外贸易的窗口。

二 诸素丹国

公元7世纪阿拉伯帝国兴起后,随着阿拉伯移民一批又一批进入索马里,伊斯兰教也在索马里传播开来。在索马里居民普遍接受伊斯兰教的同时,索马里沿海各城邦和内地一些王国的统治者先后都以素丹自称。这些城邦和王国成为由各自素丹统治的国家,通常称之为素丹国。②

阿拉伯人从沿海进入索马里是自上古以来就有的现象,但大

---

① 西克·安德烈:《黑非洲史》第1卷,上册,上海人民出版社,1973,第126~140页。
② 素丹,阿拉伯文的音译,又译为"苏丹"、"速檀"和"算端",语意为"有权威的人"。公元9世纪,阿拔斯王朝的突厥禁卫军长官即有此称号。最早以素丹自称的国家统治者,是公元998年继王位的伽色尼王朝统治者马哈穆德。随后,逐渐为各伊斯兰国家所使用。后来,人们把由素丹统治的国家称为素丹国。

索马里

批进入则是在公元7世纪阿拉伯帝国兴起以后。由于阿拉伯帝国大肆对外扩张,由于王朝更迭引起的统治集团内部矛盾和教派冲突,所以从8世纪开始出现了大量阿拉伯人四处外迁的情况。许多阿拉伯人举家或从南阿拉伯,或从波斯湾渡海来到索马里。他们与此前来到索马里的阿拉伯人有个显著不同,就是不再光是为了做生意,而是在做生意的同时大力传播伊斯兰教。他们先在沿海地区传教,继之又深入内地传教,其中不少人还同当地人通婚,逐渐形成索马里人和阿拉伯人混合的文化和社会。正由于伊斯兰教的广泛传播和影响,到公元11世纪和12世纪,索马里一些沿海城邦和内地王国的统治者先后都以素丹自称,成为素丹国。这类沿海城邦主要有泽拉(Zeila)、柏培拉(Beraera)、摩加迪沙(Mogadishu)、梅尔卡(Merca)和布拉瓦(Brava);内地王国主要有米朱提因(Mijerteyn)、奥比亚(Obbia)、杜巴尔汉特(Dubahante)、瓦尔桑格里(Warsangeli)和格勒迪(Geledi)等。

在公元11世纪和12世纪建立的素丹国中,最著名的是泽拉、摩加迪沙和米朱提因。泽拉的阿拉伯移民主要来自南阿拉伯地区。到13世纪,泽拉素丹国的管辖区扩大到索马里西北部内地,并为摆脱埃塞俄比亚的控制进行长期斗争。14世纪30年代,著名的阿拉伯旅行家伊本·白图泰访问过泽拉。根据他的记载和描述,泽拉是个商业城市,城内有大市场,从这里输出的主要有皮革、树胶、酥油、鸵鸟毛、象牙和奴隶;输入的主要有椰枣、布、铁、武器和陶瓷器皿。这里的人皮肤黝黑,饲养的牲畜主要有骆驼和绵羊。伊本·白图泰访问摩加迪沙是1337年。他将摩加迪沙称作繁荣的城市,说该市管辖着附近的内陆地区。当地生产的布匹质地上乘,远销埃及、波斯等。当地人身体强壮,有许多骆驼和绵羊。食物丰富,主食往往是油焖米饭,副食有鸡肉、羊肉、鱼和青菜,水果有香蕉、柠檬和芒果等。人们还经常将未成熟的香蕉摘下来,用羊奶或驼奶煮制后食用。[①] 15 世纪和 16 世纪,摩加迪沙素丹国实力强大,控制着东非沿海贸易。17 世纪初开始衰落,先后受控于阿曼素丹国和桑给巴尔素丹国。米朱提因素丹国始建于索马里东北部内地,后来逐渐扩大到东北部沿海地带,是索马里境内管辖范围最大的素丹国。它除了同邻近的素丹国有交往之外,同半岛以外的一些国家如阿曼素丹国、奥斯曼帝国等也有交往。到西方殖民者侵入前,一直保持着独立地位。

到公元 16 世纪,索马里境内的素丹国已增至 30 多个。这些素丹国的统治者,或是阿拉伯化的索马里人,或是索马里化的阿拉伯人。就生产方式而言,这些素丹国基本上是宗法封建制,并保持有严重的氏族部落制残余和奴隶占有制残余。诸素丹国在经济上有一定的来往和联系,沿海素丹国还是内地素丹国与外界通商的中介。但在政治上,诸素丹国是各自为政,时而结盟,时而对立。同时,由于诸素丹国管辖的疆界很不明确,相互间常常为此事争吵,有时甚至酿成武装冲突。正因为这样,所以当一些素丹国遭受外来侵犯时,并不是联合起来共同对敌,而是向地区大国求援,结果不得不从属于他人。例如,北部沿海泽拉、柏培拉等素丹国为了同异教的埃塞俄比亚和葡萄牙殖民者作斗争,积极寻求奥斯曼帝国的帮助,结果不得不从属于奥斯曼帝国,到 19 世纪又从属于奥斯曼帝国的附庸国埃及。而东部沿海的摩加迪沙、布拉瓦等素丹国为了同葡萄牙殖民者作斗争,起初是寻求奥斯曼帝国的帮助,后来又寻求阿曼素丹国的帮助,结果到 18 世纪中期,东部沿海诸素丹国基本上为阿曼素丹国所控制。19 世纪中期桑给巴尔摆脱阿曼素丹国,另成立国家后,东部沿海诸素

[①] 伊本·白图泰:《伊本·白图泰游记》,宁夏人民出版社,1985,第 200~204 页。

丹国又归属于桑给巴尔。所有这些,都便利了西方列强对索马里的入侵。

三 古代中索关系

国人知道索马里大约始于公元8世纪盛唐之时。公元751年,唐人杜环被大食国所俘,随后跟随大食国人西行,遍历西亚和非洲北部许多地方,直到762年回国。他根据见闻写成的《经行记》,对埃及、马格里布和东非沿海的风土人情、地理环境和物产等有所记载。唐人段成式于公元860年成书的《酉阳杂俎》,则较详细地记载了索马里柏培拉(当时称之为拨拔力国)的情况。该书中说:"拨拔力国在西南海中,不食五谷,食肉而已。常针牛畜脉,取血和乳生饮。无衣服,唯腰下用羊皮掩之。""土地唯有象牙及阿末香。"这时期中国与索马里之间的贸易基本上是间接贸易,即中国的货物先由中国船只运到东南亚或阿曼,然后再由印度或阿拉伯商船运到索马里。同样,索马里的货物先由印度或阿拉伯商船运到阿曼或东南亚,然后再由中国船只运回中国。当然,有时印度或阿拉伯商人直接把货物由索马里运到中国,又直接把货物由中国运往索马里。

到了宋代,中国与索马里之间贸易除了间接方式之外,还出现了直接贸易的方式,即中国人直接将货物运到索马里,然后又将索马里的货物运回中国。随着双方贸易的发展,许多中国钱币也流入索马里。① 公元1071年和1083年,根据《宋史》、《宋会要辑稿》记载,摩加迪沙、布拉瓦等素丹国遣使来华"入贡",宋神宗"念其绝远",诏赐白金及其他财物。这是历史上非洲国家最早向中国派遣的外交使节。由于双方交往增多,中国对索马

---

① 根据20世纪考古发掘,在摩加迪沙及东非其他一些地方发现有许多中国宋代甚至唐代的钱币,总计千余枚。

里的了解也增多,所以宋人的一些史地著作对索马里的记载也更具体。例如,成书于 1225 年的赵汝适所著《诸蕃志》,对索马里的风俗习惯是这样记载的:"申抽国(即索马里——引者),人露头跣足,缠布不敢著衫,唯宰相及王之左右,乃著衫缠头以别。王居用砖甓甃砌,民屋有葵茆苫盖。日食烧面饼、羊乳、骆驼乳。""国人死,棺殓毕,欲殡,凡远近亲戚慰问。"书中还记载索马里处理死鲸的方法。"每岁常有大鱼死,飘近岸,身长十余丈,径高二丈余。国人不食其肉,惟剖取脑髓及眼睛为油,多者至二百余橙,和灰修船舶或点灯。民之贫者,取其肋骨作屋桁,脊骨作门扇"等。

15 世纪上半期是古代中国与索马里友好交往的极盛时期。此时期双方除了频繁的贸易往来之外,还多次遣使互访。在 1405~1433 年间,明代著名航海家郑和奉诏率领庞大船队七次下西洋,其中在 1413~1415 年、1417~1419 年、1421~1422 年和 1431~1433 年期间先后四次抵达非洲东部海岸,直接访问了木骨都束(摩加迪沙)、不剌哇(布拉瓦)和竹步(朱巴)等地,可能还到达泽拉。郑和的"宝船""体势巍然,巨无与敌",长约 147 米,宽约 60 米,能载千人,载货千吨,装有指南针。郑和的船队浩浩荡荡,所到之处,备受人们的瞩目和欢迎。郑和对索马里沿海素丹国家的访问极大地推动了中国和索马里的友好关系。公元 1416~1423 年(明永乐十四至二十一年),据《明史》记载,木骨都束三次遣使中国,不剌哇九次遣使中国。竹步也在永乐年间派出使臣来过中国。随着中索之间往来的密切,彼此间的了解增多了,中国文献中对索马里的记载越来越多。著名的《郑和航海图》记载了索马里沿海城邦及其他东非沿海城邦的地理位置。随同郑和出使西洋的费信撰写的《星槎胜览》一书,也记载了有关东非尤其索马里城邦文化的大量资料,其中对木骨都束、不剌哇和竹步的记载特别详细,如记载这些城邦的气候、生活和特产等,为中国与索马里之间贸易的进一步发展提供了资料。很明显,15世纪前半期中国与索马里的关系已出现了一个崭新的局面。然而,由于西方殖民主义者的入侵,刚出现的这一崭新局面遭到破坏,并被迫中断了。

第二节　西方列强对索马里的侵略与瓜分索马里人民的反抗斗争

一　葡萄牙的入侵

1497年11月葡萄牙殖民者绕过非洲南端好望角来到印度洋上,揭开了西方列强殖民历史新的一页,标志着西方列强对非洲的侵略从西部扩大到东部,标志着西方的殖民灾难将降临到索马里。

葡萄牙殖民者在绕过好望角后,于1499年来到索马里沿海,几次欲侵占摩加迪沙,均未得逞。16世纪开始后,葡萄牙对索马里的侵略更加频繁。1506年,葡萄牙殖民者用武力强占布拉瓦,并随处烧杀抢劫。布拉瓦居民奋起反抗,击毙击伤葡萄牙侵略者百余人。葡萄牙殖民者被迫退出布拉瓦后,旋即北上企图侵占摩加迪沙。但当他们的船队驶近摩加迪沙港口时,见到当地的骑兵和步兵已经在海岸上摆好阵势,准备迎战时,他们不敢贸然发动进攻,而是继续北上,并一度占领索马里东北海面的索科特拉岛。1516年和1517年,葡萄牙又把侵略矛头指向索马里北部沿海,先后发动对泽拉和柏培拉的袭击,使这两处港口遭到严重破坏。16世纪中叶,葡萄牙殖民者建立起对北自瓜达富伊角南至蒙巴萨的东非沿海地区的控制。16世纪70年代和80年代,在土耳其人的帮助下,索马里诸素丹国将葡萄牙人赶出索马里北部沿海和东部沿海。但不久,土耳其人因其舰队在海战中被西班牙和威尼斯联合舰队击败，便从索马里撤退。1587年，葡萄牙殖民者从印度殖民地调来军队，在索马里沿海烧杀抢劫，企图重新控制索马里东部海岸，以便建立葡属东非殖民地，但由于当地人民的反抗，一直未能得逞。1740年，在阿曼素丹国的帮助下，葡萄牙人最后被赶出伍鲁马河以北的东非沿海地区。1752年，葡萄牙在同阿曼素丹国签订的条约中，明确宣布放弃德尔加杜角以北的东非沿海地区的所有据点。葡萄牙对索马里的侵略以失败而告终。

二　英国和法国的入侵

继葡萄牙之后侵入索马里的是英国和法国。早在1789年，一艘英国战舰驶到朱巴河口附近进行探测。一只小船试图越过沙洲，触礁沉没，船上人员全部丧命。此后很长一段时间，英国把自己的侵略活动转到索马里北部沿海地区。为了尽快在印度到苏伊士地峡的中途建立停泊港口，1827年英国试探性地派"塔马尔"号军舰侵入柏培拉港口，用花言巧语诱使哈巴尔·阿瓦尔氏族酋长签订"友好通商条约"，使英国在柏培拉地区的贸易合法化。1839年英国用武力侵占亚丁，1840年又用武力强迫塔朱拉和泽拉两地的统治者签订割让领土的条约。根据1840年8月19日英国与塔朱拉素丹签订的条约，英国仅以10袋稻米的代价买下了塔朱拉素丹管辖的穆沙岛。而根据同年9月3日英国与泽拉总督[①]签订的条约，泽拉总督无偿将奥巴特岛割让给英国，并允诺未经英国许可不与其他欧洲国家的代表交往，也不让其他欧洲人在泽拉市内定居。从此，英国来往于印度到苏伊士地峡的船只有了可靠的停泊港口。从40年代下半期开始，

---

① 从公元17世纪开始，泽拉和柏培拉两个素丹国在名义上并入了奥斯曼帝国，其统治者改称总督。

索马里

英国的军舰经常出没于索马里沿海的港口。英国人在维护贸易和"恢复"各素丹国"和平"的借口下,不断加强其在索马里北部沿海地区的阵地。1856年11月,英国以1855年4月19日两名中尉军官在柏培拉地区同当地居民冲突中一死一伤为由,派了两艘军舰,除了要求惩办"凶手",索要1.5万美元赔偿费之外,还强迫哈巴尔·阿瓦尔氏族酋长签订新的通商条约,其中还规定今后英国要在柏培拉派遣驻节长官。

英国在索马里沿海的侵略活动引起了法国的注意。1840年,法国委托"南脱·博尔多斯公司"尽快派人前往索马里。然而,当该公司的代表孔伯于1840年10月抵达索马里北部沿海的塔朱拉和泽拉时,英国早在一个多月前就与当地统治者签订了条约。孔伯只好空手而归。1846~1848年间,法国冒险家夏尔·吉兰率领的"迪库迪克号"双桅船在索马里东南部沿海地带活动,了解到摩加迪沙、布拉瓦和梅尔卡等港口城市的一些政治经济情况。这些港口城市总的来说既承认桑给巴尔素丹的权力,也承认内地格勒迪素丹的权力;前者的权力是不明确和不稳定的,而后者的权力是直接的。这里的纺织业虽然古老,但利润仍然相当可观。生产的布匹除了当地消费之外,还输往索马里北部沿海和东非其他地方,还远销至阿拉伯、波斯和埃及等商港。这是一方面。另一方面,由于不久前的瘟疫和饥荒,以及不时发生的内乱,这几个城市都遭到不同程度的破坏。吉兰了解到的情况,无疑为西方列强此后对索马里的侵略和瓜分提供了依据。1859年,法国驻亚丁的领事朗贝尔从达纳基尔部落酋长那里取得了奥博克港的租借权。继之,法国以"友好"的姿态拉拢达纳基尔人诸酋长。1862年,塔朱拉素丹的一个表兄弟前往巴黎,同法国签订了一个条约,法国仅以1万泰勒(一种德国银币)的代价买下了奥博克港。这不仅使法国来往于印度洋和红海的船只有一个可靠的加煤站,而且使法国有一个向索马里内地扩张的基地。

三　西方列强对索马里的瓜分

1869年苏伊士运河通航后,索马里因地处苏伊士运河至印度洋的海上交通要道,在地缘政治上的重要性大为提高。西方列强对侵占和瓜分索马里的兴趣也大为增加。

法国首先采取行动。1870年,法国的一支舰队占领了索马里东南沿海的基斯马尤港。但不久,法国在普法战争中败北,就撤出了基斯马尤港。此后,法国就将侵略重点转向奥博克地区。1881年,法国在奥博克设立了"法国—埃塞俄比亚公司"。1882年,建立了奥博克法国公司和法国代理商行。1883年,又设立了梅斯尼尔公司。1884年6月,法政府任命拉加尔德为奥博克警备司令。同年8月,法军进驻奥博克。拉加尔德来到奥博克后,施展手腕,与附近的部落氏族首领签订了一系列条约,将阿利角、塔朱拉、古贝特哈拉巴和塔朱拉湾沿岸地区的其他据点都转让给法国。1887年,法国政府为了表彰拉加尔德的"功绩",任命他为奥博克殖民地及其属地的总督。1888年,法国又侵占了吉布提。同年9月,法国与英国签订了边界条约,规定以吉布提到泽拉的中间线为两国在索马里的殖民疆界。1892年,法国将行政中心从奥博克转移到吉布提。1896年,法国又将在这一带侵占来的全部土地和海域合并为一个殖民地,称为"法属索马里海岸",以吉布提为首府。1897年,法国与埃塞俄比亚签订边界条约,于是完成了它对法属索马里的殖民占领。

英国因忙于埃及事务,行动上比法国稍晚一些。鉴于索马里北部沿海地区名义上是由作为奥斯曼帝国的附属埃及管辖,所以英国在1877年同埃及签订了一个协议,规定索马里海岸的"任何部分,都不得以任何借口,割让给任何一个外国"。1884年,埃及放弃对这一地区的管辖。于是,英国乘机在1884~1886年间,先后与泽拉、布勒哈尔和柏培拉等地的素丹、总督和酋长签

索马里

订条约，使这些统治者接受英国"保护"，并保证"除了英国政府之外，决不把目前由他们居住或控制的任何领土用割让、出卖、抵押等方式由他人占领"。继之，英国就从沿海向内地扩张领土。1887年7月20日，英国通知欧洲列强，在从吉布提至齐阿达港的索马里北部沿海地区，均为"英国保护地"。随后，英国与法国为争夺吉布提附近地带进行了激烈的斗争。经过多次谈判，双方于1888年9月签订协议，确定泽拉和吉布提两地的中间线为英法两国在索马里的殖民疆界。1891年，英国迫使桑给巴尔素丹签订协定，将索马里的朱巴地区交给英国。然后，英国又将朱巴地区划入英属东非（即后来的肯尼亚）范围。1897年，英国为了不让埃塞俄比亚支持正处于蓬勃高涨的苏丹人民抗英斗争，与埃塞俄比亚签订了一项秘密协定，英国答应把索马里人居住的欧加登地区交给埃塞俄比亚。1925年，英国将包括基斯马尤港在内的朱巴地区一部分领土让给意大利。朱巴地区的其余部分仍留在英属东非范围内。

德国是后起的资本主义强国，也企图在瓜分索马里中分一杯羹。在德国政府的支持下，1885～1887年，德国东非公司先后同米朱提因和奥比亚等地区的素丹及一些酋长签订条约，德国获得了在这些地区经营商业、森林、河流和开发闲置土地的垄断权。不过，由于英国认为力量较弱的意大利作自己在索马里殖民掠夺的邻居较之实力强大的德国为好，并对意大利在索马里东部地区的扩张采取赞同和支持的态度，这就决定德国与索马里当地酋长和素丹签订的条约将是一纸空文。根据1890年英国和德国签订的《赫尔戈兰条约》，德国在东非势力范围为南自伍鲁马河，北至温巴河。温巴河以北的原桑给巴尔素丹管辖的沿海地区，均为英国势力范围。这就是说，德国放弃了在索马里攫取领土的欲望。

由于受到英国的鼓励，1889年意大利便对曾同德国签订条约的米朱提因和奥比亚两个索丹国提出领土要求。是年2月8日，意大利驻桑给巴尔领事与奥比亚素丹优素福·阿里签订了一项条约，确定奥比亚为意大利"保护地"。同年4月8日，意大利从米朱提因素丹那里取得了从阿瓦达角到基莱角之间领土的"保护权"。1889年5月，意大利宣布米朱提因为其"保护地"。与此同时，意大利还从奥比亚向南扩充其殖民领地。1889年11月18日，英国东非公司经理与意大利代办在伦敦签订了协议书，前者把它在布拉瓦、梅尔卡、摩加迪沙、瓦尔谢克和姆鲁提等港口的权利转让给意大利。这些港口当时仍属桑给巴尔素丹管辖，但是签订该协议书时并未取得他的同意。1892年，在英意双方共同压力下，桑给巴尔素丹才答应把这些港口租让给意大利。意大利在侵占索马里东南沿海地区后，紧接着就大力向内地扩张。1901年，意大利再次与米朱提因素丹签订条约，将意大利的殖民统治伸展到瓜达富伊角。1905年，意仅以14.4万英镑的代价，从桑给巴尔素丹那里买下了从布拉瓦到姆鲁提的索马里东南沿海地区。同年，意大利又从英国手中租得了基斯马尤港及其附近地区。1908年5月，意大利与埃塞俄比亚订立边界条约，取得了从朱巴河到谢贝利河之间号称索马里谷仓的大片肥沃土地。不久，意大利宣布将其在索马里的各部分领地合而为一，称为"意属索马里"。第一次世界大战结束后，西方列强对非洲进行再瓜分，意大利从英国手中得到了包括其斯马尤港在内的朱巴地区。至此，意属索马里殖民地包括北部从齐阿达港以东到瓜达富伊角，然后往南，直到基扬博尼的广大地区。在西方列强瓜分索马里中，意大利攫取到的领土面积最大。

四　索马里人民的反抗斗争

从西方殖民者侵入索马里这一天起，索马里人民就进行了英勇的反抗斗争。到19世纪后半期，随着西方列

索马里

强对索马里侵略步伐的加大,并对它进行瓜分,索马里人民对西方殖民者的愤怒日益加深,反抗斗争日趋高涨。1889年,意军侵占奥比亚,遇到当地居民的英勇抵抗。1890年,瓦尔谢克的居民用长矛标枪袭击在这里登陆的意大利殖民者,把他们打得狼狈逃窜。1893年,英国东非公司用武力胁迫基斯马尤居民交出全部公有土地,该地区居民坚决予以拒绝,并进行武装自卫,打死横蛮的英国代表托德。英国军舰炮轰了这个城市。也就在1893年,一名意大利海军中尉在梅尔卡横行霸道,被激怒的梅尔卡居民当场将其击毙。意大利军舰对梅尔卡进行了炮击。1899年,索马里各地人民在民族英雄穆罕默德·阿布杜拉·哈桑的领导下,掀起了声势浩大的反瓜分武装起义。

穆罕默德·阿卜杜拉·哈桑,1864年出生于索马里北部杜尔巴汉特氏族居住区一牧民家。7岁时开始学习《可兰经》,10岁时能读《可兰经》。19岁时,由于他的学识和虔诚,他获得"教长"的称号。1894年,他前往麦加朝圣,在那里加入萨里赫教派。1895年,他回到索马里后,积极宣传萨里赫教派的教义,奉劝人们严格遵守穆斯林的献身精神。他认为西方殖民者是要摧毁索马里人民的伊斯兰信仰,他号召同胞们起来进行圣战,反对异教徒,赶走西方殖民者。1899年8月,哈桑把自己的忠实信徒召集到布劳,宣布向异教徒进行圣战。起义开始后,人们争相参加。到1900年底,起义风暴几乎席卷整个英属索马里,还波及意属索马里的部分地区。1901年初,据估计,起义者已拥有6000余人的武装力量,其中600人持有火枪。他们运用机动灵活的游击战术,出其不意地打击殖民侵略者。

在起义开始后的前三年,英国殖民者企图用索马里人打索马里人的办法镇压起义,多次由英国军官指挥经由他们训练过的索马里人武装向起义军发动进攻,结果连遭失败,被迫退缩到柏培拉港口地带。1903~1904年,英国从国内增调正规军,还使用

第二章 历 史

印度、南非和苏丹等国的部队,向起义者发动新的进攻。英国还迫使埃塞俄比亚出兵,从东南方向攻击起义部队。此时,起义者的武装队伍已发展到2万余人。在1903年4月17日贡布鲁山战役中,起义军歼敌2百余人,其中9名是英国军官。1904年1月,起义军与敌军在吉德巴利进行一场激战。起义军因武器落后,伤亡很大,不得不撤退到意属索马里。1905年3月,起义军与意大利殖民当局在伊利格港谈判,并签订伊利格条约。意大利殖民当局为避免起义在意属索马里境内扩大,同意起义军进入米朱提因与奥比亚交接地带,并使用伊利格港,其交换条件是起义军停止对意大利人和英国人作战,并承认意大利殖民当局对起义军驻扎地区有"监督"权和"保护"权。

伊利格条约为起义军获得了一个喘息时间。他们利用这一时机积极进行休整和训练,提高作战能力。不久,意大利殖民当局以起义军不服从"监督"为由,对起义军居住地区实行封锁。1908年,英军对积极支持起义军的瓦尔桑格人部落进行"征讨"。哈桑决定予以回击,在英属索马里重新开展游击战。起义军愈战愈强。到1910年底,起义军已在英属索马里内地站稳了脚跟,英军被迫撤至柏培拉、布拉哈尔和泽拉等沿海城市防守。此时,哈桑向起义领导者提出的任务是团结各地群众,消除部落内讧。到第一次世界大战爆发前夕,哈桑领导的由起义军控制的地区已逐渐成为政教合一的国家。起义者还在塔莱、梅迪谢、吉利达、拉斯阿诺德和加拉迪等地构筑防御工事。其中以塔莱的防御工事最壮观。它由13座石头堡垒构成,墙高18.29米,宽3.6米至4.27米。

第一次世界大战期间,英国忙于欧洲及非洲一些地方的战事,在英属索马里只能采取守势。这是一方面。另一方面,起义军由于英国殖民者联合意大利殖民者共同实行封锁,长期得不到外界援助,武器弹药逐渐减少,难以进一步发展壮大。所以,在

一次大战结束后,当1919年英国殖民者动用由欧洲人、印度人和非洲人组成的大量军队向起义军进攻,并使用空军滥肆轰炸时,起义军伤亡很大。1920年2月11日,英国殖民军队占领了起义军总部所在地塔莱。哈桑和他的一部分战士撤退到埃塞俄比亚的欧加登省,准备重新组织武装力量,继续战斗。英国殖民当局写信并派人劝哈桑投降,许诺"给予特赦"。哈桑坚决予以拒绝。同年12月21日,哈桑在谢贝利河上游的伊米病故。但是,索马里境内的起义军战士仍继续战斗数月。意大利军队也参加了对起义军的"清剿"。哈桑领导的起义是被英、意两国殖民者联合绞杀的。这次起义虽然失败了,但是为全体索马里人赢得了尊严和荣誉,哈桑成为备受尊敬的索马里民族英雄。

第三节 殖民统治下的索马里民族独立运动的兴起

一 殖民统治下的索马里

西方列强瓜分索马里的过程,也就是在索马里建立殖民统治的过程。为了在索马里建立殖民统治,英国和意大利都向自己所属殖民地派出掌握统治大权的行政长官总督。总督之下,是州和县的驻节长官或专员。各州、县的驻节长官或专员由领取殖民当局薪金的部落酋长和氏族长协助。后者在殖民当局与本地人民群众之间起中间人的作用。人民大众的民主权利几乎全被剥夺。殖民者对人民大众横征暴敛,利用从他们身上搜刮来的钱,强迫他们修建港口和公路,以保障苏伊士运河至印度洋的海上交通线的安全和需要。少数公立学校用英语或意大利语进行教学。政府机关公文都使用为当地绝大多数人所不懂的英文或意大利文。

第二章 历　史

　　在英、意殖民统治下，索马里的经济处于落后状态。畜牧业是索马里国民经济的主要部门，但是由于殖民者霸占土地，大量牧场和牲畜都集中在外国资本家和本地牧场主手里，绝大部分牧民一无所有。农业在索马里国民经济中的地位仅次于畜牧业，由于大部分耕地为殖民者占有，大多数农民没有土地或仅有少量土地。农业生产方式落后，极易受自然灾害影响，产量低，且不稳定。在英属索马里西部农耕地区，刀耕火种的耕作方法虽被牛拉木犁耕地所代替，但1928年的蝗灾发生后，高粱、玉米等庄稼几乎颗粒无收，出现了饥荒，许多人不得不远走他乡。失去土地和牲畜的农牧民大都受雇于种植园主和牧场主，受尽各种剥削。

　　工业发展缓慢，商业不发达。工业除了少数几家由外国资本家投资经营的制盐、制糖、鱼类加工和皮革工厂之外，便是一些手工业，如纺纱织布、木器、编织草席和金属用具等。1920年，在哈丰角开始兴建一座制盐工厂，产量增长缓慢。到1933年，其年产量才达到20多万吨。内地商业运输靠骆驼，公路很不发达。

　　对外贸易完全由外国垄断资本控制，进行不等价交换，输出的是农产品和畜产品，进口的是工业品，表现出鲜明的殖民地经济。除此之外，英属索马里与意属索马里之间的贸易也受到限制。尽管意属索马里盛产蔗糖，价格便宜，但是英属索马里所需蔗糖则要从亚丁、印度等地方进口。这是因为英国殖民当局规定来自非英镑区的进口货物要纳高额进口税，使从意属索马里进口的蔗糖每公担的平均价格高达250先令，而从亚丁、印度等地方进口，每公担的价格仅141先令。这种不合理的规矩，既增加人民的负担，也妨碍索马里经济的发展。

　　教育极不发达，广大青少年受教育的权利几乎全被剥夺。不过，为了减少索马里人的不满，同时为了使索马里人担任派给他们做的一些带有技术性的工作，殖民当局也不得不办一点教育。

从 1930~1939 年，意属索马里的小学生人数由 1390 人增加到 1776 人。英属索马里的小学生人数比这一数字略低一些。英、意殖民当局还兴办了几所公立学校。有的索马里人还被送往苏丹、亚丁和印度等地学习，有的甚至被送到宗主国留学。

在英、意殖民统治和剥削下，索马里人民大众的生活极其贫困。广大农牧民住的基本上都是茅草棚，衣不蔽体，食不果腹，更谈不上医疗设备，因此死亡率很高。当地工人与欧洲人同干一种工作，但其工资只有后者的 30% 到 50%，难以维持生计。工人们因工伤事故丧失劳动力时，得不到任何抚恤金，只能流落街头，过乞讨生活。

二　民族独立运动的兴起

依照上述分析，我们可以明白，在西方列强瓜分索马里后，索马里已经从独立的宗法封建经济形态的社会变成依附于英国和意大利的殖民地的社会。索马里社会状况的这一根本性变化，就使英、意殖民者与索马里人民之间的矛盾成为索马里社会的主要矛盾。这是因为在索马里沦为英、意的殖民地后，在这种社会里居于统治地位的是英、意殖民者，居于被统治地位的是广大索马里人民。英、意殖民者是以民族压迫者的姿态进行统治的。他们的残暴统治和无情掠夺势必激起广大索马里人民的反抗，唤醒索马里人的民族意识。索马里人民反对英、意殖民者的民族压迫和剥削，争取民族独立和解放的革命运动由此发端，并逐渐发展成为势不可挡的历史潮流。

索马里民族独立的先驱是一些受过教育，并为英、意殖民当局雇用的索马里青年。这些年轻人一方面接受西方教育，了解外部世界，另一方面又长期处于受压制和受歧视的地位，因而逐渐产生对异族统治的不满，对英、意殖民统治的不满。这种不满的最初的表现形式是这一类年轻人举行一些小型秘密集会，抨击时政，要求改变现状。哈吉·法拉赫·奥马尔是这些人中的一个典型。他在 20 世纪 20 年代从海外留学回到柏培拉后，在英属索马里政府部门当雇员。他积极参加秘密集会，鼓吹新思想和谋求改进索马里人的社会和政治地位，引起了殖民当局的注意，并被放逐到亚丁。他到亚丁后，继续在索马里侨民社会中宣传鼓动，并参加"索马里伊斯兰协会"的创建工作。他和他的同事还在报纸上发表文章，向世人说明索马里人的愿望和要求。

英、意殖民统治也引起索马里本地商界人士的不满。为求自身的发展，在 1935 年前后，英属索马里的商人在柏培拉、布劳和哈尔格萨等中心地方开始组织政治协会和俱乐部。不久，就发展成为"索马里民族协会"。该协会提倡现代教育和各方面的进步，主张消除索马里传统社会的部落狭隘性和相互对立。后来，该协会又提出包括统一索马里民族和领土这一目标在内的纲领。1937 年又出现了一个政治性组织"索马里公务员联盟"，它的主要目的是增进索马里人在担任公职方面的利益。

就促进索马里民族独立运动兴起来看，还有一件事的作用不可忽视，这就是伊斯曼·优素福·克纳迪德在 20 世纪 20 年代为索马里语发明了一套精练而准确的字母和文字。在伊斯兰教传入索马里后，虽然阿拉伯文字长期以来就在一定的范围内成为书写索马里语言的工具，然而索马里语言与阿拉伯语言的差异性，使得这种做法存在明显的缺陷，只能是一种权宜之计。所以，这种新文字出现后立即引起索马里社会各界人士的关注，并很快以它的发明者伊斯曼的名字命名为"奥斯曼尼亚文"。它创造了一套全新的字母，而完全不依靠阿拉伯文字母，从而克服了用阿拉伯文字母表述索马里语言的缺陷。创造符合索马里语言规律的字母和文字，并在实际中推行，一定会进一步促进索马里人的民族意识，提高索马里人的民族觉悟。所以，尽管奥斯曼尼亚文当时由于殖民当局的禁令未能得到推行，但是此后它一直为索马里民族主义者和知识分子所关注,把它看作索马里人民族意识增强的象征,并把争取索马里民族独立看作是索马里文字得以推行的前提。

第四节 索马里独立的历史进程 索马里共和国的成立

二次世界大战前夜开始兴起的索马里民族独立运动,在大战期间和战后初期得到不断升华,终于导致索马里的独立和共和国的建立。

一 英属索马里独立的历史进程

二次世界大战爆发后不久,法西斯意大利向英、法等同盟国宣战,并于1940年8月占领了英属索马里。1941年3月,英军在柏培拉实施登陆,展开反攻,英属索马里人积极配合,参加战斗,赶走了法西斯意大利。但是,英属索马里并没有因此获得独立,英国在这里重新建立起殖民统治,并将统治中心从柏培拉迁至哈尔格萨。为了争取独立,索马里人民必须继续进行斗争。二次大战爆发前成立的索马里民族协会重新开展活动,明确提出以争取独立和解放国土为斗争目标。1949年,这个组织遭英国殖民当局查封。但到50年代初,这个组织在同另一个民族组织联合后,就以"索马里民族联盟"的名称进行活动。与此同时,1947年成立于意属索马里的"索马里青年联盟"也在英属索马里开展活动,发展成员,主张独立和建立一个统一的国家。

为了尽快实现民族独立,1955年1月,索马里民族联盟与不久前成立的索马里统一党等组织共同组成"民族统一阵线"。为了让民族统一阵线有足够的活动基金,社会各阶层纷纷捐款捐物。1956年11月,民族统一阵线派代表到伦敦,要求英国政府允诺英属索马里在英联邦范围内独立。英国政府予以拒绝。但是,英属索马里人民并未因此止步,而是在埃及人民1956年收回苏伊士运河斗争胜利的鼓舞下,进一步开展争取独立的斗争。示威游行,请愿活动接连不断。在这种情况下,1957年初,英国被迫作出"让步",表示要尽快在索马里实行代议制政府。

1957年5月,英属索马里建立了以总督西奥多·派克为主席的立法议会。但议员不是由选举产生,而是由总督指定;不是代表政党团体,而是代表主要部落。所以当立法议会召开时,各政党团体要求有索马里人选出的代表参加议会。英国殖民当局被迫作出让步,于1958年12月决定改组立法机构,议员人数增加至29名,其中12名由选举产生。索马里民族联盟要求立即建立由选举议员占多数的立法议会。由于这个要求未被接受,它宣布抵制这次选举。但在殖民当局的拉拢下,以米齐尔·马利安诺为首的民族统一阵线参加了这次选举。这次选举于1959年3月进行。选举结果,民族统一阵线在12名由选举产生的议员中占有7名,成立了以马利安诺为总理的自治政府。

鉴于索马里民族联盟的抵制和公众对增加选举议员名额的强烈要求,英国殖民当局不得不再次作出让步,并决定于1960年2月举行新的立法议会选举。议员人数增至36名,其中33名由选举产生,3名由总督任命。选举结果,索马里民族联盟在全部33个由选举产生的议席中获得20席,索马里统一党获得12席,原来的执政党民族统一阵线只得到一席,变成了在野党。2月26日,民族联盟的首领埃加勒出任自治政府总理。4月6日,立法议会通过要求独立的南北统一的提案。当立法议会讨论此项提案时,三千多群众一早就聚集在会场外,打着标语和旗帜,高呼口号,要求通过此项提案。当他们得知该提案获得通过时,就唱歌跳舞,表示庆祝。4月26日,以埃加勒为首的政府代表团前往伦敦，同英国政府举行谈判。英国被迫同意英属索马里在6月26日独立，然后与获得独立的意大利托管地索马里合并。

二 意属索马里独立的历史进程

二次世界大战爆发后，意大利为了在东非实施扩张计划，加强了在意属索马里的法西斯统治，有4万多名索马里青年被迫参加法西斯意大利军队。1941年1月，当以英国为首的盟军在东非对意大利军队发动攻势，并从肯尼亚向意属索马里推进时，索马里人民予以积极配合，参加了攻占摩加迪沙等城市的战斗，对把意属索马里从意大利法西斯奴役下解放出来作出了贡献。不过，意大利法西斯被赶走后，意属索马里人民并没有获得自由，而是处于英国军事管辖之下。1946年6月至7月美、苏、英、法四国外长巴黎会议讨论处理意属索马里问题时，英国外交大臣贝文提出一项大索马里计划，即将意属索马里包括在内的所有索马里人居住地区合并一起，交给英国托管。美国和苏联不赞同这一建议。由于四大国难以达成协议，于是这一复杂问题便被转交给联合国大会去解决。1949年11月21日，联合国第四届大会在美国的操纵下，不顾索马里人民要求独立的意愿，通过了一项决议，把原意属索马里交由意大利托管十年。

正由于意属索马里人民在1941年意大利法西斯被赶走后仍未获独立，所以未等大战结束意属索马里人民就为争取独立开展新的斗争。1943年5月，一批热血青年在摩加迪沙建立了"索马里青年俱乐部"。俱乐部以学习"奥斯曼尼亚文"作掩护，积极宣传争取民族独立的主张。到1946年，俱乐部成员已增至2.5万多人，参加的人中有商人、手工业者、工人和知识分子等。除了在意属索马里各地建立组织机构之外，还在欧加登、英属索马里和法属索马里等设有支部。1947年4月，该俱乐部改名为"索马里青年联盟"。其纲领是：建立民主共和国，实行社

会改革和消灭部落氏族制度。提出的口号是反对帝国主义，反对殖民主义；团结所有索马里人，建立一个统一的国家。在大战后期和战后初期成立的民族主义组织还有贝纳迪尔青年联盟、独立宪政党等。在这些民族主义组织中，最有影响力的是索马里青年联盟。它在索马里争取独立的斗争中起着十分重要的作用。

还在1948年初，当得知意大利将以"托管"的名义对原意属索马里进行统治的消息时，索马里青年联盟即组织群众于1月11日在摩加迪沙举行示威游行，向前来"调查民意"的联合国调查团表明"要求独立，反对意大利托管"的严正立场。示威群众与意大利殖民者发生冲突，双方各有伤亡。杰那勒和梅尔卡等地群众还袭击了意大利殖民者的种植园。1949年10月，第四届联合国大会开始讨论意大利托管索马里问题。10月5日，摩加迪沙、巴拉德等地群众在索马里青年联盟组织下举行反对意大利托管的示威游行，遭英国军队镇压。1950年4月，意大利根据联合国决议，对原意属索马里实行托管后，立即对索马里一切爱国活动严加镇压，大肆搜捕索马里爱国者。在"托管"的最初47天中，就有3百多名索马里青年联盟成员被投入监狱。到1950年6月，仅摩加迪沙被监禁的人数就达3000人。意大利的这种"托管"，当然要引起索马里人民的激烈反抗。索马里青年联盟不断散发传单，揭露意大利殖民者的暴行，号召为争取独立，继续进行各种反抗斗争。

主要由于索马里青年联盟等民族主义组织在国内领导人民群众开展各种反抗斗争，并一再向联合国托管理事会提出独立要求，加上西方列强在意大利托管索马里问题上出现了矛盾，这就迫使意大利当局同意在1956年成立立法议会。在1956年2月举行的立法议会选举中，索马里青年联盟在分配给索马里人的60个议席（另有10个议席分配给在索马里取得永久居留权的外国人）中获得43席，占绝大多数。4月，立法议会正式成立，索

索马里

马里青年联盟的领袖欧斯曼任第一届立法议会议长。5月,由意大利行政长官委任的索马里自治政府成立。自治政府总理由索马里青年联盟总书记伊萨担任。但实际权力仍操纵在意大利行政长官的手里。不过,到托管的最后几年,意大利行政长官的职权已逐渐地被限制在外交和国防方面。1959年12月5日,第十四届联合国大会通过一项决议,确定由意大利托管的索马里将于1960年7月1日独立。

三 索马里共和国的成立

1960年4月中旬,以总理埃加勒为首的英属索马里代表团与以议长欧斯曼为首的意托管地索马里代表团,就两地区统一问题举行联席会议,并于4月23日发表联合公报。确定两地区在1960年7月1日实现统一,两地区立法议会在同一天合并,组成国民议会,由国民议会选举总统,政府由两地区的执政党共同组成,首都设在摩加迪沙。

1960年6月26日和7月1日,英属索马里和意托管地索马里先后宣布独立。也就在7月1日这一天,这两个获得独立的地区宣布合并,成立索马里共和国。两个地区的立法机构在摩加迪沙举行联席会议,正式合并,组成共和国临时国民议会,选举索马里青年联盟领导成员欧斯曼为共和国临时总统。共和国的宪法将在一年之后由全国公民投票批准。前英属索马里改称北区,前意属索马里改称南区。7月7日,国民议会选举索马里民族联盟领导成员加里布为议长。7月22日,组成了以索马里青年联盟创始人之一舍马克为总理的政府。在包括一名副总理在内的14名政府成员中,有4个分配给北区的索马里民族联盟和索马里统一党。唯一的一名副总理由统一党领导成员哈桑·包尼担任。基本上平衡了北区和南区的利益。

在欢庆索马里独立和共和国成立的日子里,人们无不载歌载舞，兴高采烈。当索马里国旗冉冉升起时，许多为独立而奋斗的战士都激动地流下了泪水。人们深情地唱起了一首歌："今天啊，今天，我们升起了自己的国旗。"索马里人民对自己经过长期奋斗获得的独立是无比珍惜和自豪的。

第五节 独立后的索马里

一 共和国时期

索马里共和国在 1960 年 7 月 1 日成立后，即着手共和国宪法的制定。1961 年 6 月 20 日，就宪法草案举行公民投票。结果，以压倒多数获得通过。根据宪法，国民议会行使一切立法权。议员除了少数当然议员之外，均由选民无记名投票方式选举产生。政府行使行政权，其成员由总统任命。7 月 6 日，国民议会选举欧斯曼为共和国总统。三个星期以后，再次被任命为总理的舍马克宣布他的新政府由索马里青年联盟和索马里民族联盟、索马里统一党联合组成。新政府的对内政策是建设和统一，对外政策是不结盟，主张加强同非洲和伊斯兰国家的关系，支持整个非洲的独立和解放。由于共和国是由原英国的殖民地和意大利的殖民地合并而成，共和国政府面对的是这两个国家殖民统治差别造成的一系列复杂问题，诸如不同的行政、法律和教育体系，不同的财政、税收和贸易制度，两种语言处理公务的程序等，只有这些问题得到解决，共和国才能有效地进行活动。为了解决这些问题，舍马克领导的政府采取了一些统一两个地区的措施，如在全国采用单一的税率和关税制度，设立索马里语言委员会，负责研究和制订索马里语的最佳书写方案，等等。

为了消除殖民统治在经济方面所遗留下来的恶果，政府拟订了从 1963～1967 年的经济发展五年计划，主要内容是建立国营

索马里

经济和民族工业经济。在农业方面，政府积极鼓励粮食、棉花及其他作物的生产，尤其鼓励主要出口作物香蕉的生产。独立前，意大利资本长期垄断了香蕉生产，绝大多数香蕉园为意大利种植园主所有，属于索马里人所有的香蕉园只有12个。独立后，投入香蕉生产的索马里资本不断增加，到1962年，由索马里人自己经营的香蕉园已增到196个。再就甘蔗生产来看，独立前，甘蔗生产基本上都为意大利的"意索农业公司"所控制。1962年12月，政府收购了这个公司的半数股票，并把这家公司交给新成立的"国民工农业公司"经营。公司的股票由索马里政府和意大利人各占一半。还建立了种植粮食、棉花和油料作物的国营农场。

在工业方面，已拟订了建设纺织厂、肉品加工厂、乳品厂、制糖厂和化工厂的计划。有的地区开始进行地质勘探。改建基斯马尤港、柏培拉港及其他港口的工程已开始。发电厂已开始筹建。主要困难是资金匮乏，政府财政预算长期出现赤字。

为了控制对外贸易，1962年成立了国家对外贸易公司。通过这个公司，政府在一定程度上控制对外贸易。对于烟草制品和火柴的进口，则由国家垄断。

在对外关系方面，共和国面临的一个重要问题就是如何解决与邻国边界领土问题。这个问题是由西方列强瓜分索马里时不合理的边界划分造成的。共和国政府认为，索马里与邻国的边界应该重新划分，应把原来划给埃塞俄比亚和肯尼亚版图的索马里人居住地区划归索马里共和国，而埃塞俄比亚和肯尼亚则主张维持现状，相互间因此发生龃龉。

共和国成立后，又出现了一些新的党派团体，如索马里民主联盟、索马里国民大会党、索马里工人革命社会主义党等。这些组织基本上都是地区性的，代表某一个或数个部落。这些组织往往以部落主义作为指导思想，只强调本地区和本部落的眼前利益，看不到国家和民族的长远利益。部落主义的存在是对共和国稳定和统一的一种威胁。

1964年3月30日，索马里举行独立后的第一次议会选举，有21个党的973名候选人参加竞选。选举结果，青年联盟获得56%的选票，在总数123个议席中得到69席。其他得票较多的党派是：国民大会党，得21%选票；民主联盟，得12%；独立宪党，得7%。其余选票为一些更小的党派团体所得。新政府继续由索马里青年联盟组织。但欧斯曼总统并未提名得到青年联盟普遍支持的舍马克继续担任总理，而是提名青年联盟另一领导成员侯赛因担任总理，结果导致青年联盟内部的分裂。不久，以埃加勒为首的国民大会党的北区成员加入青年联盟。

1967年6月10日举行总统选举。索马里青年联盟中有一派支持欧斯曼参加竞选，另一派则支持舍马克参加角逐。结果，舍马克获胜。7月，舍马克提名支持自己当选的埃加勒为总理。埃加勒将部长的位置由13人增加到15人，使每个大的部落在中央政府部门有自己的代表，为议会顺利通过。

舍马克任总统期间，努力将国家的力量用于发展经济，积极用和平协商办法解决与邻国的边界领土争端。索马里同埃塞俄比亚和肯尼亚的关系得到改善。索马里与埃塞俄比亚在1967年经历一场冲突后达成了停火协议，1968年9月开始建立商业航空和电讯联系。索马里与肯尼亚于1967年9月14日签署了一项议定书，双方表示互相尊重对方主权和领土完整，保证在边界两侧维持和平与安全，停止一切敌对宣传等。

然而，在同邻国关系改善的情况下，索马里国内部落矛盾却尖锐起来了。这在1969年3月举行的市政与议会选举中得到了表现。参加这次选举的党派团体共64个，其中只有索马里青年联盟在全国各个选区都推荐有候选人。由于多数党派团体都以部落为背景，选举中贿赂违规现象十分严重，123名前议员中有77

名落选。未能当选的候选人及其支持者指责政府在大选中有欺诈行为，总统和总理都感到难辞其咎。通过这次选举，青年联盟在议会中仍获多数，继续执政，但选举中的腐败现象引起了社会各界，尤其军队阶层的严重不满。

1969年10月15日，舍马克总统在视察北方时遭刺杀身亡。时值在他国访问的埃加勒总理匆忙回国，提出应挑选一位像舍马克一样来自达鲁德部落的领导人出任总统。但一些军官认为这无助于改变国家目前存在的问题。10月21日，这些军官在警察的支持下发动政变，推翻埃加勒政府，成立全国最高革命委员会（Supreme Revolutionary Council），推举舍马克派的国民军司令西亚德·巴雷为最高革命委员会主席，同时将国名改为索马里民主共和国。从此，索马里进入了民主共和国时期。

二 民主共和国时期

1969年10月21日，最高革命委员会在宣布将国名改为索马里民主共和国的同时，颁布了《第一革命宪章》和《第一号法令》，将原来由总统、议会、部长委员会所承担的权力及法院所承担的许多职责，都授予最高革命委员会。最高革命委员会的纲领是：对内消灭一切贪污腐败、无政府主义、部落主义和其他坏习惯现象，创立一个"建立在权力基础上的，以社会主义为原则的，照顾索马里人环境和社会习惯的社会；对外继续遵守现有条约义务，支持民族解放运动和索马里统一"。还宣布废除前政府通过的宪法，禁止一切政党活动，所有社会团体和职业协会均由最高革命委员会统辖，等等。

索马里民主共和国在其初期是依照苏联国家政权的模式打造自己。最高革命委员会被认为是索马里国家的领导力量。它的决策机构是执行委员会，由25名军人组成，负责制定方针政策。政府日常工作由国家书记委员会负责。该委员会由14人组成，以文职人员为主。但是政府几个重要部门长期都由军人担任部长。西亚德·巴雷本人既是最高革命委员会主席，又是国家书记委员会主席和国家武装力量总司令。1970年10月，最高革命委员会提出要在索马里实行"科学社会主义"。1971年11月西亚德·巴雷访问苏联回国不久，最高革命委员会宣布要把索马里建成一党制的国家。1976年7月1日索马里革命社会主义党成立后，最高革命委员会宣布解散，并将其权力移交给革命社会主义党。国家书记委员会改名为部长委员会。西亚德·巴雷是党的总书记和部长委员会主席，同时仍是国家武装力量总司令。

在内政方面，西亚德·巴雷和他所领导的政府的基本目标是消除派别斗争和促进经济发展。因此，巴雷政府采取了多项措施，如降低政府雇员的薪金，任人唯贤取代任人唯亲，用纪律代替无政府状态，开展反对部落主义和宗派主义的斗争等。在巴雷执政时期所取得的成就中，最值得一提的是他在1972年10月21日作出的一项决定：用拉丁文字母拼写的索马里文为国家的官方文字。这就结束了索马里人只有语言而无文字的历史。在这之前，索马里人想写点什么，都不得不借用别的国家的语言文字，如阿拉伯文、英文和意大利文等。同时，政府还要求文职人员和军人用3个月（后延长为6个月）学会使用索马里文字。各城市都办起了索马里文学习班。

在经济建设方面，民主共和国初期主要是依照苏联模式搞计划经济，推行国有化和集体化。为了制止外国资本家的破坏，1970年政府先后宣布将外国资本家经营的摩加迪沙电力公司、乔哈尔糖厂、石油公司和外国银行等都收归国有。不过，巴雷指出："如果私人企业和外国投资有助于我国的发展计划并符合我们的民族利益，那么它们永远都是受欢迎的。"从1971年起，开始实行"三年发展计划"，重点发展农业、畜牧业和交通运输业。投资总额近1.5亿美元。但由于土地国有化和农牧业合作化

索马里

搞得过激,挫伤了小农和牧民的生产积极性,农业产量下降,牲畜头数减少。粮食自给问题没有解决。

从1969年最高革命委员会掌握索马里国家政权到1976年革命社会主义党成立前后,索马里与苏联关系密切,苏联向索马里提供了多方面援助,不少苏联专家被派到索马里工作。援助总额达1.3亿美元。援助项目除了军事项目之外,主要有修建柏培拉港,兴建基斯马尤肉类加工厂和拉斯科雷鱼类加工厂。1971年11月西亚德·巴雷访苏后,苏答应协助索马里开垦朱巴河下游地区,建造水坝、灌溉渠和水力发电站,改进无线电广播等。然而从1977年起,索马里同苏联主要因在欧加登问题上立场迥异,关系急剧恶化。苏联不仅停止对索马里的援助,而且转而援助埃塞俄比亚,使索马里在1977~1978年欧加登战争中被打得大败。索马里与苏联的关系降到了最低点。

索马里在欧加登战争中失败后,欧加登地区的索马里人因害怕埃塞俄比亚人报复,大量涌入索马里,这就使本来不景气的索马里经济更是雪上加霜。国内反对派乘机发难,对政府进行诸多指责。为了摆脱困境,西亚德·巴雷政府一方面对反对派实施镇压,另一方面积极与西方国家改善关系,要求西方国家援助索马里。以美国为首的西方国家虽然表示愿意援助索马里,但是提出的主要条件有:索马里必须进行政治和经济改革,使索马里的政治生活和经济制度民主化;放弃对埃塞俄比亚和肯尼亚境内索马里人居住区的领土要求;西方国家有使用柏培拉地区海、空军事基地的权力。在百般无奈的情况下,西亚德·巴雷政府完全答应了西方国家的要求。

正是在西方压力下,1979年8月索马里政府制定了新宪法。宪法规定,索马里是"工人阶级领导的社会主义国家"。实行总统制,总统是国家元首、部长委员会主席和军队首脑。实行多党制,允许多党存在和活动。立法机关为一院制的人民议会

(People's Assembly)。同年12月，经过选举产生的人民议会正式组成。但由于各在野党刚成立不久，其影响很小，所以当选的议员都是革命社会主义党的党员。1980年1月，人民议会选举西亚德·巴雷为索马里民主共和国总统。

在经济方面，从80年代初起，开始由计划经济转向市场经济。政府开始调整经济政策，强调优先发展农业，逐步实现经济自由化，放宽贸易限制，鼓励国内外私人资本投资，紧缩财政开支等。经济开始回升，农业生产不断提高。1970年索马里国民总产值是1.8亿美元，1986年增加到5.4亿美元。1985年，粮食产量达65.3万吨，粮食基本上实现自给。

然而，经济情况的好转并没有缓和国内的矛盾。这是因为在1978年索马里与埃塞俄比亚之间的战争结束后，随着索马里同邻国关系的改善，独立以来有所削弱的部落意识却滋长起来。一些以部落为根基的党派日趋活跃。作为现政府的反对派人士，大都是这类党派的首领。他们反对中央集权，只要中央政府照顾，不愿为国家尽义务，甚至以分裂相要挟。在此情况下，西亚德·巴雷为了巩固中央政府的权力，不得不重用自己所属部落、氏族以至家族的成员，让他们在政府的内政、国防、公安、财政和外交等重要部门任部长，在一些重要公司和企业担任经理或董事长。而这些人在占据重要岗位后，不是忠于职责，而是横行无忌，为所欲为。这无疑为反对派提供了新的借口。1981年10月，以马蒂吉恩人为核心的"索马里救国阵线"就提出了推翻巴雷政府的口号。同年，以伊萨克人为核心的"索马里民族运动"，提出的宗旨是使伊萨克人的居住区摆脱巴雷的统治，推翻巴雷政权，奉行中立的外交政策，建立保护人权和言论自由的民主代表制等。20世纪80年代初，有的反对派即以邻国为基地，开始进行反对巴雷政府的武装斗争。

面对反对派的崛起，巴雷政府首先加强了镇压措施。1982

索马里

年7月,逮捕了17名著名政治活动家。对从邻国潜入的反对派武装,进行清剿。与此同时,又试图通过修改宪法来扩大统治基础。1984年11月,人民议会通过宪法修正案,决定将人民议会选举总统改为公民直接选举总统,将总统的任期从6年改为7年。在1986年12月举行的总统选举中,巴雷作为唯一的候选人,在登记的490万选民中获得99.93%的支持率,再次当选为总统。在对外关系上,除了要求美、意、英等西方国家增加对索马里的援助之外,还采取措施改善同邻国的关系,以结束反对派在邻国的基地。1984年12月,与肯尼亚签订协议,索马里承诺永远放弃对肯尼亚境内索马里人居住区领土的要求。1988年初,与埃塞俄比亚签订协定,索马里放弃对欧加登地区的领土要求。

然而,在巴雷政府加强镇压的情况下,反对派的力量不仅没有削弱,而且进一步壮大。有的原来支持巴雷政府的部落改变立场,成为政府的反对者。政府军中一些来自欧加登部落的军人成立反政府组织"索马里爱国运动"和"索马里民族军",与其他反对派并肩战斗。到1988年,各类反政府组织已有20多个。到1989年,反政府武装斗争已遍及索马里的四面八方。在西北部地区,主要有"索马里民族运动"领导的反政府武装,还曾一度占领过哈尔格萨、布劳和柏培拉等城市;在东北部地区,主要有"索马里救国阵线"领导的反政府武装;在中部地区,主要有"联合索马里大会"和"索马里民族军"分别领导的反政府武装;在南部地区,主要有"索马里爱国运动"领导的反政府武装,等等。1989年7月,为抗议政府逮捕参加"联合索马里大会"、"索马里全国联合阵线"等组织的宗教界人士,反对派在摩加迪沙发动群众,举行游行示威。政府动用军警镇压,造成400多人死亡,1000多人受伤。此事在国际社会引起众多非议。美国借此指责索马里政府违反人权,并中止对索马里的援助。

为避免国家分裂,索马里的一些无党派人士、商人、知识分子和宗教人士于 1990 年 5 月成立了"索马里和解与拯救委员会"。该委员会在批评巴雷政府的镇压政策，要求巴雷辞去总统职务的同时，提出应由反对派代表组成临时政府，制定并实行多党大选的时间表。巴雷拒绝辞职，但又作出一些和解姿态。1990 年 7 月，巴雷政府宣布接受在索马里实行政党制度民主化的建议，允诺将于同年 10 月就新宪法举行公民投票，将于 1991 年 2 月举行多党立法和地方议会选举。1990 年 9 月，巴雷宣布解散政府，任命来自伊萨克部落的马达尔组成新政府，并释放政治犯，试图同反对派达成和解。10 月中旬，巴雷政府宣布新宪法和选举法生效。根据新宪法"总统不得担任总统之外的职务"的规定，巴雷辞去了索马里革命社会主义党总书记的职务。

在巴雷拒绝辞去总统职务后，反对派认为政府方面作出的一些和解姿态不过是缓兵之计，于是加快了推翻巴雷政府的步伐。1990 年 8 月中旬，"联合索马里大会"、"索马里全国运动"和"索马里爱国运动"三大派宣布协调推翻巴雷政府的军事行动。9 月，三大派在埃塞俄比亚境内举行会议，签署建立军事联盟的协议。1991 年 1 月，一支活跃在索马里中部并主要由哈维耶人组成的"联合索马里大会"的武装部队，在未同其他派别军队协调的情况下，径直攻入摩加迪沙。1 月 27 日，巴雷率领一部分忠于他的军队逃出摩加迪沙。由巴雷领导的民主共和国政府为反对派武力所推翻。

三　动乱和地方割据时期

索马里各反对派基于部落、氏族利益，在反对巴雷政府的斗争中联合了起来，而当 1991 年 1 月巴雷政府被推翻后，它们就割据一方，彼此争斗，互不相让，使国家长期处于分裂和动乱状态。到 90 年代中期，索马里基于部落、氏族利益的政治军事派别组织达 50 多个。经过不断争斗、分化和组合，

索马里

到21世纪初,索马里基本上形成了索马里兰共和国、蓬特兰国、索马里西南国和以摩加迪沙为基地的地方政权四分天下的格局。

索马里兰共和国,其势力范围大体上是原英属索马里地区。1991年5月18日,伊萨克人政党"索马里民族解放运动"在布劳召开群众大会,宣布废除1960年同南部地区达成的"统一法案",成立独立的"索马里兰共和国"。该地区宣布独立后,尽管又出现了新的党派——"团结党",1992年和1994~1996年先后两次发生内战,但当地政局基本上稳定,有比较健全的政府机构,有两院制议会(长老院和代表院)、司法体系、警察武装和地方行政部门等。社会经济有一定的发展。人民生活也比较安定。

索马里蓬特兰国,其势力范围为索马里东北部地区。1998年5~8月,本地区所有政党和部落的代表在加罗韦召开立宪会议,经过一系列磋商,通过了建立新政府的临时宪章,宣布建立自治的"索马里蓬特兰国",但表示支持索马里的统一,并愿加入未来组建的索马里联邦制国家。

索马里西南国,其势力范围为索马里西南部地区。该地区自1991年巴雷政府垮台后长期处于军阀混战状态。2002年3月31日,"拉汉文抵抗军"在成功控制了大多数地方后,决定成立"索马里西南国"。但时有内讧,政局不稳。

摩加迪沙的地方政权。首都摩加迪沙是全国政治经济中心,自内战爆发以来一直是各派争夺最激烈的地方。它们争相建立以摩加迪沙为中心,包括索马里中部和南部地区在内的地方政权,然后向其他地区扩展。在这一地区先后建立政权的主要派别有迈赫迪派、艾迪德派和苏迪派等。

索马里的战乱和分裂引起了国际社会的广泛关注。为了调解索马里各派的冲突,联合国、非洲统一组织、非洲联盟、阿拉伯联盟、伊斯兰会议组织及索马里的邻国都作了多方的努力。有关索马里冲突各派的"和解会"先后举行过十多次。其中富有成果的主要有2000年的"阿尔塔和会"和2002年的"埃尔多雷特和会"。

"阿尔塔和会"是因索马里全国和会在吉布提城市阿尔塔召开而得名。1999年9月，吉布提、埃塞俄比亚等国提出了举行新一轮（第13轮）索马里和解会议的倡议。在吉布提政府的努力下，新一轮的索马里和解会议2000年5月在阿尔塔市召开。经过与会各方的努力，7月16日，"和会"通过了"过渡全国宪章"。根据宪章，索马里实行联邦体制政府和一院制议会，过渡期内实行地方自治。8月，"和会"选举产生了由245名议员组成的过渡议会。8月26日，议会选举前政府副总理阿布迪卡西姆为过渡政府总统。10月，过渡政府在摩加迪沙正式成立。

过渡政府成立后，先后提出恢复首都秩序，解除民兵武装，部落之间对话与和解等一系列整肃国家的措施。与此同时，积极出席包括联合国千年首脑会议在内的各种国际会议，访问周边及阿拉伯国家，寻求承认与援助。联合国、非洲联盟（其前身为非洲统一组织）等国际社会对索马里和平的积极进展表示欢迎，并对过渡政府予以承认。但过渡政府在国内不为各主要武装派别所承认，其实际活动范围仅限于摩加迪沙一隅，还不时受到以摩加迪沙为基地的一些武装派别的挤压，无法有效施政，更无力控制全国。索马里仍处于地方武装割据状态。

2001年"九一一事件"后，国际社会更加关注索马里的和平进程。为防止国际恐怖主义分子利用索马里的分裂割据和混乱状态，国际社会积极支持索马里的邻国和有关地区组织对索马里各派施加影响，通过"和谈"途径来结束十多年的分裂割据和混乱状态。2002年1月，东非国家政府间发展组织第9届首脑会议授权肯尼亚、埃塞俄比亚和吉布提三国共同组成专门委员会，负责调解索马里冲突，并筹备召开新一轮索马里全国和会。

索马里

在三国"专门委员会"的大力促进下,2002年7月15日,索马里新一轮即第14轮索马里全国和解会议在肯尼亚的埃尔多雷特召开。索马里各个派别和民间团体除了索马里兰之外,均派代表与会。2000年8月产生的"过渡政府"也以一个派别身份出席此次会议。2002年10月27日,与会的各派领导人签署了《关于停止敌对行动和实现索马里全国和解的原则宣言》。宣言规定立即在索马里实现全面停火,制定新的联邦共和国宪章,成立包容各派的联邦中央政府等。拟议中的过渡联邦宪章将承认现有各地自治政府,过渡联邦政府有责任帮助地方自治政府的发展,将包括索马里兰在内的州和地方自治政府纳入联邦框架。2003年9月15日,和解会议通过《索马里过渡联邦共和国宪章》。2004年2月,和解会议通过"过渡宪章"修正案,确定过渡联邦议会由275人组成,议员必须经传统长老认可,任期为5年。

根据"过渡宪章",2004年8月29日,新推选出的议员在联合国驻内罗毕办事处会议厅宣誓就职,索马里过渡联邦议会正式成立。9月,过渡会议召开首次会议,选举谢里夫·阿登为议长。10月10日,举行过渡联邦政府总统选举。有26人参加竞选。投票前,26名候选人签署共同宣言,表明愿接受选举结果。经过与会的270名议员三轮投票,索马里救国民主阵线主席阿布杜拉希·尤素福以绝对多数票当选为过渡联邦政府总统。10月14日,尤素福宣誓就职。他表示将竭尽全力在索马里实现民族和解,恢复和平,并呼吁国际社会为索马里的重建提供帮助。2005年1月以无党派人士阿里·格迪(Ali Gedi)为总理的内阁正式组成。6月,过渡联邦政府迁回索马里国内开展工作。索马里过渡联邦政府的成立是索马里各政治军事派别走向和解的契机,使人们看到了索马里结束十多年动乱和割据,重新实现统一的曙光。

第二章 历史

第六节 著名历史人物

一 穆罕默德·阿卜杜拉·哈桑

哈桑（Muhammed Abdullah Hassan, 1864~1920年），索马里民族主义者先驱，反英起义领袖，诗人。1864年4月7日出生于索马里北部伊萨克部落杜尔巴汉特氏族居住区。7岁开始学习《可兰经》，10岁能读《可兰经》，19岁即获教长称号。1883~1891年，他周游全国，还远游到苏丹和肯尼亚，从事传道，深知民间疾苦。1894年，他同数位教长和朋友一起前往麦加朝觐，加入萨里赫（Sali hiya）教派，还先后访问巴勒斯坦和汉志。

1895年哈桑回到索马里后，开始在柏培拉地区讲经传道，劝告他的同胞严格遵守穆斯林的献身精神，起来赶走英国殖民者。1898年，他回到内地杜尔巴汉特人中间，继续宣传他的教义，建立宗教团体。他因调解氏族之间的冲突而享有盛名，他非凡的诗才也进一步提高他在人们中的声望。他的信徒越来越多。他还开始收集武器（那时主要是长矛、大刀和弓箭），作反英起义准备。

1899年8月，哈桑在布劳聚集近3000名武装队伍，宣布反对英国和一切异教徒的圣战开始。到1900年12月，起义烽火遍及整个英属索马里，还波及意属索马里。1903年，起义军已增至2万余人。1904年1月，起义军因受重创撤退到意属索马里中部地区。1905年3月，与意大利殖民当局签订"伊利格条约"，管辖意属索马里米朱提因与奥比亚两个地区的结合部，休整蓄锐，准备再战。1908年，为回击英国殖民者的挑衅，再次率军在英属索马里展开攻势，逐渐形成以塔莱（Taleh）为中心的政教合一的国家。英国殖民者被迫退守沿海地带。第一次世界大战结束后，英国殖民者调来本国军队及由印度人、非洲人组成的仆从军对起义军发动残酷扫荡,起义军仍坚持战斗。1920年10月21日,在谢贝利河上游伊米(Imi)病故。诗作有《理查德·科菲尔德之死》、《赛义德的回答》和《正义之路》等。

二 阿卜迪拉希·阿里·舍马克

舍马克(Abdilaschid Ali Shermarke,1919~1969年),索马里独立后先后任共和国总理、总统。1919年出生于索马里中部奥比亚地区哈拉尔德镇一显贵家庭,属达罗德部落。少年时就读于家乡可兰经学校。1932年,转入摩加迪沙公立学校学习。离校后在殖民政府任职一年,然后从事商业活动。意大利在第二次世界大战中被打败,英国接管意属索马里政权后,舍马克又在殖民政府中任文职官员,直到1950年联合国委任意大利托管为止。1951年入摩加迪沙行政学校学习,次年毕业。1953年赴意大利留学。1954年回国后,又入摩加迪沙高等政治学院学习。1956年,再次赴意大利留学。1958年获罗马大学政治学博士学位。

意大利和英国在索马里的殖民统治和压迫,使舍马克在青年时代就走上争取索马里独立斗争的道路。他是1943年成立的民族主义组织索马里青年联盟(1947年之前名叫索马里青年俱乐部)创始人之一。1952~1954年,任青年联盟主席。1959年被选为过渡政府立法议会议员。1960年7月索马里独立,任共和国首任总理,直至1964年6月。期间致力于发展民族经济,加强民族团结,巩固国家独立。1967年6月,被选为共和国总统。1969年10月15日,在北方视察工作时遭刺杀身亡。

三 穆罕默德·西亚德·巴雷

巴雷(Muhammed Siad Barre,1919~1995年),索马里民主共和国时期最高革命委员会主席、总统。1919

年生于盖多州卢格费兰迪地区的一个达鲁德人牧民家庭。7 岁在当地上了小学。10 岁那年，父母相继逝世，他成为孤儿，在非常艰难的环境中度过了童年。在 1941~1950 年英国占领意属索马里期间，他加入了警察部队。在此期间，他一方面在警察部队当军士，另一方面坚持在摩加迪沙的几所私人学校里学习，达到了中学毕业的水平。到 1950 年英国管制结束时，他已晋升为警察总巡官（这是当时一个索马里人在警察部队中可能得到的最高官阶），并统管上朱巴州警察分局。同年，联合国主持下的意大利托管委员会成立。1953 年，巴雷被该委员会派往意大利陆军军官学校学习。1954 年回索马里时，已获陆军少尉军衔。这以后，他又自修政治和管理学。他已能用意大利语、英语、阿拉伯语和斯瓦希里语会话和阅读。1960 年 4 月，索马里国民军组建时，他以上校军衔担任副司令职务。

1960 年 7 月索马里独立后，巴雷继续在军中任职。1965 年 9 月，升为陆军准将。1966 年 1 月，升为陆军少将。尽管独立以后索马里军队中的派系斗争从未停止过，但是巴雷从不参加。1969 年初，巴雷被任命为国民军总司令。

1969 年 10 月，巴雷领导的军事政变成功后，成立了以他为主席的由 25 名军人组成的最高革命委员会，将索马里共和国改为索马里民主共和国。当人们问及他发动军事政变的原因时，他说："革命的根本原因在于前几届政府都没有能力使国家在社会、政治、经济和社会风气等方面得到发展。"他还说，人们已经失去了民族自信心，道德上极端腐败，政治家们用他们培养起的部落意识谋取个人私利。1979 年 12 月索马里实行多党议会制政体后，巴雷任民主共和国总统。

巴雷在担任最高革命委员会主席、总统期间，致力于巩固中央集权政府，消除部落意识和派别斗争，致力于发展民族经济。1972 年 10 月 21 日，巴雷决定采用拉丁文字母拼写的索马里文

索马里

为国家文字,从而结束了索马里人只有语言而没有文字的历史。这一项功绩,将永载史册。

到巴雷执政后期,他越来越感到索马里部落意识和派别斗争问题之严重,致使他本人也难以摆脱部落意识的束缚。正由于部落意识的不断增长和派别斗争的加剧,1989年索马里爆发了全面内战。1991年1月,在反对派军队攻入摩加迪沙后,巴雷率领一部分忠于他的军队逃出摩加迪沙,进入肯尼亚。不久,巴雷流亡尼日利亚。1995年1月,在尼日利亚病逝。

第三章
政治和军事

第一节 部落观念对索马里政治的影响

在第一章中已提到,在非洲,索马里是民族成分比较单一的国家,主体民族索马里人的人口在全国总人口中约占97%。然而,由于历史和社会的原因,索马里人在进入民族发展阶段并建立国家组织后,仍保留一些部落制残余。这种部落制残余主要表现在部落制时代人们共同体的名称和实体仍得到保留,作为一种思想意识的部落观念仍继续存在,并对社会政治产生重要影响。

与人们通常说的一般民族不同,索马里这个民族至今仍保持着按父系追溯血统的习俗,每一部分索马里人都有自己的始祖,并从这个始祖那里传下姓氏,人们相互间无不沾亲带故。按父系血统追溯,索马里人可分为达鲁德、哈维耶、伊萨克、迪尔、迪基尔和拉汉文等部落。每一个部落,按血缘远近,又可分若干支系——氏族。每一个氏族又分若干家族。促使索马里人结合在一起的,正是这种有约束力的父系血统关系。索马里人在政治上同谁联合或同谁分裂,是以父系血统、家族血缘为根据的。在索马里各部落中,达鲁德人主要分布在索马里的东北部、中部和南

部,是索马里分布范围最广的一个部落。哈维耶人主要分布在索马里的中部和东南沿海地区。伊萨克人主要分布在以哈尔格萨为中心的西北部地区。迪尔人主要分布在西北部的泽拉、锡利勒等地方。迪基尔人主要分布在谢贝利河和朱巴河下游地带。拉汉文人主要分布在索马里西南部,即两河中游地带。索马里人部落组织的这种"血缘性"和"地区性"使其具有明显的排他性,这就是把本部落甚至本部落中的某一氏族或家族的利益看得高于一切,排斥和无视其他部落或氏族、家族的利益。我们说索马里人仍保留部落观念或部落主义,就思想意识而言,指的主要就是部落制的这种排他性。部落观念是索马里社会的一种重要意识形态,在索马里现代社会政治生活中起着重要的作用。

在索马里独立前,英、意殖民者为了推行分而治之的政策,往往利用和保护索马里人部落时代的这种排他性,致使这种排他性的存在十分普遍。在第二次世界大战结束后,殖民者为了延长自己在索马里的统治,一度利用这种排他性,允许各部落甚至一些大的氏族建立政党,有的还利用部落的名称命名政党,如伊萨克部落协会、迪基尔党和哈维耶青年联盟等。针对这一情况,索马里民族主义者为了争取反殖斗争的胜利,建立了跨部落的全国性政党,如索马里青年联盟、独立宪政党等。1960年索马里的独立和共和国的成立,从一定意义上说是索马里民族主义对部落主义的胜利。

索马里独立后,为了削弱人们的部落观念和部落势力,临时国民议会通过了一项法案,规定不许用部落名称命名政党。政府还设立了一个专门机构,负责调查和研究如何使传统的部落关系适应现代国家的政治需要。1970年11月,政府颁布法令,取消所有部落首领的头衔和特权(包括分配土地的特权),废除部落拥有土地、牧场和水源的专权,禁止宣传部落主义,加强民族团结教育。1971年4月,全国开展了为期一个月的反对和批判部落主义运动,强调加强民族团结,反对国家分裂。同时,从独立初期到 70 年代末期索马里与邻国之间存在着边界争端,存在一个如何使原来被西方列强分割的索马里人居住区实现统一的问题,掌权的索马里民族主义者注意团结不同部落的代表人物,政策得当,对出现的部落分离倾向也能恰当处理,社会经济有所发展,人民生活有所改善,人们的部落观念有所削弱。各部落之间友好相处,是历史上最佳时期。

然而,部落观念或部落主义作为一种思想意识对人们的影响并不是短时间所能解决的。到 70 年代末和 80 年代初,随着索马里与邻国边界问题的解决,相互关系的缓和,人们头脑中已削弱的部落观念又逐渐滋长。一些以部落为基础的党派组织重新出现。尤其到 80 年代后半期,为了对付日益强大的以部落为基础的反对派势力,曾极力主张"将不惜一切代价反对部落主义"的巴雷总统也开始大量使用本部落、本氏族甚至家族的人担任政府部门要职。部落主义在索马里再度泛滥。一些以部落为基础的武装力量相继出现。1989 年,内战全面爆发。1991 年 1 月,巴雷政府被推翻。

巴雷政府被推翻后,索马里并没有因此出现安定局面。部落的排他主义使得昔日的朋友成为不共戴天的敌人。原来一些在反对巴雷政府中结成联盟的党派,都以各自的部落或氏族为后盾,为争夺国家权力而大显身手,致使索马里长期陷入"一国多主"的"战国时代"。

第二节 独立以来索马里政治体制的演变

一 共和国时期的政治体制

19 60 年索马里获得独立,宣布成立共和国时,掌握国家政权的是索马里青年联盟。青年联盟是索马里多个

索马里

政治派别为争取民族独立而建立的一个全国性政党,具有广泛的代表性。但该党在组阁时,也吸收其他党派参加。不过,由于在国内政策上的分歧,到1964年青年联盟的领导成员明显分成两大派。一派代表部落上层和亲原宗主国的资本家的利益,其代表人物是欧斯曼和侯赛因。另一派代表民族资产阶级的利益,其代表人物是舍马克。这不能不使该党的力量受到削弱。

根据1964年通过的宪法,索马里共和国是一个民主和实行代议制的统一国家,实行行政、立法、司法三权分立的原则。宪法规定,尊重联合国人权宣言,法律面前人人平等,人民享有政治结社、言论、居住的自由,有参加工会和罢工的权利。宪法宣布所有土地归国家所有,对已开发的土地在收归国有时给予适当补偿。

根据宪法,国家最高立法机构是国民议会。议会由民选议员和当然议员组成。民选议员由选民按无记名投票方式选举产生。总统为当然的终身议员。年满25岁的公民享有选举权。索马里妇女原来没有选举权,1963年5月国民议会通过给予妇女选举权的法案。

总统是国家元首,由国民议会通过秘密投票选举产生,任期5年。总统有权任命和罢免总理和部长,并有权解散国民议会。行政权属于政府。政府由总理和部长组成。总理由总统提名,部长由总理提名,但均应是现任国民议会议员,并需由国民议会多数通过。

在地方行政部门,在很大程度上仍依靠部落、氏族首领来进行治理。部落和氏族的首领,一般由所属的部落会议、氏族会议选举产生。一些世袭的首领,在继承时,必须经所属的部落或氏族会议同意。部落、氏族首领在部落、氏族内享有很大的权力,有权处理本部落、本氏族内部事务及相互之间的关系,有权分配土地。部落、氏族首领一般都是牧业主或地主,有的还兼宗教或

第三章 政治和军事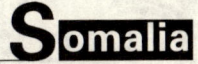

政党首领。他们都是一些有权有势的人物,对政府各部门很有影响。

二 民主共和国时期的政治体制

1969年10月以西亚德·巴雷为首的军人发动政变掌握国家政权后,立即宣布成立全国最高革命委员会,宣布终止1961年宪法,并颁布《第一革命宪章》和《第一号法令》,授予全国最高革命委员会以行政、立法的全部权力以及司法的许多职责。终止一切政党活动。但同时宣布仍尊重法律面前人人平等的原则,妇女享有选举权和财产继承权,等等。最高革命委员会由25名军人组成,南北方军人在人数比例上保持了平衡。这是一个决策机构。政府日常工作由国家书记委员会负责。西亚德·巴雷既是最高革命委员会主席,又是国家书记委员会主席和国家武装力量总司令。民主共和国政府被认为是军人专制政体。

1976年7月1日,索马里革命社会主义党成立后,最高革命委员会宣布解散,并将其权力转交给革命社会主义党。索马里成了一个由革命社会主义党领导的党政合一的国家。

20世纪70年代末,索马里与苏联关系恶化。在美国的压力下,1979年索马里开始实行政治改革,制定了新宪法,实行议会制,允许多党存在和活动。同年12月,经过选举产生的人民议会正式组成。1980年1月,人民议会选举西亚德·巴雷为民主共和国总统。西亚德·巴雷还身兼革命社会主义党总书记、政府部长委员会主席和军队总司令,集党、政、军大权于一身。索马里仍是一个高度中央集权的国家,军人在政府中仍占主导地位。

为了削弱部落、氏族首领的势力,民主共和国政府对地方行政部门进行了一定的变革。首先,为了打破原有部落、氏族的地域界线,政府将原有的大州划分为较小的州。其次,为削弱部落、氏族首领的权力,政府在州、区和村设立了由内政部统一管理的军事行政人员。再次,政府于1970年11月颁布法令,取消部落、氏族首领的头衔和特权。部落、氏族首领不再是政府利益的代表,而是"和平使者",并可从政府领到一定的津贴。1971年4月,全国开展了为期一个月的"反对部落主义运动"。西亚德·巴雷在谈到这一问题时说过:"部落主义是前进道路上主要的巨大障碍","是殖民主义对非洲实行分而治之的手段",政府"将不惜一切代价反对部落主义"。全国每一个区都建立起"新生活中心",以作为地方政治和社会活动的场所。规定所有婚礼都应在"新生活中心"举行。西亚德·巴雷本人还亲自主持过这类婚礼。所有这些都损害了部落、氏族首领的利益,引起了他们的不满和反抗。这是西亚德·巴雷执政后期国内出现动乱,并导致内战的重要原因之一。

三 动乱与地方割据时期的政治体制

91年1月,随着索马里民主共和国政府的垮台,索马里迅速由一个高度中央集权的国家走向地方割据的"战国时代"。

在民主共和国政府垮台后,各主要反政府派别都进行了建立中央政府的尝试,但都因未能得到多数派别的支持而作罢。于是,这些派别就以部落甚至氏族为后盾,开始建立不同层次的政府机构。一些主要反对派还在自己的控制区内成立议会,选举"国家总统"或"主席",如"索马里民族运动"领导的"索马里兰共和国","索马里救国民主阵线"领导的"索马里蓬特兰国"等。在建立起政府机构的地方,行使管理和统治权的基本上是部落和氏族的首领、长老、宗教领袖、商界人士、民兵领导人和政界人物等形成的政治联合体。大多数地方政权都具有部

第三章　政治和军事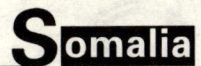

落、氏族的色彩。地方政权的部落化和氏族化，进一步加强了部落、氏族在索马里政治生活中的作用，但同时增加了部落甚至氏族内部的矛盾和斗争。如果说从1991年1月西亚德·巴雷政府垮台到1994年期间，内战主要是在部落与部落之间进行，那么，从1995年起则主要是在部落甚至氏族内部进行。

十多年的动乱和地方割据不仅给索马里社会经济带来严重的破坏，而且使人民群众吃尽苦头。从近几年，尤其2004年10月索马里过渡联邦议会和政府成立后的政治变化情况来看，索马里国内要求国家重新统一，结束分裂的呼声越来越高，割据一方的各派别政府将逐步走向联合，走向建立一个联邦式的中央政府，以取代原来集权式的中央政府。

第三节　立法与司法

一　索马里的传统法制

在索马里，习惯法和伊斯兰教教法自古以来一直规定着人们相互间的关系，规定着家族、氏族、部落相互间的权利和义务。无论是古代还是西方殖民时期，无论是独立后历届中央政府时期还是动乱时期地方割据政府，在法制方面有一共同点，就是其统治者都承认习惯法和伊斯兰教教法在社会中的应用。

习惯法是一种基于世代口头相传的先例而形成的处理人们相互之间各种关系的习惯和程式。按照是否记载于文字，习惯法分为成文习惯法和不成文习惯法。索马里人由于独立前没有自己的文字，相传的习惯法基本上是不成文的习惯法。它一般由长老委员会提出，长老会议通过，明确人们相互之间的权利和义务，以作为解决家庭事务，解决家族、氏族、部落纠纷的依据，作为处理财产、自然资源分配和管理等的依据。习惯法内容广泛，几乎涉及社会生活各个方面，如对偷窃、抢劫、强奸和复仇等案件的处理，对长者、母系亲属和妻系亲属的尊敬和保护，对婚姻和家庭问题的调解，对贫、病、残弱者的资助，对公共财产和自然资源的管理和使用，对战争中来自敌方俘虏和调解人的优待，等等。自然，习惯法在长期实行过程中在一定程度上也受到伊斯兰教教法的影响，到了近代也受英、意殖民当局引进的西方世俗法制的影响。

伊斯兰教教法从公元8世纪起就在改信伊斯兰教的索马里人中得到实施，后来随着伊斯兰教在索马里的广泛传播而推广。在英、意殖民统治期间，殖民当局将伊斯兰教教法的相关内容整合进现行的法律体制，用于处理家庭事务。独立后，1961年通过的索马里共和国宪法规定，伊斯兰教为国家宗教，是国家法律的主要来源。

二 殖民时期的法制

英、意殖民者占领索马里后，给索马里带来了本国的成文法典和司法制度。在英属索马里，实行的是英国的公共法典（Common Code）、成文法（Statute Law）和印度刑法典（Indian Penal Code）。在意属索马里，则实行意大利殖民法（Italian Colonial）。不过，在两个殖民地，索马里的习惯法和伊斯兰教教法仍被用来处理家庭、氏族和部落的内部事务。在意属索马里，习惯法有时也被用来处理涉及穆斯林的刑事案件。

三 共和国时期的立法与司法

索马里独立后，1962年国民议会通过了《司法组织法》（Law on the Orqanisation of the Judiciary）。这部法律既吸收了索马里的习惯法和伊斯兰教教法，也吸收了英、意殖民

第三章 政治和军事

统治时期相关的法律条文。尽管颁布了全国通行的法律,但是在相当长时间内南区与北区民事诉讼的整合仍未得到全面解决。在南区,由于大多数法官是精通意大利民法和商业法的意大利人,所以法庭审理案子仍用意大利语。而在北区,法庭多用英语审理案子,因为在北区工作的外国法官主要是精通英国公共法典的苏丹人。另外,索马里高等学校里的法律专业用意大利语讲授,使北区的人有受歧视之感。而在处理家庭纠纷、婚姻和遗产继承等事务时,伊斯兰教教法仍经常发挥作用。习惯法则被用于解决部落、氏族内部因土地、水源和牧场的所有权和使用权等问题引起的纠纷。实际上,在一些国家法律难以达到的农村和牧区,起主要作用的仍是习惯法和伊斯兰教教法。

共和国时期的法院系统从上到下为宪法法院、最高法院、上诉法院、区法院和下级法院。高等司法委员会(Higher Judicial Council)负责司法成员的挑选、晋升和监督。该委员会由最高法院院长、总检察长、法官和3名议员组成,委员会主席是最高法院院长。

四 民主共和国时期的立法与司法

1969年以西亚德·巴雷为首的军人发动政变,成立最高革命委员会,将索马里共和国改为民主共和国,根据1969年10月21日颁布的《第一号法令》(Decree No.1),最高革命委员会被授予行政、立法和司法大权,有效地将专制统治法制化。10月25日颁布的《第十二号法令》(Decree No.12),则宣布取消宪法法院和最高法院,限制上诉法院和区法院的权力。此后不久,尽管最高法院得到了恢复,但是1970年9月设立的国家安全法院(National Security Court)在法律体系中是一种超越司法的力量。

国家安全法院是根据1970年9月通过的《国家安全法》,

索马里

作为最高革命委员会的司法机构而设立的。它在首都摩加迪沙和各州的首府都设有分院,由一位高级军官担任院长,作为其助手的两法官也是军人。公诉人往往也由军事检察官担任。安全法院有权审判被政府当局认为威胁国家安全的所有案件,而包括最高法院在内的各级法院无权复审。对于国家安全法院的上诉案件,只有国家总统才有权过问。国家安全法院的独断专横不断引起公愤,1990年10月,巴雷总统不得不宣布予以撤销。

民主共和国时期的法院系统从上到下为最高法院、上诉法院、州法院和区法院。最高法院由法院院长(首席法官)、一名副院长、9名法官和两名助手组成。最高法院拥有对法律的最终解释权,负责审理下级法院的上诉案件和检察官提出的诉讼。上诉法院由两个法院组成,即设在摩加迪沙的南部地区上诉法院和设在哈尔格萨的北部地区上诉法院。两个法院均设有两个法庭:普通法庭和巡回法庭。普通法庭负责审理区和州普通法庭已审案件的上诉。巡回法庭只负责审理州巡回法庭已审理案件的上诉。普通法庭由一名法官,两名助手组成;巡回法庭则由一名法官和四名助手组成。州法院设有三个法庭,即普通法庭、巡回法庭和第三个法庭。其中普通法庭是负责处理下级法院管辖以外的严重的刑事和民事案件。巡回法庭仅负责审理判处超过十年以上监禁的重大刑事案件。第三法庭负责审理劳动立法的案件。区法院设有两个法庭:民事法庭和刑事法庭。区民事法庭仅审理涉及习惯法和伊斯兰教教法处理的民事案件,以及赔偿金额三千索马里先令以下的案件。州和区两级法院的法庭均由一名法官和两名助手组成。

负责对法律和刑事案件贯彻执行情况实行监督和检查的是检察总长(the Attorney General)。检察总长在首都和各州任命副手,代其行使职权。这些副手在其所管辖地区设立检察官办公室。

第三章　政治和军事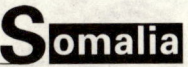

民主共和国时期重要的法律改变还包括1973年颁布的《民事法》、1975年颁布的《第67号法令》和《家庭法》。《民事法》的主要目的是对伊斯兰教教法和酋长的习惯法权力进行限制，以使民法现代化。法律条款主要涉及继承、契约合同、水源和牧场等方面的问题，以监禁和徒刑取代传统上的以罚代惩制度。《第67号法令》取消了社区对土地和水源的公共权利，而将其收归国有。该法还改变了习惯法中有关杀人要由整个部落集体负责支付和接受赔偿的"血债补偿"原则，明确规定杀人者要判处死刑，补偿只给直系亲属。《家庭法》涉及到伊斯兰教教法中有关妇女地位的问题，明确规定女子享有同等继承权。

到20世纪80年代，为了对付日渐抬头的分裂势力和反政府力量，政府于1982年建立了机动军事法院（Mobile Milatary Court）。法官全部由军人组成。该法院总部设在分裂势力严重的北部地区重要城市哈尔格萨。该法院曾突击审判许多分裂主义者和反政府人物，并将其中一些人判处死刑。此外，政府还组建了地方安全委员会、军事警察和胜利先锋队等机构，同样享有审判和执法的双重功能。

五　动乱与地方割据时期的立法与司法

随着1991年1月民主共和国政府的垮台，索马里陷入动乱与地方割据时期，国家原有的法律和司法系统均遭严重破坏，社会行为准则遭到践踏。至今，全国尚无统一的宪法和法律来规范人们的社会行为。

目前，在索马里的大多数地区，习惯法、伊斯兰教教法、共和国时期的大多数法律和民主共和国时期的某些法律被混合运用。但总的来说，习惯法和伊斯兰教教法更普遍地为人们所接受，被大多数人看成是用来维护公共秩序的"法律基础"。其中如长老调解制度、对弱势群体保护制度等，都有助于团结群体，

索马里

维护社会公共秩序和个人安全。当然，在不同地区，成文法与不成文法实施的情况是有区别的。

索马里兰和蓬特兰在建立地方政权过程中都确认习惯法和伊斯兰教教法的作用和地位。1993年索马里兰长老会议通过的宪章，其法律基础就是伊斯兰教教法。宪章赋予世系长老在索马里兰以实施"行为规范"的重大责任。蓬特兰1998年通过的宪章，同样是以伊斯兰教教法为基础，并认为习惯法和伊斯兰教教法在处理人们关系和建立社会公正中有重大作用。

在派别斗争激烈频繁的中部和南部地区，建立沙里亚[①]法院已成为恢复地方秩序普遍采用的方法，是地方派别势力司法制度的重要组成部分，对社会政治、经济和公共安全都产生了重要影响。

1994年在摩加迪沙北部地区出现了第一个沙里亚法院。它是当地社会长老、宗教上层、商人和政界一些人士为维护公众安全而提议建立的。随后，在摩加迪沙南部地区，在希兰、盖多、中谢贝利和下谢贝利等州也相继建立了沙里亚法院。法院的职能包括对不法之徒的审判，派遣警察或民兵保护有关社区的安全，维护正常的商业活动等，已从传统的处理家庭事务扩大到处理公众安全、税收和土地等社会事务。沙里亚法院作用的加大，其政治和经济权力的上升不仅影响到习惯法的实施，而且引起人们对其作用产生分歧。政治家们认为沙里亚法院只能是一种控制犯罪的临时机制，商人们认为它对保护商业环境安全方面起了积极的作用，而一些宗教首领则认为它是走向建立非世俗化国家的第一步。意见分歧与矛盾的加剧导致了一些地方沙里亚法院的垮台。为了加强自身的影响，沙里亚法院着手支持教育，向穷

[①] "沙里亚"，阿拉伯文的音译，意译是伊斯兰教教法，是有关穆斯林宗教、政治、社会、家庭和个人生活法规的总称。

第三章 政治和军事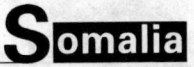

人提供医疗服务等,以促进伊斯兰教教法的普及。有的沙里亚法院及其民兵组织已成为地方政府机构的一部分,从而卷入了政治斗争。

六 监狱

1960年独立前,英、意殖民者在其所属的索马里殖民地都建立了监狱,被监禁的大部是当地无辜百姓和反殖斗士。独立后,索马里共和国政府着手建立自己的监狱系统,强调监狱的再教育功能。为此,1962年颁《索马里刑法典》。随后,就对殖民时期的监狱进行整顿。释放无罪者。对犯罪分子,该法典明确规定在服刑期间必须从事劳动,并可得到一定的报酬。对劳动报酬,罪犯可以在监狱内花费,也可以积存到出狱后花费。根据该法典,少年犯不得与成年犯一起服刑。

经过整顿,到1969年,索马里共有49座监狱。在20世纪70年代,在德意志民主共和国的帮助下,又建起了4座现代化监狱。到80年代,随着国内社会矛盾的加剧和政府反对派力量的增强,索马里现有监狱严重不足,致使有的学校和军警驻地的房舍也作为临时监狱。1991年巴雷政府被推翻后,索马里的监狱设施遭到严重破坏。目前,一些地方割据政权已着手恢复一些原来遭破坏的监狱。

第四节 政党、团体

一 政党

索马里的政党是在反对西方列强殖民统治和争取民族独立的斗争中产生的。1960年索马里获得独立后,索马里的政党数量大增,到60年代后半期,全国有50多个政党。

索马里

不过，由于多数政党是以部落甚至氏族集团为根基，不利于民族团结和国家政局稳定，所以1969年10月以西亚德·巴雷为首的军人夺得国家政权后，取消所有政党，实行"无党制"国家。70年代初最高革命委员会提出要在索马里实行"科学社会主义"，决定仿照苏联把索马里建成一党制的国家。1976年建立了索马里革命社会主义党，并确立该党在国家事务中的领导地位。到70年代末和80年代初，主要由于外界的压力，开始实行多党制。以部落、氏族为根基的政党相继建立。这些政党都以现政府的反对派自居，并在反对现政府的斗争中联合起来。但到1991年1月巴雷领导的革命社会主义党政府垮台后，这些政党就割据一方，相互争斗。经过不断分化与组合，到21世纪初，索马里的主要党派有索马里民族运动、索马里救国民主阵线、拉汉文抵抗军、索马里民族联盟、索马里爱国运动、索马里救国联盟和伊斯兰团结党等。

（一）索马里民族运动

索马里民族运动（Somali National Movement，SNM），简称民运。1981年4月，由流亡在伦敦的伊萨克人建立。其宗旨是要使伊萨克人居住区摆脱西亚德·巴雷政府的统治，建立保护人权和言论自由的民主代表制政府，实行混合经济，奉行中立的对外政策。选举长期流亡海外的政治家艾哈迈德·穆罕默德·古雷德（Ahmad Mahammad Gulaid）为主席，前索马里共和国政府的计划部长艾哈迈德·伊斯梅尔·阿布迪（Ahmad Ismaaiil Abdi）为总书记。设立由8人组成的执行委员会，负责政治和军事事宜。

1982年，民运在得到埃塞俄比亚的允许后，将其总部从伦敦迁至埃塞俄比亚境内的迪拉瓦达，并开始向索马里的沃库伊——加尔皮德和图格迪尔等地发动游击战。影响不断扩大。1988年春，民运武装力量对索马里西北部的几个重镇展开进攻，5月占领哈尔格萨、布劳和柏培拉等城市。巴雷政府除了动用大

第三章 政治和军事

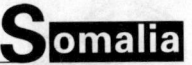

批军队进行围剿之外,还出动飞机对哈尔格萨等城市进行轰炸,致使30多万难民流落埃塞俄比亚。政府军虽然夺回了哈尔格萨等城市,但是未能彻底击垮民运武装力量。在反政府武装斗争中,民运还注意与活跃在东北部地区的索马里救国民主阵线的武装力量配合作战。

1991年1月巴雷政府倒台后,民运很快控制了索马里的西北部地区,并宣布成立"索马里兰共和国"。党的总书记阿布迪被推为"临时总统"。临时政府建立沙里亚法院作为索马里兰共和国的主要法院,并承诺实行新闻、结社和出版自由,举行民主选举等。1993年5月举行"总统"选举,60年代曾任索马里共和国政府总理的埃加勒当选。1997年,埃加勒连任"总统"。2001年5月31日,索马里兰举行全民公决,通过含有"独立"条款内容的"宪法",取代了1993年制定的"宪章"。2002年4月,埃加勒病逝。"副总统"达希尔·卡辛继任"总统"。2003年4月举行新的"总统"选举,达希尔·卡辛当选。卡辛属于伊萨克部落的加达布里西氏族,在巴雷执政时期任秘密警察多年。

(二) 索马里救国民主阵线

索马里救国民主阵线(Sommali Salvation Democratic Front, SSDF),简称救阵。其前身是1978年在南也门亚丁成立的"索马里救国阵线"。主要创始人是参加1978年4月9日未遂政变的中校军官艾哈迈德·阿布杜拉希·尤素福。尤素福属于达鲁德部落的马吉蒂恩氏族。政变失败后,他逃脱巴雷政府的追捕来到亚丁,继续从事反对巴雷政府的活动。1981年10月,"救国阵线"在同当时也以亚丁为基地的两个反政府组织——索马里工人党和索马里解放民主阵线合并后,改名为"索马里救国民主阵线"。尤素福被推选为主席。随后,就在索马里东北部地带开展武装斗争,逐渐控制东北部和一部分中部地区。1991年1月,巴雷政

索马里

府垮台后,"救阵"逐渐分成两派,即穆萨派和尤素福派。1998年7月,尤素福联合东北部地区的"索马里民主联盟"、"索马里联合党"等,成立"蓬特兰"自治政权。尤素福任"总统"。联合党主席哈希任"副总统"。2002年8月,尤素福连任"总统"。"蓬特兰"从成立之日即表明它是一个地方自治政权,不谋求主权和独立,并将为索马里的和解与统一而努力。"救阵"成员主要来自达鲁德部落的马吉蒂恩、米朱提尼和杜尔巴亨特等氏族。

(三)索马里民族联盟

索马里民族联盟(Somali National Alliance,SNA),简称民盟,是1992年8月由"联合索马里大会"的艾迪德派、索马里爱国运动的杰斯派、索马里民主运动和南方民族运动等派别联合组成。成员主要来自哈维耶部落。主席是穆罕默德·法拉赫·艾迪德。1995年6月,民盟分裂为两派,即艾迪德派和阿托派。1996年8月,法拉赫·艾迪德病故,其子侯赛因·艾迪德继位。该联盟曾控制索马里中部和南部的大部分地区,是该地区实力最强的一个组织。但20世纪末和21世纪初该联盟在同埃塞俄比亚政府军、摩加迪沙地区其他武装派别的冲突中遭到重创,实力明显下降。其影响主要在中部和南部沿海地带。

(四)索马里救国联盟

索马里救国联盟(Somali Salvation Alliance,SSA),简称救盟,是1993年11月由"联合索马里大会"的迈赫迪派与12个反对艾迪德派派别组成的联盟。联合索马里大会成立时内部就存在阿里·迈赫迪·穆罕默德领导的阿布加尔氏族派和穆罕默德·法拉赫·艾迪德领导的哈巴吉迪尔氏族派。在反对巴雷政府的战争中,两派领导人尚能团结一致。但在推翻巴雷政府后,为争权夺利,双方矛盾日趋明显。1991年8月18日迈赫迪宣誓就任"索马里共和国临时总统"后,艾迪德表面上表示支持,还签署

第三章 政治和军事

了"合作协议",暗地里则纵容其支持者在摩加迪沙等地不断挑起武装冲突。仅该年的9月,双方在武装冲突中死伤人数就达千余人。由长老委员会和中立派别组成的"和解委员会"试图调解双方冲突,但艾迪德拒绝参加迈赫迪领导的政府,并于10月17日向迈赫迪派发动全面进攻。在占领摩加迪沙的大部分地区后,艾迪德就宣布迈赫迪政权已被推翻,他将组织新的政府。此后为控制摩加迪沙,双方多次展开争夺战。几经较量,迈赫迪派主要控制摩加迪沙北半部及其附近地带,而艾迪德派则控制摩加迪沙南半部和索马里中部、南部的大部分地区。1992年1月,艾迪德宣布成立他领导的由21人组成的临时政府。8月,又宣布成立新的派别组织——索马里民族联盟。为了同艾迪德对抗,1993年11月,迈赫迪就与反对艾迪德的一些派别联合,共同组成索马里救国联盟。迈氏任主席。

"救盟"成立后,与艾迪德领导的"民盟"时斗时和。1998年3月,经过谈判,双方达成了共同组建管辖区内行政机构的协议。1999年8月,迈赫迪的助手穆萨·苏迪掌握"救盟"领导权后,迈赫迪侨居国外,"救盟"与"民盟"双方又趋对立。

(五) 索马里爱国运动

索马里爱国运动(Somali Patriotic Movement,SPM),简称爱运。1989年3月成立。在西方大国的压力下,1988年西亚德·巴雷政府与埃塞俄比亚政府签订了边界协议,放弃了要埃塞俄比亚归还欧加登地区的要求。这引起了索马里国民军中一些属于欧加登部落的军官的极大不满。他们离开索马里国民军,在索马里南部成立索马里爱国运动。其成员大多属于欧加登部落,是推翻巴雷政府一支重要力量。在巴雷政府倒台后,"爱运"控制了基斯马尤港及其附近地区。但不久,因内讧分成两派。一派以艾哈迈德·奥巴尔·杰斯为首,称杰斯派,另一派以阿登·阿布杜拉希·努尔为首,称努尔派。杰斯派后来成为艾迪德"民盟"的

组成部分。努尔派的领导权后来为西亚德·巴雷的女婿摩根（属欧加登部落）掌握。1999年3月，"民盟"从摩根手中夺取基斯马尤港，"爱运"力量虽遭重大打击，但在南部地区仍很有影响。

（六）拉汉文抵抗军

拉汉文抵抗军（Rahanweyn Resistance Army，RRA），1995年4月成立，主要成员来自拉汉文部落。索马里西南部是一个半农半牧地区，是拉汉文部落集中居住的地方。这里盛产高粱和玉米，素有索马里"面包篮"的美称。1991年1月巴雷政府被推翻后，该地区成为多个派别争夺的要地，屡遭劫掠。1995年4月，艾迪德派占领拉汉文部落要地拜多阿后，拉汉文人即自发成立"抵抗军"，对艾迪德派实施打击。"抵抗军"公推努尔·什尔古杜德为主席兼总司令。由于艾迪德派支持埃塞俄比亚国内的分裂势力，所以拉汉文抵抗军的"抗艾"斗争得到埃塞俄比亚的支持。正由于得到埃塞俄比亚的支持，1999年4月拉汉文抵抗军在收复拜多阿的同时，还控制了希兰、巴科尔等地区，并建立起地方政权。2000年5月，拉汉文抵抗军派代表参加在吉布提召开的"阿尔塔和会"。2002年3月31日，拉汉文抵抗军宣布成立"索马里西南国"。努尔·什尔古杜德任主席，阿丹·马多布与伊卜拉辛·哈布萨德二人为副主席。"西南国"成立后，拉文汉抵抗军领导集团虽有内讧，但该组织一直控制着拜多阿、希兰和巴科尔等地区。

（七）伊斯兰团结党

伊斯兰团结党（Al-Itihaad Al-Islamiya），简称团结党，1984年成立。其成员基本上都是伊斯兰激进分子。团结党的前身是一些索马里伊斯兰激进分子于1967年在沙特阿拉伯成立的"伊斯兰国民党"。1991年1月巴雷政府被推翻，索马里出现地方武装割据和混乱局面后，团结党趁机向索马里国内伸展势力，先后在

第三章 政治和军事

北部、中部和南部建立据点。继之,又在北部的拉斯戈赖、南部的基扬博尼和西南部的洛克(接近埃塞俄比亚边境)等地建立训练营地。

伊斯兰团结党是一个激进的宗教政治组织。它提倡严格遵循伊斯兰原始教义、圣训和道德规范,主张以伊斯兰教教法作为国家宪法的基础和治国的依据,主张建立强大的纯伊斯兰国家和世界,排斥基督教和其他宗教,反对西化,视美国为伊斯兰世界的头号敌人。团结党崇尚"大索马里思想",谋求统一曾被西方殖民主义者分割的五部分索马里人土地。还崇尚武力,认为为了达到目的就要实施暴力,甚至恐怖手段。20世纪90年代该组织的主要负责人是摩加迪沙市沙里亚法院院长谢赫·阿里·克赫雷,法院民兵首领哈桑·迪希尔·阿维斯。该组织在索马里银行、金融、电讯和贸易等部门有一定的势力。

团结党除了在索马里境内进行活动之外,还不时越境进入埃塞俄比亚东部和肯尼亚东北部活动。团结党利用沙里亚法院积极参与地方政治,扩大自身影响。1993年联合国对索马里采取"恢复希望行动"期间,团结党参加了对美军的袭击。1995年该组织在同埃塞俄比亚的反政府组织"欧加登民族解放阵线"和"奥罗莫解放阵线"建立联系后,在埃塞俄比亚东部从事埋地雷、袭击政府机关和军队等破坏活动。1996年,该组织在亚的斯亚贝巴制造旅馆爆炸事件。1998年埃塞俄比亚与厄立特里亚爆发边界武装冲突后,该组织的反埃(塞)活动更加频繁。

在国际上,据说,团结党曾得到本·拉登的资助,并涉嫌参与国际恐怖组织的洗钱、走私、贩毒和非法商贸等活动。2001年10月,美国对阿富汗塔利班政权实施军事打击后,团结党在索马里及肯尼亚北部设立募兵站,招募"圣战志愿者",前往阿富汗参加对美作战。不久,美国联邦调查局将团结党列入恐怖主义组织名单。团结党在美国的资产被冻结。2004年6月3日,

美国国务院根据本国政府"13224号行政命令"的授权,冻结了团结党领导人哈桑·赫尔西·阿尔-吐尔契在美国的资产。

索马里的邻国,其中尤其埃塞俄比亚将团结党看作是心腹大患。埃塞俄比亚除了对团结党的破坏活动进行有力打击之外,还于90年代中期多次派军队进入索马里追剿团结党武装分子,捣毁了团结党在埃塞俄比亚与索马里边境地区设立的多个据点。

索马里国内绝大多数派别都视团结党为威胁,对团结党的势力实施多次打击。其中索马里救国民主阵线于1992年和1996年先后两次对团结党的武装力量进行大规模清剿,歼灭其主力。2001年"九一一事件"后,索马里各主要派别一致谴责团结党,并支持美国对它实施打击。团结党由于在索马里国内外都受到打击,影响已大为减弱,活动已由公开转为秘密。

二 社会团体

索马里的社会团体也是在反对西方殖民统治斗争中产生的,如20世纪20年代成立的"索马里伊斯兰协会",30年代成立的"索马里民族协会"和"索马里公务员联盟"等。1960年索马里独立后,先后成立了工会、妇女联合会和青年团等社会团体。1976年索马里革命社会主义党成立后,各社会团体均被纳入该党统一领导之下,成为该党的工具。1991年1月革命社会主义党领导的政府被推翻后,隶属于该党的各社会团体也随之解体。但是,一些出于特定利益和目的,尤其是为争取国际人道主义援助的非官方组织和社会团体应运而生。

索马里第一个非官方组织"难民救济局"是80年代初为应对欧加登大批难民的涌入而建立的,曾接受联合国、非统组织等机构的援助。1991年索马里出现地方割据以来,为适应西方国家非官方组织对外援助的规则,在一些割据的地方也出现了相应的非官方组织。其中有些组织相互间还建立联系,分享信息,整

第三章 政治和军事

合资源,增强知识和技能,在促进地区发展和社会安定方面发挥了积极的作用。据媒体报道,仅摩加迪沙地区有关人权、和平与妇女事务的民间团体和组织就有15个,其中11个还组成了"和平与人权网"(Peace and Human Rights Network)。

索马里民间团体和组织的资金主要来自海外捐赠,其中包括移居国外的一些索马里人的捐赠。个别组织还能从地方政府得到一些资助。近些年来,民间团体和组织除了在其所属行业范围发挥作用之外,在索马里政治事务中也发挥着积极的作用。2000年1月,"和平与人权网"在博萨索召开除了索马里兰之外的全国各地37个民间团体和组织的会议。这是自20世纪80年代末索马里内战爆发以来规模最大的跨部落会议。会议形成了参加当年5月"阿塔尔和会"的共同立场。

目前,索马里的民间团体主要有"索马里兰非政府组织共同体"(The Consortium of Somaliland Non-Govenmental Organisation),1998年在哈尔格萨建立;"索马里非政府组织网"(The Network for Somali Non-Governmental Organisation),1999年在摩加迪沙建立;"塔拉瓦达格非政府组织网"(The Talawadag Network of Non-Governmental Organisation),2000年在加罗韦建立。

第五节 难民与侨民

一 难民

自1960年索马里获得独立后相当长一段时间,索马里一直是非洲接受难民较多的国家之一。难民主要来自埃塞俄比亚和肯尼亚等国境内的索马里人。尤其是索马里1978年在同埃塞俄比亚的战争中失败后,埃塞俄比亚东部地区的许多居民作为难民纷纷涌入索马里。在这些难民中除了在该地区居住

索马里

的索马里人之外，还有埃塞俄比亚的奥罗莫人（即加拉人）等。据1980年联合国难民署估计，流入索马里境内的难民约65万人。尽管国际组织和外国一些救援机构给予许多援助，但是大量难民的涌入还是给索马里国家和政府造成很大的经济负担。此外，大量难民的流入还导致某些疾病的蔓延，生态环境的恶化等。据索马里政府统计，到1987年，全国登记在册的索马里人中近六分之一是难民。

然而，随着20世纪80年代末索马里国内战争的爆发，索马里很快由难民流入国转为难民流出国。内战是1988年从西北地区开始的。为了躲避战乱，当地的伊萨克人及其他居民一批又一批逃往埃塞俄比亚、吉布提和也门等国。1989年，随着内战向全国其他地区蔓延，一些居民为躲避战乱，也逃往埃塞俄比亚和肯尼亚等国。据一般估计，到1991年1月巴雷政府垮台时，逃离家园到邻国避难的索马里人为120万左右。巴雷政府被推翻后，尽管一批又一批难民返回家园，但由于地方割据，部落、氏族内部矛盾和冲突，又使一些人重新沦为难民。不过总的来看，索马里流往邻国的难民人数在减少。不少人在亲戚或同族的帮助下，已获得所在避难国永久居民的身份，离开了难民营。到2004年，生活在埃塞俄比亚、肯尼亚、吉布提和也门等国难民营里的索马里难民尚有20万人。

除了逃往邻国避难之外，还有不少索马里人逃到国内相对安全的偏僻地带避难。据1992年9月联合国在索马里实行人道主义救援行动时估计，索马里国内因战乱和自然灾害而背井离乡的人口约160万人。居住在联合国搭建的临时营地的难民，仅南部就有50多万人。内战不仅造成大批人群流离失所，政局动荡，而且造成社会生产力的严重破坏。这，可从伊卜拉辛一家的经历得到印证。

内战爆发前，伊卜拉辛同他的妻子、两个儿子住在一所大房

第三章 政治和军事

子里,除了拥有一个农场之外,还有一个杂货店,养有20只羊,2头牛和10只鸡,生活相当宽裕。内战爆发后,为了防止抢劫,他们将商店的货物隐藏了起来。但不久,隐藏的货物还是被一些民兵发现了,并被抢劫一空。他的妻子被民兵打死。随后因旱灾肆虐,农场收成不足以养家糊口,他们只好先后屠宰牲畜和家禽,最后连农场也卖掉了。在失去所有生存资料后,他同两个儿子就过上了靠国际组织救济和四处给人打工的生活。他们住的是一间破旧的房子,家中除了一张用来铺在地上睡觉的牛皮、一口用来做饭的铝锅和一些餐具之外,别无他物。

到90年代末,随着各地政局的相对稳定,有些背井离乡的人回到原居住地或在别的地方定居下来,开始新的生活,国内难民人数逐渐减少。到2001年,难民已降至30多万人。目前,国内继续流离失所的人估计尚有十多万人。

二 侨民

近代以来,索马里人就有向海外,尤其中东阿拉伯国家移民的传统。他们到所在国后,有的做工,有的经商,有的从事教育和科学研究等。20世纪80年代末索马里爆发内战后,向海外移民的人数激增。除了中东阿拉伯国家继续接收大批索马里移民之外,芬兰、瑞典和加拿大等欧美国家也大量接收。据估计,目前侨居海外的索马里人已超过100万人,约占索马里人口总数的1/10。此外,索马里一些派别负责人、地方官员及其家人也持有外国护照。

索马里侨民给索马里不仅带回来资金,而且带回来新的思想和新的技术,对推动索马里社会的进步起着积极的作用。近几年来,索马里侨民团体为促进国内各派别"和解",用提供资金的方式组成"压力"集团。例如,2003年5月下旬,设在迪拜的索马里侨民组织——索马里商务委员会(Somali Business

Council）执行委员吉尔德·胡赛恩（Jirde Husayn）率领该组织的代表团访问肯尼亚，与正在那里举行"和解"会议的各派负责人举行会谈，提出该组织提供资金的条件就是各派通过谈判，达成一致协议。目前，索马里侨民各有关组织在索马里社会政治生活中正发挥着越来越大的作用。

第六节 军事

一 建军历程

索马里国民军建立于1960年4月，当时约有陆、空军人员5000人，首任司令为达乌德·阿布杜拉希·赫尔希。1965年赫希尔去世后，由西亚德·巴雷接任。

1969年，以西亚德·巴雷为首的军人夺取国家权力后，索马里开始接受苏联的军事援助，军队规模不断扩大。到1977年欧加登战争爆发时，军队已扩大到23000人，是当时东部非洲地区装备最好的部队之一。拥有250辆T-34、T-54和T-55坦克，300多辆装甲运兵车，52架战斗机。其中24架为苏联制造的超音速米格21战斗机。

在1977～1978年的欧加登战争中，索马里军队遭受重创，到1978年3月9日西亚德被迫宣布从欧加登撤军时，索马里已损失8000人的武装部队，四分之三的战车和一半的空军力量。由于此时苏联不再支持索马里，在此情况下，索马里被迫转而接受以美国为首的西方国家的军事援助，并在以美国为首的西方国家及阿拉伯国家的帮助下开始重建军队。美国还帮助训练索马里的警察人员，索马里的警察学校则主要聘请美国人担任教官。1981年，索马里的军队人数增至50000人。由于面临兵员短缺的危机，索马里政府于1984年开始实行义务兵役制，要求所有

第三章 政治和军事

18~40 周岁的健康男子服役二年。为了削弱部落对军队的影响，军队对来自不同部落的人采取了混合编制的办法。

到 1991 年 1 月西亚德·巴雷政府垮台前，索马里的总兵力约为 64500 人，其中陆军约 60000 人，空军约 2500 人，海军约 2000 人。陆军由 12 个师组成，其中包括 4 个坦克旅、45 个机械化步兵旅、4 个突击旅、1 个地对空导弹旅、3 个野战炮兵旅、30 个野战营、1 个防空营。空军主要部署在摩加迪沙和哈尔格萨附近的基地，由 3 个空对地中队、3 个战斗机中队、3 个防暴中队、1 个运输中队和 1 个直升机中队组成。海军系原苏联于 1965 年帮助组建。主要部署在柏培拉、摩加迪沙和基斯马尤港，仅有一些小型海岸巡逻舰艇、鱼雷艇、登陆艇等，主要负责缉私、海岸安全、保护港口和救援等任务。

索马里的军事装备 1977 年以前多为苏联提供，1977 年后多由美国提供。武器装备多为当时已过时的武器装备，且因资金不够而失修严重。1980~1990 年期间年均军费开支约 4450 万美元。军事采购主要由外国财政援助和军援支撑。

索马里的武装力量主要依靠外国训练。独立初期，许多高级军官原都是在英国和意大利殖民军队中服役的军人，有些人还上过意大利的军事和警察院校。从 1960 年代初到 1977 年，大约 60% 的现职军官到苏联接受训练，所以这时期索马里国民军实行的基本上是苏联军队的编制和战术。从 1980 年代初起，索马里在摩加迪沙建立了西亚德·巴雷军事学院、艾哈迈德·古雷国防学院，在基斯马尤建立了达乌德军事学院，分别对军官进行不同的课程训练。索马里军队基本上是依照西方国家军队的编制和战术进行改造。

1991 年西亚德政权被推翻后，索马里统一的国家军队不复存在，原国家军队的装备多数落入各派军阀、地方民兵甚至土匪手中。前政府军队的成员部分逃亡国外，部分成为平民，还有不少人成为各派军阀或民兵的成员,有的甚至沦为草寇。

目前,索马里各派别和部落均有自己的武装力量。据估计,2003~2004年,索马里兰的军队约1.3万人,蓬特兰约3000人,拉汉文抵抗军约2000余人,艾迪德派约1万人,迈赫迪——苏迪派1万多人,"爱运"2000余人,等等。

二 准军事力量

正规军外,索马里民主共和国时期还拥有人数不少的准军事力量。准军事力量主要由警察部队(Police Force)、民兵(People's Militia)、国家安全局(National Security Service)和其他情报部门人员组成,总人数3~4万。其中警察约1万人,民兵在1977年仅2500人,到1990年增至近2万人。这些准军事力量主要负责维护公共秩序、控制犯罪和保护政府机关安全等。

索马里警察部队起源于英国和意大利在索马里殖民时期建立的保安部队。1884年,英国在其管辖的索马里北部海岸建立了第一支武装保安部队以警卫北部海岸。1910年建立了索马里兰海岸警察。1912年建立了索马里兰骆驼保安部队以警卫内地。1926年建立了索马里警察部队。在警察部队里,高级警官均有英国人担任,索马里人只能充当一般警员和低级警官。在农村保安部队的支持下,警察负责将犯罪嫌疑犯押送法院,负责警卫监狱、巡逻城镇、保护牧民等。

意大利最初依靠军队来维持意属索马里殖民地的公共秩序。1914年,意大利殖民当局开始建立海岸警察和农村保安部队以保护意大利裔居民。到1930年时,这支部队大约有300人,后逐渐增加到800人,1935年在与埃塞俄比亚爆发战争时扩大到6000人。1941年,英国在第二次世界大战中击败意大利并占领意属索马里后,解散了原意大利殖民警察部队,另建宪兵队。

第三章 政治和军事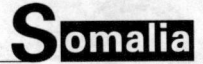

1943年，这支宪兵队的人数为3000人，由120名英国警官统领。1950年，意大利获得对原意属索马里的托管权后，又将这支宪兵队改编为索马里警察团。1958年，随着意属索马里独立日期的临近，这支部队被改编为完全由索马里人组成的索马里警察部队。1960年，英属索马里和意属索马里先后独立后，两个地区的警察武装联合组成了索马里新的警察力量，当时大约有3700人。此外，政府还组建了一支大约1000人的机动警察力量，用来协助维护部落之间的边界秩序。1976年以前，索马里的警察力量一直由内政部掌管。后来则由总统安全事务顾问掌管。

索马里的每个行政州都有一个警察司令官，每个区还设有一位负责维护法律和秩序的委任警察司令。1972年以后，摩加迪沙之外的警察武装被分为北区和南区两支，下辖州和区警察局、警察站和派出所。州长和区长负责领导州和区的警察力量。索马里警察被分为两部分，一部分负责巡逻、交通管理、犯罪调查、情报收集和防暴等；另一部分负责边界安全，被称为边防警察。

1961年，索马里警察武装建立了空中支队和女警支队。其中空中支队负责向地面警察提供空中运输服务，女警支队则负责调查女犯、被遗弃的女孩、妓女和儿童行乞等。此外，索马里警察还设有附属支队、犯罪调查支队、交通支队、通讯支队、训练支队、运输支队、卫生支队、监狱支队和火警支队等。从1970年起，警察主要招收身体健康的17~25岁的年轻人来补充。这些年轻人要在摩加迪沙的警察学院进行半年的训练并考试合格后，方能在警察部队中服役两年。服役期满后，警察可要求续签合同继续服役。警官则需经过9个月的训练课程，边防警察还要参加6个月的技能训练。

1972年8月，索马里建立了被称为胜利先锋队（Victory Pioneer）的人民民兵，作为军队的一部分，并由总统领导下的

索马里

政治局控制。在1976年索马里革命社会主义党组成后，民兵成为党的机器。作为军队的后备力量，民兵成员从1977年的2500人增加到1979年的1万人和1990年的2万人。民兵被作为法律强制部门而部署在政府和党的所在地，拥有不经过警察而逮捕人的权力。在农村，民兵被用作保卫牧场和城镇，推行自助计划，并同懒惰、滥用公共财物及反动的思想和行为作斗争等。

在西亚德·巴雷政权上台不久，索马里即在苏联国家安全委员会的帮助下建立了国家安全局（National Security Service）。这支运行于官僚机构之外的力量后来逐渐发展为内部监察机器，拥有逮捕和调查权。主要监控公务员和军人的公务和私人活动，在政府官员的晋升和降职方面发挥着重要作用。从80年代初开始，随着国内反政府派别势力日趋活跃，国家安全局工作重心逐渐转向持不同政见者和反叛力量同情者，对付各种反政府人士的活动。国家安全局的成员一直由军队和警察中忠于总统的精英分子组成。

2005年1月过渡联邦政府组成后，拟组建一支万余人的警察部队。

第四章

经　济

第一节　经济发展的几个主要阶段

从历史上看，索马里的经济发展大致可划分为以下几个阶段：殖民统治以前阶段，即从古代到20世纪初；殖民统治阶段，从20世纪初被西方列强瓜分到1960年7月1日宣布独立；独立以后阶段。独立以后阶段又可分为索马里共和国时期、索马里民主共和国时期和内战动乱时期。

一　殖民统治以前的经济

自远古时期以来，索马里的大部分居民一直从事游牧业，饲养山羊、绵羊和骆驼，而在一些比较湿润的地区的游牧民还饲养牛。耕作业主要集中在谢贝利河和朱巴河谷地一带，并与畜牧业并存。人们种植的作物有高粱、玉米、粟、甘蔗、棉花、香蕉和一些热带水果与蔬菜。沿海居民主要以捕鱼为生。在当时已成为商业和文化中心的沿海城市里，手工业相当发达，尤以铁制兵器和编织品著称。

索马里的经济属自然经济，国内市场极不发达，游牧民主要靠出售他们饲养的牲畜和畜产品来换取生产资料和生活用品，有

时还同农民进行物物交换。索马里社会还长期保存着氏族部落组织，它们是由父系血统组成的单个家庭和父系亲属的几个家庭的结合，部落首领由选举产生或世袭。全部土地、草场和水源属于公有。每个部落都有自己的领地，不得买卖和赠予、转让，也不许其他部落侵占。但是，部落住地的界线极不明确，这种状况成为不断发生土地争端、仇杀和部落战争的一个重要原因。在部落内部则由首领把土地分配给每个家庭。

在索马里国土的西南部定居的农民，部落、氏族血缘关系已大为削弱。村社成员并不都是有血缘关系的某一氏族的人，而是往往来自不同的氏族，甚至不同的部落。

游牧民的牲畜属私有，有些富裕的索马里人拥有100~1000头或更多的骆驼。他们常借口扶贫济困，把骆驼交给穷困的甚至根本没有骆驼的亲戚和朋友放养，自己过着一种不劳而获的生活。

在氏族分化出富裕或较富裕的家庭和产生私有制的过程中，有的地方出现了奴隶制剥削，有的地方出现了封建制剥削。部落中已分化出上层贵族，他们操纵大部分牲畜、牧场、水域和耕地。实际上，部落首领、族长及其家庭成员变成了封建主。同时，索马里人中还存在宗法家务奴隶。在这种制度下，奴隶被作为辅助劳动力使用，他们甚至分得少量土地。

到殖民瓜分前夕，索马里已进到宗法封建制发展阶段，但仍保存宗法家务奴隶和氏族部落制残余。

二　殖民统治阶段的经济

西方殖民主义者在索马里建立殖民统治后，主要从三个方面对索马里进行强占和掠夺：首先是强占战略要地，建立军事基地；其次是强占肥沃的土地，建立种植园；再次是寻找各种矿产资源，设立矿场。

第四章 经 济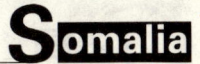

在殖民统治初期,英、意殖民当局的注意力主要放在巩固对所侵占地区的统治,镇压索马里人民的反抗和扩大对周边地区的侵略,所以大部分经费用于充实军队、修筑道路和有战略意义的设施。同时,也注意把索马里变为他们的原料和食品供应地,开始大规模地强占肥沃的土地,把一些可能有潜在矿产资源的地区划拨给外国垄断公司,任其进行勘探。

在英属索马里,外国(主要是英国)垄断公司大多通过租借的方法取得土地,以便组织对矿产资源的勘探。英属索马里地区的可耕地极少,仅占整个领土总面积的 0.4%,因此耕作业继续居于从属地位,居民与殖民前一样,主要从事饲养山羊、绵羊、骆驼和牛。主要出口货物除了家畜和野生动物的皮张之外,还有香料和阿拉伯树胶。主要进口货物是织物和食品。进口货物主要来自英国的殖民地印度,其次是英国本土。它们占英属索马里进口总额的 70%。

在意属索马里,殖民者和由他们组建的公司在意属殖民当局的支持下,用强力把当地人从他们世世代代居住的土地上赶走,强占了朱巴河和谢贝利河河谷大片肥沃的土地,建立起商品率高的种植园。1911 年,殖民当局颁布了第一个土地利用法令,规定外国租借土地的期限为 99 年。1929 年 3 月又颁布了土地法,规定所有当地居民未占用的"空闲土地"都将交给承租土地的人,以发展集约农业。

通过强占方式,索马里的大片土地被意大利殖民者强行夺取。意大利在索马里最大的一家公司是意索农业公司,是在 1920 年成立的。该公司攫取土地达 2.5 万公顷,其中 7000 公顷系谢贝利河中游的灌溉地。在意属索马里殖民当局的支持下,先后在两河流域出现了一批又一批种植园,总面积达 7.3 万公顷。意大利政府还给予种植园主以多方面的财政和技术支持,向他们提供贷款和补助金,帮助修建公路和灌溉工程,建立研究地区农

索马里

业发展可能性的实验站,帮助种植园主获得迫切需要的劳动力等。

被剥夺了土地的索马里农民,或者被迫当种植园工人,或者被迫当对分制佃农。为保证获得更多的廉价劳动力,意大利殖民当局还在意属索马里强行实施强迫劳役制。这种制度使索马里人"不论男女和儿童,从远方被强行运来以后,就注定无限期地沦为意大利公司的奴隶"。[①] 种植园工人的生活极其恶劣,苦役般的劳动,少得可怜的报酬仅够勉强维持生存,稍有过失就受到残酷无情的惩处。如果企图逃跑,更要受到骇人听闻的迫害。丹麦旅行家巴奇霍尔泽记载的一位索马里老人的叙述,向人们揭示了当时种植园工人的生活:"他们把我们囚禁在用带刺的树枝作篱笆围起来的圈栏里,而圈栏是我们用来对付牲畜的。他们经常鞭打我们,当我们的母亲受到鞭子抽打时,她们发出刺耳的尖叫声和呻吟。在意大利人的种植园里,我们必须顺从和当奴隶。我们没有茅舍,只能露天睡在地上。我们染上了疟疾,很多人惨遭死亡。所得到的饮食仅使我们不致饿死。"[②]

由于种植园经济主要是面向国外市场生产,因而其发展也主要取决于宗主国和世界市场的需要。第一次世界大战期间和战后头几年,世界市场对棉花的需求剧增,因而,意属索马里的种植园主大量引种埃及长绒棉。1931~1932年度意属索马里的棉花种植面积达1万公顷,产棉1100吨。此后由于世界市场对棉花需求减少,棉花种植面积就逐渐下降。1937~1938年,棉花种植面积减至0.36万公顷,产量不足300吨。

在棉花出口不景气的情况下,意大利殖民当局开始鼓励香蕉种植,使香蕉逐渐取代棉花成为意属索马里的第一大出口作物。

---

① S. F. 潘克赫斯特著《前意属索马里》,伦敦,1951,第139页。
② J. 巴奇霍尔泽著《非洲之角》,伦敦,1959,第183~184页。

第四章 经 济

1928年香蕉种植面积仅200公顷，到1938～1939年度增加到4200公顷。

1926年以前，在意属索马里香蕉只是小农的个体经济作物。1925年开始出现香蕉种植园。1927年香蕉首次输往意大利。同年，意大利政府专门颁布法令，给予从意属索马里进口的香蕉特殊待遇，取消从意属索马里进口香蕉的关税。1928年又禁止运入非意属索马里生产的香蕉。1935年，意大利政府组建了皇家香蕉种植园垄断专卖公司（Royal Banana Plantation Monopoly），授权该公司采购和在意大利出售意属索马里香蕉。这些措施极大地促进了意属索马里香蕉的生产和向意大利的出口。1930年，香蕉出口量为720吨，1935年上升到14200吨，1939年则上升到3.2万吨。

甘蔗同香蕉和棉花一样，也是意属索马里的重要经济作物。但与棉花和香蕉不同的是，甘蔗生产主要是为了满足意属索马里本地对食糖的需要，而不是为了出口。从甘蔗的种植到糖的生产和销售全被1920年成立的意索农业公司所垄断。大片甘蔗种植园集中分布在谢贝利河流域，该地区的7000公顷灌溉土地中有1000～2000公顷常年种植甘蔗。这里还有一座公司所属的糖厂，它也是意属索马里当时比较现代化的工厂之一。1950年时，该厂产糖4000吨，能满足意属索马里80%的食糖需求。1957年产量达到1.1万吨，当时的意属索马里已无需再进口食糖。种植园还种有玉米、热带水果和其他一些作物。

依靠对当地居民强制劳动而支撑的朱巴河和谢贝利河谷地的大型种植园，是意属索马里经济的基础，是供出口需要的农作物的主要生产基地。其他地区的土地基本上没有开垦。索马里人的经济依旧是自然经济。香蕉、棉花、牲畜和畜产品是主要的出口物资。这些产品由意大利企业通过经纪人向索马里农牧民收购。意属索马里对意大利的出口额占其出口总值的70%左右，而意

索马里

大利产品在索马里的食品、纺织品和其他工业品的进口中则占据意索马里进口总值的45%。

1941~1949年意属索马里被英国占领。起初,英国人对意大利人建立的种植园进行破坏,使得香蕉和棉花的生产剧减。可是不久,英国占领当局为了保证本身所需食品和原料的供应,又着手恢复种植园生产。当地的种植园开始种植蔬菜和水果,以供给居住在摩加迪沙的欧洲人。在大战期间切断与意大利市场联系的情况下,索马里生产的棉花等原料一时找不到销路,所以英国占领当局发展了一些轻工业和食品工业,比如小型的油坊、纺织厂、鞣革厂以及肉鱼罐头厂,从而引起索马里社会经济的一些重大变化。在这个时期产生了索马里的民族资产阶级和少量产业工人。

1950年意属索马里被交还给意大利托管后,意大利托管当局重新恢复了过去的土地制度,并加大对种植园经济的投入,使香蕉和棉花在托管时期重新占据意属索马里出口商品作物的主导地位。香蕉生产的恢复和发展尤其迅速。1946年香蕉种植面积为2500公顷,出口香蕉73吨。1959年香蕉种植面积发展到9000公顷,产量8.5万吨,出口58750吨。[1] 1957年种植园出口值占意属索马里出口总值的59%。同年,香蕉出口值640万美元,棉花出口值20万美元。

除了种植园外,索马里大部分居民的生产依然是小生产经济,生产技术落后,产量低下,耕作业和牧业都是如此。农民除了种植粮食作物之外,还种植经济作物。为了扩大生产规模和获取更大利润,意大利的一些种植园主和公司经理也开始在索马里推行一种类似于"合作"的制度。他们与当地农民、渔民和手工艺人签订合同,要他们种植棉花、捕鱼或从事纺织等,按预先

---

[1] 《联合国粮农组织年鉴》,罗马,1961,第47页。

规定的价格收购他们的产品。"合作"制的积极意义在于它一定程度上促进了索马里的商品作物生产的发展。但由于意大利的公司和商人垄断了索马里产品的出口，使意属索马里在相当程度上成为意大利生产农牧业原料的产地，并导致意属索马里与周边邻国的传统贸易的萎缩。

在意大利托管的末期，美国的资本开始进入索马里。根据与意大利达成的协议，美国于1954年建立了"索马里发展基金"。最初资金约200万美元，用于支持1954~1960年索马里发展计划的经费开支。1960年，美、索签订了技术援助和财政合作协定。次年，美国政府给索马里贷款180万美元，作为纺织、捕鱼、鞣革、肉类罐头加工企业的用款。美国资本还开始进入索马里的石油勘探领域。

到20世纪50年代末，索马里的经济状况与西方殖民统治初期无多大差别。大多数居民仍从事畜牧业，大部分土地用作牧场。北区游牧民约占总人口的90%。在南区，1953年也有42%的人口以游牧业作为唯一的职业，另有28%的人口从事畜牧业兼营耕作业。专门从事耕作业的人口在北区约8%，南区约27%。供出口需要的农产品和畜产品，全被意大利和英国的机构所垄断，由这些机构通过商业经纪人向当地农牧民收购。

总之，到西方殖民统治末期，索马里的经济仍十分落后。根据联合国的有关材料，索马里在1960年的国民生产总值估计为5600万美元，按当时全国200万人口计算，每人平均收入仅为28美元，是世界上收入水平最低的国家之一。

三 独立以来的经济

（一）索马里共和国时期的经济

1960年索马里获得独立后，像许多刚摆脱殖民统治的国家一样，在经济上面临的重要问题就是如何发展民

族经济,提高生产,以便"使收支的增长保持平衡,提高最穷苦阶层人民的生活水平,保障每个公民有与自由人相称的工作、住宅、生活资料"。①

  农业是索马里共和国的经济基础,90%的人口从事畜牧业和耕作业。畜牧业和耕作业的共同特点是劳动生产率低,具有自然或半自然经济的性质,但在商品产值和出口方面占绝大部分。工业极其落后。除了手工业之外,只有几处外国人(主要是意大利人)经营的农产品加工企业。这些企业主要分布在港口城市和种植园附近。其中最大的企业是糖厂。它拥有1500个工人。该厂年产糖1.2万吨。1963年这座原属意大利的意索农业公司所有的糖厂已部分被赎买,其中一半的股份归国家所有。此外还有一些由外国投资或援建的鱼类罐头厂和肉类加工厂、通心粉厂、水果罐头厂、榨油厂、饮料厂、制鞋厂、纺织厂等。

  缺少能源阻碍了索马里工业的发展。主要的工业能源是来自英国和意大利的石油制品。当地人唯一的燃料是木柴和木炭。国内电力生产极少。1959年时,南部诸州的发电量总共约880万千瓦时,北部诸州则更少。摩加迪沙电厂是最大的发电厂,发电量占南部诸州的三分之二,它原属意大利索马里电力公司所有。电力生产成本很高,电费较贵。1962年4月政府降低电费,引起该公司的不满和抗议。不久,该公司提出以500万先令的价格将电厂卖给索马里政府。

  独立初期,香蕉仍是索马里最大的出口商品,约占出口总值的43%。香蕉几乎全部输往意大利。意大利按照高于世界市场30%的价格收购索马里的香蕉,这对索马里增加外贸收入很有利。但由于索马里与意大利的合同于1965年期满,意大利作为

---

① 索马里国家银行:《财政年度(1960年7月1日至1962年12月1日)报告与平稳表》,摩加迪沙,1962,第23页。

第四章 经济

欧洲经济共同体（以下简称欧共体）的成员，根据关于废除区内国家性垄断的罗马协定，必须在规定时间内废除对索马里香蕉的特惠制。因此，索马里只好把香蕉销往世界其他市场。1961～1962年期间，索马里政府尝试向阿拉伯联合共和国、希腊、德意志联邦共和国（西德）、南斯拉夫、澳大利亚等出口香蕉，但由于索马里香蕉成本高，故难以同西非和拉丁美洲较廉价的香蕉竞争。香蕉销售问题十分严峻。

手工业主要分布在西南部的滨海城市，色彩鲜艳美观而又精制的索马里"贝纳迪尔富塔花布"，驰名国外，人们主要用它来制作节日的盛装。木雕和家用器具的生产也很普遍。索马里人习惯于将这些器具涂成赭色，装饰华丽。索马里陶工制作的陶器灯具、盘子、动物小塑像等也极为美观。索马里的定居居民和游牧民都有编织席子、地垫以及用植物纤维制作器皿的习惯。植物纤维通常由男子备好，编织则是妇女的事。索马里的皮制品、象牙制品和银器都很精致。

由于生产发展水平低下，再加上外国资本在经济领域继续操纵，使得索马里人民的生活水平很低。在独立初期的进口贸易中，食品、纺织品、服装、鞋子的进口占进口总值的三分之一左右。这说明人民的衣、食等生活保障仍是一个非常尖锐的现实问题。

由于独立初期索马里政府对国家机构进行了重大改革，建立了新的行政部门、军队和新的经济部门，开支金额巨大，从而造成财政赤字进一步上升。1960年，索马里南区赤字为8240万先令，北区为3960万先令，分别占总支出的50.6%和46.7%。由于缺乏国内资金来源，索马里新政府不得不四面寻求外援，既向西方资本主义国家要求援助，又向苏联和东欧国家索取援助，同时也向中国伸手要求援助。据索马里官方公布的消息，从1960年独立到1963年底索马里总共接受的外援（不包括军事援助）

约合6370万英镑,其中意大利提供1897万英镑、苏联提供1893万英镑(不包括1070万英镑的军援),美国提供936万英镑,中国提供767万英镑。

为了摆脱对外国的依赖,政府宣布要竭力促进民族资本的发展,同时采取吸引外国资本的步骤。1961年2月,政府即颁布了保证外国投资者特惠权的法令,规定外资企业可以汇出利润,资金投入5年或3年(系属特定情况)后可以汇出相当于投资额10%的股息。除非为了公众的利益,否则政府保证不对外国企业采取没收性措施,并允许外资企业不受限制地雇用外国熟练技术工人,准许外国雇员汇出50%~75%的薪金。1961年10月又颁布了免除机器、设备、零件等进口税的法令。1962年3月,又颁布法令免除运输工具进口税2年。

1963年7月,索马里政府公布了由联合国专家帮助制定的1963~1967年的第一个5年经济建设计划。计划的重点是发展基础设施和农业。规定5年内的投资总额为14亿索马里先令(约合7000万英镑),其中交通占29%,农业占18%,工业占16%。投资主要用于公路、港口、机场、邮电、学校等项目,旨在通过基础设施的建设为农业生产的发展和出口创造良好条件。

农业方面的指标是使香蕉产量增产一倍,甘蔗增产一倍半。计划通过创建模范农场,吸引全国农民在他们的农业生产中运用先进的农业技术来发展农业。在此期间,政府在拜多阿、拜伊、摩加迪沙附近的阿弗古伊(Afgooye)、哈尔格萨西部的多格瓦加勒(Tog Wajaale)建起了国营农场。

畜牧业方面,第一个五年计划和1965年成立的畜牧发展局(Livestock Devolopment Agency),都重视兽医服务,注意合理使用牧场和水源,在增加牲畜头数的同时提高其质量,改善运输条件,扩大加工企业,组织销售市场,以使索马里出口的畜产品增多。

第四章 经　济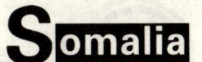

工业方面的主要指标是将设立在约哈尔的制糖厂从现有的年产量1.2万吨扩大到3~4万吨,建立一座拥有10000~12000纱锭和300台自动织布机的纺织厂,建立肉类和鱼类罐头厂,以及发展一些小型工厂等。交通运输方面主要是修建公路和基斯马尤、柏培拉、摩加迪沙港口,扩建摩加迪沙和柏培拉机场,建立主要经营国内航运的索马里航空公司等。

第一个五年计划预计拨款14亿索马里先令,但由于国家财政处于严重困难状态,政府从国内资金中只能拨款1.5亿先令供作计划经费,因此主要靠外援。在第一个五年计划期间,索马里政府得到了大约10亿先令的外援,并同有关国家签订了承担不同建设项目的协定。例如,苏联承担建设柏培拉深水港和建设奶酪、肉类和鱼加工厂等。美国承担修建基斯马尤港、建设索马里国内航空公司等。意大利修建摩加迪沙国际机场。联邦德国帮助修复从杰里卜到基斯马尤的公路,等等。

通过第一个五年计划的实施,索马里共和国时期的经济得到一定发展。食糖自给有余,香蕉和畜产品出口增加。对道路和灌溉设施的投资取得了明显效果。1969年,索马里国内收入为27200万先令,外汇储备9097万先令。进出口总额从1961年的41823万先令上升到1969年的60170万先令,其中进口从1961年的23028万先令上升到1969年的36980万先令,出口从1961年的18795万先令上升到1969年的23190万先令,外贸逆差也从1961年的4233万先令上升为1969年的13790万先令。但是,存在的问题仍很多。

1960年独立以来索马里经济存在的主要问题有:财政支出仍远远大于收入,政府仍必须依赖外援来填补预算缺口;推行现代农场技术的成效不大,农业的发展未能满足城市人口增长的需要,农产品进口明显增加;鼓励牲畜发展导致牧场条件恶化,等等。

(二) 索马里民主共和国时期的经济

针对独立后索马里国家存在的主要问题，1969 年索马里民主共和国政府成立后开始采取一系列促进经济发展和增收节支的措施，如降低政府雇员的工资，用纪律代替无政府状态，实行国有化，控制对外贸易，实行"统购统销"，号召并组织手工业者、农牧民建立"生产合作社"，在工厂、企业中成立"工人委员会"等。

1969 年底，政府以购买股票的方式收回意大利经营的索马里航空公司。1970 年 5 月，又把外资银行、石油公司、电力公司、糖厂、保险公司等收归国有。同年 8 月，政府成立香蕉生产和贸易委员会，掌握了香蕉的生产和经营。为减少行政开支，政府官员自 1970 年起降低工资 5% ~ 40%。此外，政府还采取了控制生活用品价格、降低房租等措施。1971 年开始实施"三年发展计划"。

1. 三年发展计划（1971 ~ 1973）

1971 年，民主共和国政府制定了 1971 ~ 1973 年发展国民经济的三年计划。计划总投资 99990 万先令（约合 16000 万美元），其中国内出资 20164 万先令，占投资总额的 20.2%，外来援助（包括赠款、贷款等）为 79830 万先令，占 79.8%。计划的目标是发展公有经济，提高劳动生产率，为所有索马里人提供劳动和工作机会，提高生活水平。

为了发展公有经济，1971 年 7 月，政府宣布对玉米、高粱实行统购统销。1973 年初，将统购统销范围扩大到油料。政府先后对畜产品、香蕉、药品、建筑材料、石油及生活日用品的进出口实行国家垄断。1972 年 3 月和 10 月，分别将私人和外资办的诊所、学校和印刷厂等收归国有。同时，政府不断动员和组织群众开展生产劳动竞赛。1970 ~ 1972 年，政府大力推行以兴建文教、卫生、水利、交通项目为中心的"自助计划"，建成项目

50多个，并完成了开垦15000公顷荒地的突击计划。

通过上述国有化措施，政府迅速控制了相当多的现代经济部门，主要有银行、保险公司、石油产品分销公司、制糖业等。为了控制建筑材料和食品行业，政府还建立了国家建筑材料局和食品局。但政府并未将传统的牧业国有化，而是向牧民说明其他行业的国有化不会影响他们饲养的牲畜。为了吸引外国资本，1972年，政府还公布了自由投资法。由于索马里的现代经济规模极小，政府的国有化政策的影响面有限，所以对索马里的传统经济影响不大。

1973年，政府公布了合作社发展法（Law on Cooperative Development），决定建立农业生产合作社，并通过政府出钱购买农业机械的方式，建立现代农场，试图促进农业的发展。1969年以前，政府对农业的投入不足预算的10%，1974年上升到29.1%，在一定时期内促进了农业的发展。

不过，当政府发现一些政策过于偏激而不利于发展生产和改善人民的生活时，也对其进行某些"微调"。例如，从1974年开始，在实行粮食统购统销政策时，政府改变了原来不留口粮的规定，因而提高了农民生产的积极性。在对外贸易方面，国家缩小了对进出口商品的垄断范围，并提出要保护小商人的利益，以发展贸易的措施。对"自助"项目的建设，政府也改变了某些强制性捐款的措施。政府更加重视发展投资少、收效快、能利用本国资源的中小型工业，并鼓励私人投资。

三年计划的实施打击了殖民主义的经济势力及不法商人的投机倒把活动，有利于政府控制国家的经济命脉，在一定程度上起到了改善财政收支状况的作用，促进了民族经济的发展和国家政权的巩固。国内收入从1969年的27200万先令增加到1973年的45690万先令。外汇储备从1969年的9.097万先令增加到1972年的25000万先令。财政收入1969年是亏1200万先令，到1973

年是盈6075万先令。1972年，政府还清偿了所有内债约9000万先令。1972年，索马里国民经济总产值约13亿多先令，以全国人口450万计算，人平均约290先令。

2. 五年发展计划（1974～1978年）

在三年计划的基础上，政府又于1974年3月宣布实行五年发展计划。在城市发展轻工业，在农业、牧业和渔业领域继续发展合作社。但计划向牧业的投入仅占预算的4.2%，主要用于牧业合作社的建设，保护牧场，开挖水井等。在政府建立的14个牧业合作社中，每个家庭可拥有200～300公顷的牧场。干旱时，政府将向合作社的牧民们开放保留牧场，向牧民提供教育和卫生服务。政府还在沿海一带建立了渔业合作社。起初，苏联向这些渔业合作社提供拖网渔船。1978年苏联终止供货后，澳大利亚和意大利表示要支持这些项目，但也未能取得应有效果。

索马里政府的合作社运动得到许多国际组织和援助国的支持，世界银行、粮农组织、欧共体、经济合作与发展组织、石油输出国组织、苏联、美国、中国、澳大利亚、意大利和许多阿拉伯国家等都提供了大量援助。但由于1974～1975年严重旱灾的影响，上述合作社均未能取得应有的效果。

在国际社会的帮助下，索马里的轻工业发展计划取得了明显进步。在五年计划期间，政府先后重组并增加了唯一的奶制品加工厂的生产能力，建立了西红柿罐头、面粉、意大利面条、香烟和火柴厂，建起了生产纸盒和塑料袋的工厂，还新建立了几家粮食加工厂和一家石油冶炼厂，新建起了家畜肉类和鱼类加工厂，扩大了原有糖厂的产量并新建了一座糖厂。罐装肉、奶和纺织品的产量在1969～1975年间都有所增加。

但由于国有化政策过激，政府经济政策变动不定和对公共资源管理不善，在国防和国内安全上的开支增加过快，腐败盛行，经济发展面临着严重的资金不足，发展资金的80%依赖外援等因素的影响,致使索马里债务负担加重,金融服务业破产,贸易赤字攀升,对农村和社会服务事业的投资明显减少,经济出现严重困难。再加上自然灾害和1977~1978年与埃塞俄比亚战争的影响,更使索马里的经济雪上加霜。例如,1969年索马里共产糖4.7万吨,1980年则下降到2.91万吨。1975年产肉罐头1440万听,1979年降为150万听。奶制品、意大利面条、包装材料、香烟和火柴的产量都有所下降。唯一产量有所上升的是纺织品,不过是以低于生产成本的价格向农民出售而取得的。

3. 实行经济结构调整与改革

在"五年计划"后期,由于苏联在索马里与埃塞俄比亚的战争中支持埃塞俄比亚,索马里与苏联的关系恶化,再加上索马里在战争中失败后遭遇空前的经济困难,索马里政府被迫转向以美国为首的西方寻求经济和军事援助,对原有的经济结构进行调整与改革。

1980年2月,索马里政府与国际货币基金组织(以下简称IMF)签署宏观经济政策协议,接受IMF和世界银行的新自由主义经济政策。内容包括强调优先发展农业,逐步实行经济自由化,放宽对贸易的限制,鼓励外资和私人投资,取消农产品价格控制,实行先令贬值、美元拍卖,紧缩财政开支等。但由于双方意见不一,IMF和世行嫌索马里政府的发展计划过于庞大,军事预算过高,索马里军方则反对限制其军事预算,双方达成的有关协议并未完全得到执行。索马里政府也未完全放弃对经济的控制,国有企业继续得到政府的大量补贴。一些不法分子则把国有企业当作假公济私、聚敛钱财的场所。最典型的例子是索马里商业银行因腐败盛行和管理不善而于1989年破产。

1983年6月,索马里的经济再次遭受打击。沙特阿拉伯政府以发现牛瘟为由决定禁止进口索马里的牛,后来又扩大到禁止进口索马里的绵羊和山羊,造成索马里财政赤字大幅增加,无力

偿还所欠债务。1985年3月，索马里与以西方国家为主的巴黎俱乐部成员国召开重组债务的会议，被迫接受包括货币贬值和建立外汇自由市场的改革计划。1986年6月，政府与世界银行下属的国际发展协会（International Development Association）达成农业部门调整计划，并于当年9月建立了外汇拍卖体系。

在西方国家和国际金融机构的压力下，索马里政府所制定的1987～1991年五年计划更多地反映了西方的要求。私有化被列入计划。1988年，政府宣布执行IMF鼓励的结构调整政策，实行外汇自由化，允许开办私人银行，计划将财政赤字降低到占GDP的7%～10%，增加对燃油、房租和销售收入的税率等。

上述政策对控制通货膨胀产生了一定作用，使索马里的通货膨胀率从1980年的59%下降到1986年的36%，并在一定程度上提高了本国农产品的价格，鼓励了农民的生产积极性。经济情况有所好转。但制造业产量继续下降，1980～1987年年均下降0.5%。1979～1986年，GDP每年仅增长0.8%，远远满足不了人口增长的需要。1985～1990年索马里的国内生产总值约10亿美元，其中农牧业约占65%，工业约占9%，服务业约占26%。据世界银行估计，1989年，索马里的国民生产总值（GNP）为10.35亿美元，人均GNP为170美元。

随着内战在许多地区的爆发，1989和1990年的索马里经济迅速恶化，通常占全国畜产品出口80%的北部地区的出口几乎完全停止。大部分商品，包括粮食、燃料、药品等严重匮乏，许多索马里人陷入缺少最基本的生活用品和安全保障的境地，沦为难民，流离失所。

（三）内战以来的索马里经济

从1991年开始，由于连年内战，索马里的工农业生产和基础设施遭到严重破坏，经济全面崩溃，人民和生态环境遭受空前的灾难。据保守的估计，到1992年，内战就已夺去20万索马里

第四章 经 济

人的生命,还有许多人在战乱中留下终身残疾,不少妇女遭到强奸,儿童沦为孤儿。一些战前原本相对发达的城市哈尔格萨、摩加迪沙等的市政设施惨遭破坏,政府建筑和不少家庭遭到抢劫,甚至连埋在地下的电缆也被挖出来卖到国外。原本基础薄弱的教育和卫生服务几乎不复存在。

进入 20 世纪 90 年代中期,随着一些地区内战的规模和频率下降,索马里以私人经济为主的国民经济开始恢复和发展。可以说,内战对索马里经济影响的最大结果是:西亚德政府已经开始的从国家计划经济向自由市场经济的逐步过渡以剧变的形式而完成。许多过去由政府提供的服务,比如教育、卫生、电讯和金融服务现在均部分或全部由私人行业控制。侨汇金融公司和电讯公司的覆盖面和服务范围都有所扩大,私人教育和卫生事业也有所发展,运输部门继续为许多人提供着就业机会,建筑工业也在一些城市开始恢复。除索马里兰外,其他许多地区的机场、港口、供水等过去由政府控制的公共服务设施现在也由私人掌握。

由于不同地区的安全情况存在极大差别,索马里经济的恢复和发展无论是在地区上,还是在个人收入水平上都开始出现极大的差距。北部的哈尔格萨和博萨索开始呈现出新的繁荣景象,新建旅馆、健身中心和网吧的数量明显增多。据估计,1997 年,索马里兰地区游牧民的人均年收入为 106 美元,农村居民的人均年收入为 149 美元,城市居民则为 300 美元。但整体看来,索马里的经济仍低于动乱前的水平,大量资本、劳动力和农业生产仍处于闲置状态。

由于没有统一的中央政府、中央银行和海关系统,再加上诸多地方政府割据一方,各自为政,要想得到动乱以来索马里各行业准确的经济数字变得十分困难。目前所有的索马里经济情况,基本上属于国际机构和研究人员根据自己所掌握的某一地区和部门的情况作出的估计。据联合国发展计划署估计,2000 年,索

马里的有关主要宏观经济情况如下：国民生产总值13亿美元，人均国民生产总值约为130美元，比1990年的150美元减少了20美元。索马里先令进一步贬值。1994年3月索马里先令的汇率为2620先令兑换1美元，2002年5月则为21000先令兑换1美元。索马里兰地区的情况稍好一些。在该地区流通的索马里兰先令（Somaliland Shilling）为6800先令兑换1美元。

第二节 农业

农业是索马里经济的主导部门。农业人口占全国人口90%以上。农产品出口值占外贸出口值的80%到90%。整个农业可分为种植业、畜牧业、渔业和林业四大门类。

一 种植业

据官方资料，索马里全国可耕种的土地面积800万公顷左右，占国土面积的12.5%。农耕地主要集中在朱巴河和谢贝利河谷地以及西北部哈尔格萨、布劳等地区。但已耕地仅有100余万公顷。其中只有很小一部分为可浇地，其余大都为只能在雨季耕种的旱地，基本上处于靠天吃饭状态。南部地区的谢贝利河和朱巴河流域，土壤肥沃，是最富饶的农耕区，有灌溉能力的土地也主要集中在这里。靠天降雨的非灌溉农业区主要分布在两河之间和朱巴河右岸的南部。西北部地区的已耕地绝大部分分布在雨量较多、土质较好的高原地区。

在炎热干旱的索马里，"水就是生命"这句话在耕作业上体现得最为充分。由于缺水，有80%的可耕地不能耕作。为了把有限的水源用来灌溉，在索马里北部，当地群众用石块修砌不易渗水的渠道，将水引入蓄水池，再由蓄水池引到田间，浇灌各种粮食作物、蔬菜和果树。当泉水量较大时，则由渠道直接将水引入田间，浇灌农田。梅迪谢、迪布拉温等泉水均是这样得到了充分利用。南部谢贝利河和朱巴河流域的农民则很早就会利用河水泛滥来灌溉农田，种植多种粮食作物和经济作物。殖民统治时期，一些种植园主为进行大规模的种植园生产，在沿河流域修筑现代意义上的水坝和渠道，以引水灌溉。

独立后，索马里政府重视农业和水利事业的发展，在全国各地，特别是两河流域修建水库和小型灌溉设施，使农田灌溉面积得到一定提高，从1960年的247.5万亩发展到1972年的287.3万亩。粮食产量从1960年的20.6万吨上升到1973年的32.5万吨。经济作物增长更加明显。例如，1960年甘蔗产量是1.15万吨，香蕉9.1万吨，1968年甘蔗产量增至40.5万吨，香蕉14万吨。

1973年7月，索马里民主共和国政府决定在全国耕作区除了增加国营农场之外，还建立和推广农业"合作社"，同时采取兴修水利设施，建立良种培育站和农业拖拉机站，增加农业机械化设备等措施，在一定程度上促进了农业生产。但由于"合作化"搞得过激，挫伤了农民的生产积极性，再加上军费开支上升，农业投入减少，自然灾害等因素，粮食产量一度下降，经济面临较大困难。80年代初开始调整经济政策，强调优先发展农业，鼓励私人种植，粮食产量逐渐上升。1985年粮食产量达65.3万吨，其中玉米29.4万吨，高粱24.7万吨，其他粮食作物1.2万吨。粮食基本实现自给。经济作物也有相应的增长。例如，1987年甘蔗产量为42.5万吨，是独立以来产量最高年份。

1991年民主共和国政府被推翻后，由于战乱频频，许多农业基础设施，特别是南部的灌溉和防洪系统遭到极大的破坏，导致索马里农业更易遭受旱涝灾害的侵袭。大量农民流离失所。据估计，2000年索马里从事种植业生产的人已从动乱前占总人口的25%下降为17%。索马里的粮食产量在整个20世纪90年代

均低于内战前的平均水平。例如，90年代之前玉米与高粱的年均产量在45万吨左右，但自1991年以来，玉米和高粱的年均产量仅25万吨左右。由于缺粮，不少索马里人靠国际社会救济为生。经济作物产量也低于90年代之前的平均水平。

（一）粮食作物

索马里的粮食作物主要有高粱、玉米、小麦、木薯、水稻和豆类等。

高粱是索马里主要粮食作物，全国各地都有种植，但主要种植区是西北部以博腊马、格比勒、哈尔格萨、布劳和奥德韦纳为中心的高原地区，南部的谢贝利河和朱巴河河间地带和沿海地区。高粱按气候周期每年可种植两季，第一季为3~6月，第二季为9~12月。高粱耐旱，可在较干旱的土壤中种植。在地广人稀和农业耕作水平低下的地区一般只种一季，通常在4月播种，8月收获。主要品种为白高粱和红高粱，其中白高粱味道可口，更有价值。玉米多为本国品种，植株矮小、籽粒呈红、白和黄色不等。主要种植区是朱巴河下游、谢贝利河谷地和沿海湿润的地区。为改良品种，索马里曾从南非、肯尼亚、巴西、印度和乌干达等引进了一些品种。玉米虽有两个生长季节，但由于缺少灌溉，实际上仅播种一次。大多为手工播种，多采取雨季撒播或点播。在低洼和可灌溉的地区种植玉米，其产量高于干旱土地五成左右。各种豆类也是索马里人的重要食品。豆类作物通常与高粱、蔬菜种在一起，以便改善土壤结构和增加氮素。

（二）经济作物

经济作物又称商品作物。生产者种植此类作物主要是为了出售。索马里的经济作物主要有香蕉、甘蔗、棉花、芝麻、烟草和花生等。

1. 香蕉

是索马里的主要出口产品。索马里农民早在古代就种植香

第四章 经 济

蕉，但只是到殖民统治时期，香蕉才成为商品作物。全国适宜种植香蕉的可耕地约75万亩，主要产地为朱巴河和谢贝利河沿岸。主要品种是当地的"卡文迪什"。这是一种生长快、果穗一般约30~40斤重的香蕉树。此品种对土壤水分要求不高，且因植株不高而具有抗风能力，适宜索马里的土壤和气候条件，虫害较少，但这种香蕉也存在着皮质娇嫩，易遭损伤的缺陷。独立后，索马里从西非引进的"波约"品种，则具有适于包装和运输的特点。另一个当地品种，名为"朱巴"。其特点是果皮薄，易腐烂，多为索马里人自己食用。

在西方列强瓜分索马里后，意大利殖民统治者鉴于种植香蕉投资少，获利快，开始大量种植，并于1927年开始出口。香蕉种植园从无到有，到1960年已有328个。种植面积从1950年的4.2万亩上升为1960年的13.5万亩，产量从2.8万顿上升到9.1万吨。意大利殖民者不仅控制了索马里的香蕉生产，而且垄断了香蕉的出口。独立前后，索马里每年生产香蕉10万吨左右，90%以上出口意大利。当时，香蕉出口值占全国出口总值的50%，占索马里对意大利出口总额的3/4以上。

独立后，索马里政府重视香蕉的生产和出口多元化战略。由于索马里香蕉的生产费用大，运销成本高，价格高于国际市场价格。索马里政府为降低香蕉的价格，采取了整修港口，改善港口设备和修筑道路，引进经济价值较高的新品种"波约"，提高种植技术等措施。1970年8月建立了基斯马尤香蕉公司。香蕉的生产得到一定发展，1968年香蕉产量达到14万吨，出口116499吨，占当年出口总值的26.2%。

由于政府对香蕉出口征税较高，香蕉产量在80年代有所下降，1980年下降为年产6万吨。1983年政府建立的国家香蕉局（National Banana Board），与一家意大利公司组成合资的索马里

索马里

水果公司，提高收购价格，使得香蕉的种植有所恢复。到 1987 年，香蕉产量上升到 10.8 万吨。香蕉出口值从 1981 年的占出口总值的 1%，恢复到 1987 年的 13%。

直到 20 世纪 90 年代初，香蕉一直是索马里最大的经济作物。1991 年民主共和国政府垮台，全国性的战乱对香蕉生产造成极大破坏。90 年代末，香蕉种植虽有所恢复，但因失去了其在欧盟的受保护的市场，主要用于出口的大规模的商业性香蕉种植几乎停止。

2. 甘蔗

甘蔗在索马里的农产品中也占有重要位置，所生产的糖几乎全部销于国内。糖的生产始于 1928 年。独立前，糖的生产完全为"意大利—索马里农业公司"垄断。从 1963 年开始，该公司的大部分资产被索马里政府收归国有。甘蔗种植区主要分布在谢贝利河和朱巴河沿岸。多为种植园种植，当地农民仅有零星种植。甘蔗的生长期在每年的 4~10 月，每年收获一次。甘蔗常与棉花、玉米和花生轮作。甘蔗种植面积从 1950 年的 1.89 万亩上升到 1974 年的约 9 万亩，产量在同时期里从 357 万公斤上升到 26000 万公斤。

3. 棉花

索马里农民很早就在沿海丘陵地带种植棉花，并与高粱、豆类种植在一起。所种的品种是当地的短纤维棉花，棉花被当地手工艺人制作土布，其中一种被当地人称作"夫塔-勃纳吉尔布"的土布，曾深受当地人和商人的喜爱。从 1906 年起，意大利人在朱巴河和谢贝利河河谷地区的种植园种植棉花，棉花在索马里的种植进入商业性阶段，并引进了埃及棉种和美国棉种。1960~1961 年度棉花播种面积 1.8 万公顷，收获皮棉 1000 吨。独立后，又引进乌干达棉种和南非棉种，并建立国营纺织厂。生产的棉花多为国内所建的纺织厂所用。20 世纪 90 年代以来，由于战

第四章 经 济

乱,索马里每年大约产籽棉 1000 吨左右,约合皮棉 500 吨。棉籽一般都用来榨油。

4. 芝麻

芝麻是索马里的主要油料作物,主要种植在朱巴河和谢贝利河上游河谷潮湿和肥沃的地区,品种有白色、黄色和黑色三种,产品主要供国内需要。芝麻大多由作坊用骆驼或牛转动简易的木制榨油机榨油,油渣作肥料或牲畜的饲料。1960~1961 年度,芝麻播种面积达 3 万公顷,收获芝麻籽 8000 吨。90 年代以来,芝麻播种面积和收获量都明显减少。

5. 花生

花生是 20 世纪 20 年代意大利殖民者从意大利引进的。种植的品种除了意大利品种之外,还有西班牙品种。多为小粒立秧,种皮为红色,类似于我国湖南的大红袍。产品部分用于带壳出口,其余用于榨油。花生宜种在气温变化不大,透水性良好的疏松沙质土壤上。朱巴河和谢贝利河谷地的气温虽适合种植花生,但其土壤黏密,酸碱值高,不太有利于种植花生,更不宜于大规模种植。独立后,花生主要由索马里个体农民种植。种植面积约 1000 公顷,年产花生约 2000 吨。

6. 烟草

烟草是索马里种植历史较长的经济作物,主要分布在南部的朱巴河、谢贝利河流域。当地农民不但早有种植嚼烟的习惯,而且喜欢吃嚼烟。独立后,索马里政府为发展烤烟生产,曾要求外国提供技术援助,英国、美国和中国等均曾在这方面向索马里提供帮助,但烟草在索马里并未得到大面积推广。

除上述作物外,索马里还出产柑橘、柠檬、柚子、咖啡、木瓜、芒果、椰枣等瓜果,还种植西红柿、黄瓜、萝卜、茄子、豆角、土豆、大葱、洋葱、胡萝卜、小水萝卜、小白菜、蒿苣、辣椒等蔬菜。

二 畜牧业

索马里是一个以畜牧业为主的国家。据一般估计，全国近90%的土地是辽阔的高平原和沿海低地，可用作牧场。其中46%~56%的土地为永久性牧场。全国从事畜牧业或半农半牧业的人口在总人口中占80%左右。其中约3/4为全牧，1/4为半牧。[①] 1972年畜牧业产值约占国民生产总值的66.1%。畜产品出口占全国出口总值的67.1%。牲畜肉类和乳是国内广大居民的主要食品。此外，畜牧业还为轻工业提供大量原料。

1960年索马里独立后，从1970年开始，政府曾将部分游牧民迁移到沿海适宜从事农业的地区，有一些牧民自动进入城市寻找工作，从事游牧的人口比例有所降低，但目前从事畜牧业或半农半牧的人口仍占总人口的60%左右。索马里全国适宜放牧的牧场面积约3000多万公顷，其中南部地区2000多万公顷，北部地区800多万公顷。北部地区从事畜牧业生产的人口比率仍高达90%。

由于各地自然条件的特点，畜牧业的发展也有所不同。北区和南区的北端基本上是山地，加上气候干旱，适宜饲养骆驼、山羊和马。南区的中、南部地区地势平缓，气候湿润，人口密度较大，因而全国大部分的牛、驴、骡、绵羊和家禽主要集中在此。索马里人饲养的牛和骆驼一般为乳肉兼用，绵羊和山羊则以肉用为主，马和驴等主要用于驮载。牲畜品种多为索马里当地品种，缺少改良育种工作，多数牲畜繁殖率不高，品种退化，肉、奶产量不高。

---

① 索马里新闻部：《1969~1973年索马里社会主义革命建设》，摩加迪沙，1973，第111、112页。

第四章 经济

虽然索马里长草平原辽阔，但草地质量各地相差很大。海滨低地牧场条件较差，是半荒漠和荒漠植被，属低质量的牧场。辽阔的高原放牧条件较好，那里草被较密，而且同海滨低地不同，基本是多年生禾草。在两大高原中，豪德高原的放牧条件好于索尔高原。最优质的牧场是在盛长高草的朱巴河和谢贝利河两岸，以及固定沙丘和流动沙丘之间的地段。天然草场是基本的，几乎是唯一的牲畜饲料基地。所以，索马里牧民的传统放牧习惯是在雨后和草被得到恢复时才把牲畜赶往牧场，是随季节和牧场的变化而游动放牧。北部地区的牧民，在干旱季节习惯向中部地区牧场移动，到大雨季和干凉季北部地区青草茂盛时，再回到北部地区放牧。北部草原广泛分布在高原洼地、河套及河流下游冲积平原上。

独立后的索马里历届政府均重视改善放牧条件和加强对牧场的管理。各级政府均设有牧场管理机构，配有畜牧管理人员和技术员。为了保护牧草资源，保证干热季放牧，政府有计划地封闭部分较好的牧草，作为后备牧场，并划定一些季节性放牧区，平时禁牧，干热季和干凉季开放。雨季禁牧有利于牧草的正常生长和结籽繁殖。国家管理的牧场每年关闭两次，开放两次。第一次关闭时间在3月15至6月15日，开放时间在6月15日至9月15日；第二次关闭时间在9月16日至12月31日，开放时间在1月15日至3月14日。政府还设法解决牧区的人畜用水问题，在牧区打了不少机井，建起了一些蓄水池，同时注意努力提高牲畜质量，不断增强本国活畜在国际市场上的竞争力。

对索马里的牲畜总数量，历来没有精确的统计，只有大致的估计数字。据估计，1973年全国牲畜存栏数约为2214.5万头，其中牛400万头，骆驼300万头，山羊800万只，绵羊700万只，马12万匹，驴2.5万头。1990年牲畜总数约为4200万。但各种牲畜在内战最烈的1991和1992年均遭受重大损失。据联合

索马里

国粮农组织估计，1992年索马里各种牲畜数量比1990年均有大幅下降，其中牛从380万头下降为100万头，绵羊从1800万只下降为600万只，山羊从1200万只下降为400万只，猪从0.7万头下降为0.02万头，驴的数量从2.3万头下降为1.8万头，骆驼的数量从685万头下降为400万头。[①]

1991年，索马里的牲畜产品产量如下：牛奶22.5万吨，山羊奶46.2万吨，绵羊奶27.7万吨，牛肉2.4万吨，绵羊肉2.5万吨，山羊肉4.6万吨，蛋1800吨，牛皮4400吨，绵羊皮4700吨，山羊皮7100吨。

随着内战程度的降低，索马里的畜牧业逐渐得到恢复。据估计，目前牲畜头数已接近20世纪80年代后期的水平。索马里仍是世界上人均牲畜头数最多的国家之一。不过，由于索马里自1991年以来长期处于地方割据状态，牧场无法管理，过度放牧现象十分严重。过度放牧引起的牧场植被退化和荒漠化，已成为索马里畜牧业进一步发展的严重障碍。

索马里人饲养的牲畜主要供国内消费，部分供出口。除出口活畜外，还出口皮张等畜产品。其中活畜主要出口阿拉伯国家，皮张主要出口意大利等国。据估计，2000年畜牧产品出口占索马里出口总额的65%。2002年经柏培拉港出口的活畜有：绵羊和山羊178777只，牛14936头，骆驼12354头。2003年经该港出口的绵羊和山羊550085只，牛84321头，骆驼21874头。

下面是索马里主要畜类的情况。

1. 牛

主要有博兰（Boran）牛、吉杜（Jiddu）牛、加萨拉（Gasara）牛和加里（Jarre）牛等。博兰牛主要分布在索马里和埃塞俄比亚、肯尼亚边境。体形介于加萨拉牛与吉杜牛之间。公

---

① 联合国粮农组织：《生产年鉴》，1991和1993。

牛一般高118~124厘米，平均体重318公斤；母牛一般高116~120厘米，平均体重256公斤。成年母牛的日均产奶量干燥季节为1公斤，雨季为3~5公斤。吉杜牛主要分布在谢贝利河下游与朱巴河左岸地区，以吉杜氏族命名。吉杜牛体形大，公牛高约127~135厘米，体重495~585公斤；母牛身高123~125厘米，体重360~400公斤。属乳、肉、役兼用牛。日产奶2.4公斤，乳脂率为5.3%。其中高泌乳牛一年可产奶1800公斤。加萨拉（Gasara）牛，大多数分布在中部和巴里州境内，母牛平均身高110厘米，体重218公斤，它们耐寒性强，也是一种奶牛，日产奶约2.3公斤，乳脂率为5.5%。加里（Jarre）牛，是以谢贝利河中游地区的一个氏族的名称命名，体重介于吉杜牛和加萨拉牛之间，可能为上述两品种的杂交种，公牛体重约320公斤，母牛约285公斤，日产奶2.7公斤，乳脂率为5.4%，此外，还有一种小型短角瘤牛，主要分布在朱巴河下游地区。这种牛的特点是体壮、皮厚，不怕虫咬，乳脂率高。主要用来产奶。

2. 绵羊

绵羊的品种以索马里羊和阿拉伯羊为主。阿拉伯羊分布于沿海地区，为小型肥尾羊，毛粗而长，白色，成年羊体重为27~38公斤，每头可年产毛1.5公斤。索马里羊在南部称欧加登（Ogaden）羊，在北部称伯德拉黑头（Berdela Black Head）羊，平均体高68厘米，体重约45公斤，头部及颈上半部为黑色，其他均为白色。毛长2.5~3.5厘米，直径70~80微米。这种羊耐高温、食杂草，在牧草茂盛的季节能在尾、臀部和颈下贮积大量脂肪。有些羊的羊尾可达2.7公斤。主要供肉用和油脂用。北部牧民也有用其挤奶的，日产奶0.2~0.3公斤。

3. 山羊

索马里山羊的体形较小，毛白色，耳小而直立，故称短耳山羊。大致可分为4种，即阿布加尔羊、加拉羊、迪格尼尔羊和阿

索马里

拉伯羊。阿布加尔（Abgal）羊，主要分布在穆杜格州沿海和巴里州西部的努加尔地区，公羊一般身高72厘米，体重37公斤，母羊一般体高65厘米，体重28公斤左右。加拉（Galla）羊，主要分布在索马里北部地区。毛短而白，少数有褐色和黑白斑块，公羊一般身高72～75厘米，母羊65～68厘米，成年羊平均体重37～43公斤。迪格尼尔（Degnirer）山羊，体型矮小，毛白色，长而光滑，有黑色和灰褐色斑点，可生活在干旱高原地区，产奶量不多，肉鲜美；皮张质地柔软，可做高档手套，在国际市场上需求很大。阿拉伯山羊分布较广，体型小，母羊平均体重26公斤，毛长，浅褐色或深褐色，产奶量高，日产1～2公斤，一般一胎产双羔，有时也产三羔。

4. 骆驼

骆驼在索马里人的社会和经济生活中起着重要的作用，是索马里人财富的象征，是游牧民生活的依靠，还被广泛地用于交通运输、聘礼和赔偿血债。索马里是世界上饲养骆驼最多的国家，1990年估计有685万多头。主要有6个品种，即北索马里骆驼、穆杜格骆驼、贝纳迪尔骆驼、赫尔骆驼、赛弗达尔骆驼和埃迪姆骆驼。各种骆驼均为单峰骆驼。

北索马里骆驼，毛色有浅棕和深棕色两种，体重一般为350～400公斤。穆杜格骆驼，亦称格雷尔梅杜骆驼（Grelmedu），毛为深色，体形较小，体高170～190厘米，役乳兼用，但产奶量较低。贝纳迪尔骆驼主要产于索马里南部，分为加里、亨莱、华莫尔3种类型。其中以亨莱骆驼体形最大，加里骆驼产肉率高，公驼为554公斤，母驼为514公斤。赫尔骆驼，是一种体形较小的骆驼，但它抗病能力强，还能产大量驼奶，驮载大量货物。赛弗达尔骆驼分布很广，其特点是体形大、耐饥渴，产奶量高，脂肪多。索马里人将其称为伊尔曼（Irman）。其驼奶尤为珍贵，在干旱季节，牧民通常将其用来喂养婴儿。为适应婴儿喂奶需要,这种骆驼一般在离居民点一天的路程范围内放牧。埃迪姆骆驼是一种既能驮载大量货物,又能长途跋涉的骆驼。这种骆驼不仅在游牧中不可缺,而且在商业驼队中不可少。

5. 驴

主要分布在中谢贝利州、巴科尔州、朱巴河下游和希兰州等地区,平均体高103厘米,善于在丘陵地带行走,被索马里人广泛用于运输。

此外,索马里人还饲养马、骡、猪等家畜和鸡、火鸡等家禽。

三 渔业

索马里是非洲大陆海岸线最长的国家。三面临海的自然条件使索马里的渔业资源非常丰富。近海鱼类主要有金枪鱼、沙丁鱼、马鲛鱼、鲨鱼、鲭鱼、鲣鱼、鲔鱼、明虾、蟹、海龟及鲷科鱼类等。其中以金枪鱼、沙丁鱼和鲨鱼较为珍贵。在亚丁湾的珍珠蚌的贝壳中,可采摘珍珠和珠母。此外,谢贝利河和朱巴河也有不少淡水鱼。索马里具有较大的渔业发展潜力,据估计,各种鱼类的年捕捞量可达18万吨。

索马里很久以来就有一些渔民从事近海捕捞,但多为原始作业方式,捕捞量不大。产品除自用外,仅在当地市场销售。殖民统治时期,一些外国渔业公司开始在索马里沿海捕捞,他们虽拥有一些远洋捕捞船只,但捕捞量也不大。所捕捞的各种鱼多由当地的加工厂加工后出口,主要销往阿拉伯和波斯湾地区国家。年出口鲜鱼及加工鱼罐头、熏鱼、咸鱼干等约2000吨。

独立后,索马里政府开始重视渔业的发展,特别是1974年发生严重的旱灾后,政府将1.5万游牧民迁至沿海地区重新安置,教他们从事渔业生产,使索马里的渔业得到进一步发展。到20世纪80年代,索马里除了3万余个体渔民之外,政府还有一个年捕捞能力为9000吨的渔船队,还建有鱼类加工厂。渔业年产值约占国民生产总值的2%。据联合国粮农组织估计,索马里的渔业捕捞和加工量从1986年的1.69万吨上升到1988年的1.82万吨。但总体来看,索马里的渔业在很大程度上仍是一个未得到充分利用的产业。据估计,索马里每年鱼的捕捞量可达18万吨,但因受落后的捕捞方式和市场销量不大等因素的限制,每年实际捕获量仅2万吨左右。

内战对索马里的渔业生产造成严重破坏。目前索马里从事渔业生产的多为当地的个体渔民,他们绝大多数用小渔船从事浅海捕捞,捕捞方式十分落后。除小部分机动船和帆船作业的渔场离岸有10公里左右外,其余多数渔民小船都在距海岸1~2公里的沿岸作业。捕鱼主要是手钓、标枪扎、围网和拉网等。一般当天早晨出海,傍晚收船,产品在就近的市场出售,主要供当地人消费。目前年捕捞量仍未恢复到内战前的水平。

由于索马里目前没有强有力的中央政府,一些外国渔业公司的渔船经常在索马里领海偷捕,或向一些地方割据军阀交纳部分保护费,以免地方武装力量和海盗骚扰。但仍不时有一些外国渔业捕捞船遭到地方武装或海盗的攻击,造成船只被扣和人员伤亡等。

四 林业

马里的林地面积约占国土面积的13%。林业产值约占国内生产总值的6%。林业开采除了用于建造房屋、木船和制作装香蕉的木箱之外,还用来制作木柴和木炭。木柴和木炭大多作为城市居民的燃料,少量用作出口。

在索马里林业中,所谓芳香林有着特殊的经济价值。芳香林主要分布在北部山地。芳香林除了乳香树和没药树之外,还有阿拉伯胶树。独立后,乳香年产量6百吨左右,没药年产量2000吨左右,约占世界年总产量的50%。乳香树分梅迪(Maid)树

和贝约（Beyo）树两种，集中分布在沿亚丁湾的哈里森的群山中，以埃里加沃为中心，西至柏培拉，东至瓜达富伊角，长约600公里、宽约50~150公里的高山中均有分布。乳香树是一种生命力极强的野生树种，自然生长在高山的岩石上或岩石缝中，在一块大的岩石上，往往长着3~5棵乳香树，小的岩石上有时则独生一棵。树高约2米，根部像一个巨大的胎盘紧紧地攀扎在岩石上，树皮呈灰白色，叶片稀疏。细小的幼苗从岩石缝中钻出来后，就在岩石面上发展，盘踞在岩石面上。一棵直径45厘米的乳香树，在岩石上的根底盘即有2米见方。一棵成树每年约可产6公斤左右的乳香，其成分主要为树脂60%~70%，树胶27%~35%，挥发油3%~8%。

乳香在公元前2800年就被作为一种香料用于寺庙燃点、婚丧礼仪等场合。西欧和阿拉伯国家多用乳香制香精、香粉、糖果、油漆、医药和消毒剂。在中国的中药里，乳香则具有调气活血、舒筋止痛、消痈疽、败疮毒和生肌收口的功用，并可主治筋胳痉挛、跌打损伤、痈疽疮毒、心腹诸痛等症。

没药也分为两种，一种为天然没药（Myrrh 或 Natural Gummyrrh，为 Commiphora 属植物），当地人称玛尔玛尔（Malmal），并把天然没药树叫作迪丁（Didin）树。另一种为胶质没药（Gum Opoponax），当地人称哈巴哈迪（Habag Hadi），并把胶质没药树叫作哈迪（Hadı）树。迪丁树和哈迪树主要生长在埃里加沃的埃勒夫温地区和上朱巴地区，其他地区分布较少。这两种树是完全不同的树种，所产的树脂也截然不同。它们也和乳香树一样，大多在石缝中生芽，在岩石上生长。上朱巴地区的迪丁树无需人工割口，树脂自然渗出，易于采收，成本较低。北部的迪丁树，因枝干有尖棘，不易采收，产量不高。成年没药树树高约1~1.6米，年产没药0.4公斤左右。没药的主要成分为树脂25%~35%，挥发油2.5%~6.5%，树胶57%~61%。没药

在中药里有行气活血、消肿定痛的功用，主治痈疽肿痛、损伤淤血，抑制支气管炎和膀胱炎，治疗子宫分泌过多和经闭症。没药还具有健胃和治疗胸腹诸痛的作用，外用可收敛伤口。

采割乳香和没药的劳动十分艰苦。虽然没药树高仅 1~2 米，但由于枝上布满尖刺，给采割带来不少麻烦。采割乳香，则要付出长时间不间断的劳动。每年的三四月间，成群的农牧民便骑着骆驼，携带着锋利的割刀、布袋以及用荆条编织的篮筐，进山采割。由于路途遥远，他们便在山里搭起帐篷或草棚栖身。他们先用割刀在乳香树干上划开一条约十几厘米长的口子，以后每隔半个月再将愈合的口子划开。如此反复三四次后，树的汁液开始渗出来。接着，每隔半个月便在树脂的边缘处的树干上划开一道新的口子，随着汁液不断渗出，香块越积越大，大约经过十来个月，便将凝结好的乳香树脂采集起来，放在阴凉处凉上一个来月。最后，将风干的乳香用袋子或篮筐盛好，放在驼背上，带着自己的劳动成果返回家园。

这两种植物生长缓慢，成材一般需要 4~5 年时间。但其生命力却极强，大多在石缝中生长。这两种树还可人工培植。其办法是，将其枝条埋于土中或砂石缝中 9~12 厘米，只要有足够的水分，就能生长。种子也可培育，但需 4~5 年才能成树。

第三节　工业

一　制造业

索马里的制造业起步较晚，且主要是一些轻工业。在意大利和英国殖民主义统治时期，索马里根本没有本民族的工业，仅有的一些小型的制糖厂、发电厂、鱼肉罐头厂和机械修配厂，均由意大利和英国殖民者投资经营。

第四章 经 济

独立以后，为了发展民族工业，索马里政府采取了一系列措施，如兴办国有企业，鼓励私人投资，吸引外国资本，接受外援办企业等。到1971年，全国已有工厂195家，工业产值已占国民生产总值的10%以上。主要有制革、制糖、畜类和鱼类罐头、面粉加工、纺织、制鞋、肥皂、印刷、建筑材料、电力等工业企业。到20世纪90年代初内战全面爆发前，索马里全国大约有200多家工厂，其中有40多家较大的国营企业。除了此前已有工业部门之外，还增加了炼油、制药和烟草等工业。工业企业主要集中在首都摩加迪沙及周围的中小城市，其余则分布在少数的州府和港口。尽管其中许多由外资和外援兴建的企业都具备了一定的生产规模，但从80年代中期开始，由于政局动荡，设备陈旧和开工不足等因素，生产一直没有达到预测指数。据粮农组织和联合国《工业统计年鉴》（UN, Industrial Statistic Yearbook）统计，1988年索马里的部分工业产量如下：糖3万吨，肉罐头1000吨，鱼罐头100吨，意大利面条与面粉1.56万吨，纺织品55万码，编织袋1.5万吨，香烟与火柴300吨，石油产品12.8万吨，电力2.57亿千瓦时。1990年工业产值占国内生产总值的8.7%。

1991年民主共和国政府被推翻时，索马里现有的工业几乎全被摧毁。近些年，随着安全形势的好转，居民一些基本必需品如意大利面条、肥皂、瓶装水、家具和建筑材料等的工业在一些地区得到恢复。有些城市，如博罗马、哈尔格萨、博萨索、加罗威、加尔凯约、摩加迪沙和拜多阿等的重建也已开始。

二 电力业

索马里人主要依赖木材、木炭和进口石油满足其能源需求。独立前，索马里的电力工业非常薄弱，除摩加迪沙有一座发电厂外，其它城市仅有一些小型发电设备。摩加迪沙发电厂位于摩加迪沙市内，建于1923年，原为意大利私人经营，

1970年5月被收归国有。当时的发电能力每天为6260千瓦时。发电机主要以柴油和汽油为燃料,发电成本较高。索马里的城市间没有统一的电力网。农村几乎没有发电设备。

独立后,索马里的电力工业有所发展,全国80个燃油发电机主要依赖进口石油发电。20世纪80年代,在芬兰的援助下,基斯马尤和拜多阿建起了新发电厂。据联合国《工业统计年鉴》统计,索马里的发电量1986年为2.53亿千瓦时,1988年为2.57亿千瓦时,1991年为2.10亿千瓦时。索马里由于地处热带并受信风的影响,风力资源丰富,80年代在摩加迪沙还搞过风力发电试验,有过小型风力发电站。

1991年民主共和国政府被推翻后,除了哈尔格萨和博萨索之外,几乎所有由政府控制的向主要城市供电的柴油发电厂都被摧毁。目前,一些私人拥有的发电机每天向一些城市用户、清真寺、地方政府机关、旅馆、电话局等提供几个小时的电力服务。个别地方则能一天24小时供电。电价由发电机拥有者与用户协商。

三　石油

立初期,索马里的石油需要主要来自苏联。索马里与苏联的关系恶化后,所需石油主要来自沙特阿拉伯。20世纪70年代后期,在伊拉克帮助下,索马里在布拉瓦东北的贾希拉(Jasiira)建立了一座每天能炼油1万桶的炼油厂。1980年的两伊战争爆发后,伊拉克停止对索马里的石油供应。索马里被迫再次进口石油产品。

从60年代开始,尤其80年代,不少国际石油公司在索马里进行石油和天然气勘探。1991年10月,世界银行和联合国开发计划署宣布了其对红海和亚丁湾的碳氢化合物的勘探结果,表明索马里北部有很好的潜在油气储藏。但由于内战绵延,政局动荡,一些外国石油公司不得不中断它们的勘探开发计划。

四　采矿业

索马里矿藏资源丰富，但开采极少。1988年采矿业产值仅占国内生产总值的3%。主要产品为海盐，加尔古杜德州的海泡石，柏培拉等地区的石灰石、石膏、石英和压电石英等。柏培拉地区的石膏储藏量约3000万吨，是世界上最大的石膏矿之一。索马里的萨纳格州和巴里州储藏有大量的铀矿，1984年曾着手对其进行开采，但因政局不稳而停顿。

第四节　商业、服务业

与其他行业一样，索马里的商业和服务业也处于相当落后的状态。历史上，索马里的商业主要由私人经营。西亚德执政时期，曾将大的商业企业收归国有，但传统的自由市场仍得以保留。西亚德政府垮台后，索马里的商业和服务业重新回到私有化。目前，各种商业活动和服务业均为私人经营。

索马里的国内贸易和跨地区贸易的商品基本上是农牧民生产的多余产品，如牲畜、奶、粮食、水果、蔬菜和手工制品等。从事国内贸易的多为小商小贩，而从事小商小贩的多数是妇女。这一行业也是对一些索马里家庭收入的重要补充。在农村地区，游牧民与农民之间的物物交换仍在流行。在没有供水系统或供水系统被严重破坏的城镇，人们又恢复了传统的向市民供水的方式，即用驴车挨家挨户向市民们送水。

1991年西亚德政府垮台后，全国陷于派别混战状态，大中型商店和菜市场几乎全被摧毁或遭到抢劫。近些年，随着战乱程度的减轻，自由市场逐渐得到恢复，并日趋活跃，为市民们提供了最基本的生活消费品，也为一些人在动荡不定的社会环境中提供了就业机会。索马里的商人大体可分为以下三类：一是多年经

索马里

营小本生意的小商小贩和手工艺人,其中多数是妇女;二是在西亚德政府时期遭到打击逃到邻国的商人,他们在西亚德政府倒台后又返回国内;三是回国投资的侨商。

为了商业的安全,多数富裕的商人都不同程度地依靠自己所属的部落或氏族的保护。这些商人一般都先在本氏族和部落中发展客户,并积极参与当地的政治和宗教活动,支持本氏族和部落的民兵领袖,或者雇用本氏族或部落的民兵保护自己的生意。难怪近些年索马里流行着这样的谚语:"如果亲戚一无所有,拥有一百只山羊的人也是穷人";"在财富与亲戚关系之间,我选择后者"。目前,商人对索马里政治的影响越来越大。

在西亚德政府垮台后,全国处于无政府状态下,私人行业纷纷涉足过去由政府控制的公共服务部门和设施。设在拜多阿的"穆敏全球服务和贸易机构"(Mumin Global Service and Trading Agency)就是其中的一个典型例子。该机构是20世纪90年代初由拜多阿移居迪拜的商人建立的一家贸易公司。1999年拉汉文抵抗军控制拜多阿后,该公司在拜多阿设立了办事处,并开始在拜多阿经营几项典型的商业和公共服务活动,包括经营建筑材料、零配件、粮食电力和电话业务,举办计算机和语文培训班,还进行人道主义救助,向50名前民兵组织的少年成员提供免费教育等。在动乱的90年代初期,国际机构曾帮助修复拜多阿的一些社会服务设施,但在1995年拜多阿被外来的民兵组织占领后又遭到破坏。2001年,拜多阿的长老和地方当局授权穆敏公司重建该市的供水系统。该公司在接收当地原水利规划局的业务后,雇用了该局50个原来的工作人员,向200多个家庭供应自来水,并计划修复地下水管系统,进一步扩大供水规模。资金主要来自海外索马里人的捐款和投资,还来自公司自有资金和提供服务收取的费用。

近些年,随着地区安全形势的好转,全国几大商业中心也开

第四章 经　　济

始重新活跃，具有历史传统的摩加迪沙巴卡拉市场（Bakara market），仍作为索马里全国最大的商业中心正在恢复生机。哈尔格萨、博萨索和柏培拉等市商业活动也日益兴旺。

　　目前，在索马里的各大自由市场上，可见到来往的客商摩肩接踵，吆喝声此起彼伏；售货摊鳞次栉比，水果、食品、百货、服装、燃料、工艺品琳琅满目。货摊上还有许多中国生产的生产工具、收音机、服装、电池和拖鞋等。索马里气候炎热，大多数人上街都喜欢穿着拖鞋。在巴卡拉市场，各种商品琳琅满目，大街上还有兑换世界各种货币的兑换所。目前索马里货币的主要币种是1000先令纸币，原来50、100、200和500先令的货币内战后均退出了流通。有时候，一些军阀从海外运进大量黑市印刷的纸币，造成币值迅速贬值。人们对货币的真假难以分辨。

　　在各派冲突不断，社会动荡不安的情况下，索马里商人是从哪儿弄来这么多商品的呢？首先是自产商品，其中主要是农牧业产品及部分手工业产品。这主要是由于索马里的经济仍基本处于自然经济状态，它可以不依赖于城市和工业而独立存在。内战主要发生在城市和交通要道，没有对农牧业和手工业造成太多的破坏。索马里人经营的手工业，主要有制革、金属用具、木器等。索马里的手工艺品有雕刻、刀剑、刺绣等，其中木雕人像比较精致，象牙雕刻、刺绣和石刻等比较粗糙简单，但都具有古朴、粗犷之美。其次是外来救济物资，国际社会每年都向索马里提供数十万吨的食品、药品及其他救济物资，市场上的食糖、饼干、药品、绷带等货物都打印着国际红十字会、联合国儿童基金会等机构的标记。最后是国际走私物品，其中多数是通过海路或陆路从吉布提、肯尼亚、埃塞俄比亚、也门和其他阿拉伯国家偷运进来的各种物品。

　　自由市场的交易仍以索马里先令为流通货币，对外服务业和国际走私贸易则以美元等硬通货结算。虽然内战爆发后索马里的

索马里

整个国家的金融系统被彻底破坏，但由于社会需求继续存在，不少地方的商人已组织起小规模的金融服务系统，一些地方军阀也参与印制索马里先令的活动，以取得暴利，致使索马里先令兑美元的比值近些年来每年都大幅下降。

在安全环境相对稳定的地区，索马里的餐饮业和旅馆业也得到恢复和发展。饭馆和旅馆既是一项赚钱的行业，也成为索马里都市的成年男子分享信息、建立联系和合作关系的聚会场所。

除传统的商业服务外，内战引起的安全问题也使索马里的安全服务业日渐兴盛。商人、富裕家庭、海港、市场、贸易商队和援助机构均提出了对武装保安的需求。这就为一些派别组织的民兵成员提供了新的就业机会。出于维护共同安全和良好的经商环境的需要，一些地方商人也开始联合起来支持地方政府的恢复和重建。这对索马里各派的联合起了促进的作用。

索马里城市尚没有固体垃圾处理系统，多数城市的垃圾收集能力不足，有的市镇垃圾堆成山，无人管理。仅有52%的城市居民拥有卫生的粪便处理设施。由于没有统一的中央政府，一些地方政府自己采取措施，着手解决环境污染问题，恢复传统法律或制定新的保护措施。例如，索马里兰和蓬特兰都制定了保护生态环境的政策。2000年和2001年蓬特兰和过渡全国政府还制定了禁止木炭出口的政策，以保护索马里有限的林业资源。

目前，索马里的主要商业组织有三个。一是在索马里兰和蓬特兰建立的商会。会员主要由城市的商人组成，这些商人与索马里兰和蓬特兰政府有着这样那样的联系。有的商人还充当议员或行政部门的官员，因而，这也是造成当地的一些交易不那么透明的原因。二是由60名商人于2000年5月在迪拜建立的索马里商业委员会（Somali Business Council）。该委员会赞成索马里统一，积极支持索马里的和平进程，与索马里过渡联邦政府有密切的联系。三是设在迪拜的索马里电讯协会（Somali Telecommunications

Association)。该协会得到国际电讯联盟（ITU）的承认。协会已在哈尔格萨和摩加迪沙设立了分支机构。此外还有索马里职业兽医协会（Somali Professional Veterinary）和香蕉协会等。

在服务业方面，特别值得一提的是达哈布希尔集团（Dahab Shiil Group）公司。该公司拥有1000多名雇员。2001年"九一一事件"后，索马里各货币转移公司受到国际社会的监控，其中最大的公司巴拉卡特（Barakat）在美国指责其与恐怖主义组织有联系后被关闭。达哈布希尔集团公司抓住这一有利时机，获得较快发展。该公司在全球34个国家拥有400个代理和分支机构，在所有有索马里人聚居的地方都设有代办处，人们可以通过这些分支机构和代办处向索马里和非洲之角的任何地方汇款。90%的汇款来自欧洲和北美，但基本上都是个人小额汇款，每笔汇款额一般都在200美元以下。这些汇款主要是汇给索马里需要帮助的亲属和朋友的，积聚起来每年也达数百万美元。此外还有与在非洲之角投资、商务和社会发展项目有关的资金转移。达哈布希尔集团公司是索马里商业界通向世界的主要桥梁。

达哈布希尔集团公司作为一个金融机构，服务范围很广，还可向个人、企业、国际组织提供小额贷款，进口国际支付，吸收存款，充当投资基金的作用。该公司还同在该地区的联合国机构和其他国际机构合作，支持他们的发展和人道项目。在索马里南部，该公司还充当银行的作用。该公司的目标是建成索马里第一家商业银行。

第五节 交通与通讯

独立时，索马里继承了一个很不发达的交通和运输系统。全国仅在人口稠密的南部、西北部和东北部地区建有几条公路。交通运输业和通讯业极为落后，境内没有铁路。

索马里

交通运输主要是驮载运输和汽车运输。

独立后,历届政府都重视公路建设,在大量外援帮助下,索马里的交通运输和通讯事业得到很大改善。到1990年时,全天候的公路连接了几乎所有重要城镇和全国南部与北部的大部分地区。几个主要港口的设施也得到极大改善。8个机场有柏油铺成的跑道,国内主要城市拥有定期航班。

内战期间,索马里的公路、机场和港口遭到极大破坏,索马里的交通与通讯事业急剧衰落。但从90年代末开始,随着安全形势的好转,交通和通讯事业开始恢复。其中北部地区安全形势远好于南部,其基础设施在国际社会的援助下,也得到较快的恢复和发展,一些港口的吞吐量已恢复到1990年之前的水平。

近些年来,随着商业的恢复和发展,交通和通讯已成为索马里越来越重要的生产部门。交通和通讯事业的发展不仅为成千上万的索马里人提供了就业机会,而且促进了其他行业,如餐饮、维修等行业的发展。此外,交通运输和通讯业的发展也为一些地方政府,甚至地方军阀提供了重要的税收来源。

一 公路运输

到 1990年,索马里全国主要公路全长21830公里,其中柏油路2880公里。公路网的中心是首都摩加迪沙,全国有五条主要公路交汇于此。第一条是从摩加迪沙经阿夫戈伊、梅尔卡到基斯马尤,全长475公里。这条公路可以说是国民经济的一条动脉,它将全国主要的经济区——谢贝利和朱巴河流域的农业区和南部地区的主要港口梅尔卡、布腊瓦、基斯马尤连在了一起。第二条是由摩加迪沙经巴拉德、乔哈尔、布洛布尔提、巴累特温、希兰到费尔费尔的公路,把索马里的首都与埃塞俄比亚连接起来。第三条是从摩加迪沙经阿夫戈伊、拜多阿直到埃塞俄比亚和肯尼亚的交界处多伊的公路。第四条从费尔费尔经加勒卡约、加罗韦、加尔多到博萨索,这条公路由中部通往东北部,将摩加迪沙经费尔费尔与亚丁湾沿海联系起来。第五条是由中国援建的从巴累特温经加勒卡约到布劳,全长1045公里的公路,是全国南北交通的大动脉。

索马里的公路除了小部分柏油路之外,大部是碎石路或经过整修的土路。从80年代起,因政府投资减少,大部分公路处于失修状态。内战开始后,尤其南部地区,公路破坏情况非常严重。有些公路在雨季到来后,往往几个月不能通行。近些年,西北部和东北部地区安全形势较好,公路维修较好,商业运输有安全保证。

全国汽车总数不多。1961年全国计有汽车7700辆,1989年增至10000辆。内战爆发后,各种车辆遭到很大破坏,其中小轿车从1989年的2000辆下降为1991年的1000辆,商用汽车同时期从8000辆下降为1000辆。

20世纪90年代末以来,随着内战程度降低和商业运输增加,卡车、公共汽车的进口量也开始恢复。在索马里兰和蓬特兰,甚至出现了新的出租汽车业务。不过,南部地区由于道路失修和抢劫不时发生,购买新车的投资往往难以收回,各种汽车仍无增加趋势。同时,由于对传统驮载运输方式的需求增加,所以南部地区骆驼和驴子的价格大幅上升。

二 海上运输与港口

索马里是非洲大陆海岸线最长的国家,有发展海运的优越条件。但由于长期的殖民统治,海运业一直比较落后。独立后,索马里历届政府均重视海运业的发展,利用外援修建港口和码头,并于1968年建立了国家航运公司。1972年9月10日,索马里最高革命委员会宣布索马里领海为200海里。1979年,索马里拥有商用船只5.5万吨。

索马里

作为地处欧、亚、非三洲海上交通枢纽的国家，索马里的海上运输在国民经济中曾占有重要地位，全国共有大小港口17个，其中柏培拉、摩加迪沙、基斯马尤、梅尔卡和博萨索是索马里主要的对外贸易港口。前三个为深水港，后两个为浅水港，进出口货轮需停在港外，然后由驳船装卸货物。内战爆发后，索马里的多数港口处于年久失修或遭受战争破坏的状态。自90年代末以来，西北部和东北部地区的安全形势较好，那里的柏培拉港和博萨索港分别承担着索马里的主要海运任务。1997年，欧盟出资对柏培拉和博萨索港进行了一定程度的现代化改造。1999年5月，欧盟再次出资150万美元用于柏培拉港的改造。

摩加迪沙港 索马里最大的港口。历史悠久，早在公元14世纪，就已成为与中国、印度和阿拉伯国家进行贸易的重要港口。近代以来，常有欧洲、亚洲及非洲国家的货船在此出入。意大利、荷兰等国的轮船公司的定期航班船只也在此通过。旧港有一条约1公里长的钢筋混凝土防波堤屏障着港池和5道突堤码头，但由于港池水浅，只能供小吨位海轮停靠，大吨位海轮要在距码头1公里以外的海面上停泊，货物需用驳船倒运。

独立后，索马里政府利用欧洲共同体和世界银行的贷款，在旧港的南面修建摩加迪沙新港。新港水深为8～12米，共建有4个码头，其中两个为可停泊万吨级轮船的码头，另两个分别为可停靠8000和5000吨级轮船的码头。此外，还建有3座大型仓库、港务机关及其他配套设施。年吞吐能力已由1961年的12万吨增加到1981年的70万吨。

内战爆发后，各派军阀多次发生争夺摩加迪沙港的战斗，致使该港遭到严重破坏。自1995年联合国维和部队撤走后，该港基本上处于关闭状态。

柏培拉港 柏培拉港位于亚丁湾畔，红海口附近，处于印度

第四章 经 济

洋通往地中海的交通要道上，隔海与也门的亚丁市相望，被称作"红海的门户"。该港是索马里的最大深水港口之一，也是索马里北部唯一能停靠万吨轮船的港口。

柏培拉建港历史悠久，早在公元15世纪，该港即已与阿拉伯国家有许多贸易往来，成为武器、奴隶、皮张、口胶、酥油、鸵鸟羽毛、象牙的输出入港口。到20世纪初，柏培拉成为索马里北部地区向英国占领的亚丁出口牛羊的主要港口之一，每年通过该港输往亚丁的牛达1000头，绵羊和山羊达8万只。柏培拉港原有码头港水较浅，仅能停靠千吨级轮船。索马里独立后在苏联的帮助下，在港口的西侧修建了新码头，长为320米，宽为120米，退潮时水深为9.8米，涨潮时十多米，共有4个大型泊位，其中两个可停靠万吨级轮船。每月可进出30多艘货轮，年吞吐能力为20万吨。80年代初，美国又提供3750万美元进行改造和扩建。工程于1985年完工，使港口的吞吐能力扩大一倍。90年代后半期，欧盟两次出资对柏培拉港进行新的改造。据说，近几年西北地区的索马里兰政府有将柏培拉港划为自由贸易区的打算。

基斯马尤港 索马里最大的深水港之一。但由于暗礁，该港在索马里独立前一直没有建成相应的码头。独立后，由美国承建的码头工程和有关设施于1968年完成。该港是一个有防波堤屏障的"L"型港池，内有两条各长200米的突堤码头，退潮时水深8.5米，涨潮时10米多。共有4个泊位，其中两个为万吨级轮船泊位。港口有面积达2310平方米的大型仓库一座和较大的露天货场。20世纪80年代后半期，美国曾提供4200美元对该港进行改造和扩建。

基斯马尤既是索马里重要的商港，又是著名的渔港。这里盛产多种鱼类，并建有鱼类加工厂。该港在内战期间遭到一定的破坏，但仍在使用。目前，主要是出口木炭。

梅尔卡港 该港位于摩加迪沙以南60公里处，曾是索马里

香蕉的主要出口港之一。此港口无港湾,但有一条200米长的突堤码头。码头上设有840平方米的大型香蕉棚和800平方米的货栈,曾平均每月出口4500吨货物,其中香蕉占90%以上。

内战以来,随着香蕉产量的大幅下降,由这里出口的香蕉也大量减少。目前该港口主要担负着向摩加迪沙地区提供进出口货物的作用。

博萨索港 位于索马里东北部,濒临亚丁湾,是东北部地区主要贸易港口。90年代以来,该港对外贸易有较大发展。为扩大贸易量,1997年欧盟出资对该港进行了一定的改造。

三 空运

索马里航空公司建于1964年,主要经营国内航线和短途的国际航线,曾拥有民用客机和小型运输机十几架。该公司还先后经营过通往东非、北非、海湾和西欧的国际航线。意大利国家航空公司曾拥有索马里航空公司的部分股权。索马里航空公司曾拥有5架波音707飞机。1989年,这5架波音707飞机被一架空客310飞机取代,成为仅拥有一架飞机的航空公司。1991年民主共和国政府被推翻后,空运全部瘫痪。

近几年,随着安全形势的好转,一些私人航空公司开始在索马里建立并开展业务。目前,已有6家索马里航空公司的航线在索马里和邻近国家间运营。2001年,索马里全国过渡政府重建了"国家"航空公司——索马里航空公司。2004年10月过渡联邦政府成立后,接管了该航空公司。

全国曾拥有大小机场61个,主要有摩加迪沙、拜多阿、巴尔德拉、博萨索、加尔卡约(Galkaiyo)、哈尔格萨、奥比亚和柏培拉等。但机场绝大部分设备简陋,跑道年久失修。

摩加迪沙是索马里的最大航空港。不仅同国内一些重要城市之间有定期航班,而且有的国际航线也通过此地。这里的国际机

第四章 经 济

场是全国最大的机场,原有跑道长约 2500 米。1980 年代,在美国援助下,将跑道延长至 4500 米,是当时非洲国家机场最长的跑道之一,可停降较大型客机。1989 年,意大利又提供资金进行扩建。摩加迪沙国际机场拥有 7 条国际航线,可飞往伦敦、罗马、吉达、亚丁、开罗、喀土穆、内罗毕和蒙巴萨等国外城市。内战爆发后,该机场关闭。目前仅有一些私人航空公司利用该机场开辟了飞往肯尼亚等邻国的包机业务。

索马里另一个较大航空港是哈尔格萨机场。该机场始建于 1973 年,内战中关闭,1997 年重新开放。机场有一条长 2250 米、宽 45 米的混凝土跑道,可停降大型客机。有两条国际航线和若干国内航线。索马里兰地方政府组成后,对机场进行了修复。目前,该机场对提供人道主义援助,对该地区的经济和社会发展及商业来往都起了积极作用。2001 年 4 月以来,埃塞航空公司开通了从亚的斯亚贝巴飞往哈尔格萨的航班,每两周一班。来自肯尼亚的地区航空公司(Regional Air)也开通了飞往哈尔格萨的定期航班。此外,一些贸易商人和联合国驻索机构的飞机经常通过哈尔格萨的机场运送援助物资和贸易货物等。据联合国的统计,每月飞往哈尔格萨的飞机已从 1996 年的 50 个班次上升到 400 多个。1999~2000 年,飞机乘客的人数上升了 14%。索马里兰航空部估计,1999 年共有 97760 个国内和国际乘客乘坐飞机进出哈尔格萨,空运货物也超过 6000 吨。每月有 4000 名来自埃塞、吉布提、肯尼亚和中东的客商使用此机场。

不过,哈尔格萨机场也存在着年久失修的问题。2003 年 9 月下旬,国际救援机构和国际民用航空组织应索马里兰的要求,提供 15 万美元用来修复哈尔格萨机场的跑道,使其能继续运营,避免因起降安全的问题而关闭。

目前,为私人航空公司开辟使用的机场,尚有博萨索和加尔卡约等机场。

四 邮电通讯

索马里的邮电通讯事业极为落后。摩加迪沙市内电话局是1963年由意大利承建的，总容量仅2000门。为了改善索马里与欧洲、波斯湾国家的电讯联系，1988年，欧洲发展基金提供500万欧元建立了联系索马里与欧洲、波斯湾国家的电讯系统。1988年，日本提供8300万美元建立的电讯项目，计划于1991年完工。但由于内战爆发而中断。到1990年，索马里的电话发展到1.7万门，其中1.4万在首都摩加迪沙。独立以来，一直由国家垄断经营的索马里邮电通讯设施在内战中受到严重破坏。

内战爆发后，在国家电讯业瘫痪的情况下，一些私人公司开始提供电讯服务。1991年，一家私人公司开办的卫星地面站通过与国际卫星组织在印度洋上空的卫星相连接，提供全球电视、电话和数据联系服务。1994年以来，一些与外国有联系的索马里私人公司开始在一些重要城镇及其附近农村组建电讯服务业。起初，向美国和欧洲打电话一分钟需4美元，往世界其他地区打电话需7美元。但到2002年，向国外打电话每分钟已降至0.5美元，低于肯尼亚等许多非洲国家的价格。原因一是没有一个征税的中央政府；二是相互竞争；三是当地人的收入水平较低。目前，在索马里已有12家卫星电话公司提供国内和国际电话通讯服务。

根据设在迪拜的索马里电讯协会（Somali Telecom Association）的统计，2000年，索马里共有5.8万固定电话线路，68个电话交换机，1.1万移动电话用户和4500个互联网用户。从事电讯业务的主要有索马里电讯（Telcom Somalia）、国家联结电讯（Nationlink Telecom）和豪穆德（Hormud）三家。电讯业存在的主要问题是各家公司各自为政，相互间没有接通服务。

邮政的恢复相对缓慢，但一些国际邮政服务公司，比如敦豪公司（DHL）已在索马里的主要城市开展业务，传递邮件和信息。

第六节　财政金融

一　货币

目前，索马里内战前使用的货币"索马里先令"仍在南部、蓬特兰和索马里兰的东部使用，但美元日益成为主要商业往来和储蓄的选择。在索马里兰的西部，当地的索马里兰先令被广泛使用。包括埃塞俄比亚比尔、吉布提法郎、肯尼亚先令和沙特阿拉伯利亚尔等在内的一些货币，在索马里市场上也能公开兑换。

1992年以来，一些派别领导人和他们的财政支持者印制了大量索马里新先令向市场投放，以资助他们的民兵费用和行政开支。结果造成索马里先令大幅贬值。1995年，约4500先令兑换1美元，到1999年则需9500先令兑换1美元。2000年，过渡全国政府成立后，因摩加迪沙商人出于支持该政府的需要向市场上投放价值几百万美元的新印制的先令，结果导致索马里先令再次贬值。1999年9500先令兑换1美元，2000年则需22500先令兑换1美元，一年内贬值116%。这种对索马里货币市场的巨大冲击还影响到拥有独立货币的索马里兰，导致索马里兰先令兑换美元的比率下降。2000年是3000索马里兰先令兑换1美元，到2001年则需6000索马里兰先令兑换1美元，2002年是6800索马里兰先令兑换1美元。从全国来看，索马里先令的汇率仍然在很大程度上由摩加迪沙的巴卡拉市场控制。2004年10月过渡联邦政府成立后，全国政局趋向稳定，索马里先令兑换美元的比率

比较稳定,基本上是2万先令左右兑换1美元。

近些年,随着安全形势的好转,因战乱而遭破坏的金融系统开始恢复,成立了新的金融机构。除了前面提到的"达哈希尔集团"货币转移公司之外,新成立的较大银行有:索马里兰中央银行,1992年成立;蓬特兰中央银行,1999年8月成立;索马里巴拉卡特银行,位于摩加迪沙,1996年开业。2001年"九一一事件"后,其在美国及欧洲的分支机构被关闭;索马里-马来西亚商业银行,位于摩加迪沙,1997年4月开业,等等。

二 侨汇

索马里历来有向海外,尤其是阿拉伯国家移民和输出劳务的传统。这些侨民把从海外赚的钱汇到索马里,成了索马里经济的重要组成部分。20世纪80年代一位索马里经济学家估计索马里海外侨民为16.5万人,认为如果他们的平均工资按6500美元计算,其中的三分之一汇回国内,那么每年汇至国内的外汇就有3.3亿美元。这一数字大致相当于当时索马里国内工资总和的15倍,或相当于索马里GNP的40%。但政府通过银行统计的汇款数字只有3000万美元,其余部分都是通过私人渠道和货物的形式流入国内的,构成了索马里的非正式经济。在内战时期,这些侨汇有的甚至以武器的形式支持地方派别组织,成为推翻巴雷政权的物质力量。

内战爆发后,索马里人移居欧洲、美国、加拿大和澳大利亚的人数增加,来自国外的汇款也同步增长。但由于索马里没有海外侨民的准确数字,负责办理索马里侨汇的金融公司又不愿透露他们的商业秘密,再加上不少汇款是通过不同的渠道和不同的方式进行的,因而难以得到侨汇准确的统计。

不过,一些零星的数字可为研究索马里侨汇提供线索。比如,2000年,估计每月有约200万美元的汇款从美国的明尼苏

第四章 经 济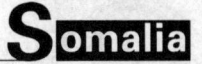

达州汇往索马里。有一项研究认为，每年汇往索马里兰的侨汇是5亿美元，为正常年景经过索马里兰出口牲畜收入的4倍。另一研究表明，每年汇回索马里的侨汇约为8亿美元。在哈尔格萨、布劳和博萨索的研究显示，侨汇约占当地城市居民收入的40%左右。联合国开发计划署的初步研究数字认为，侨汇约占索马里整个人均收入的22%。这些侨汇中相当大一部分又以购买进口的食物或其他消费品的方式流出索马里。但随着索马里安全形势的改善，越来越多的侨汇被投资到索马里的商业和房地产等项目。① 不难看出，侨汇在索马里人民的生活、经济发展和弥补出口逆差等方面发挥着重要作用。

第七节 对外经济关系

自古以来，索马里的经济就与外界存在着联系。在古代，沿海城邦国家一直是索马里内地与外界贸易的中转站，与许多国家和地区有贸易来往。在沦为殖民地后，索马里的对外贸易主要由意大利和英国的商人所垄断，主要贸易伙伴国也是各自的宗主国及其殖民地。在获得独立后，索马里的对外贸易除了原宗主国之外，已逐渐扩大到世界五大洲近100个国家。

一 对外贸易

独立前，索马里的主要出口商品为香蕉、牲畜和皮张。这3项商品占索马里出口总值的80%，其中香蕉约占50%。香蕉是南部地区主要出口商品，占南部地区出口总值的60%以上。牲畜和皮张是北部地区主要出口商品，占北部地区出口额的98%。出口的牲畜以绵羊和山羊为主，其次是牛和

---

① Somalia Human Development Report 2001, pp. 104~105.

索马里

骆驼。进口商品主要有粮食、食品、纺织品等生活用品。此外，还有机械、车辆等。由于殖民统治的传统影响，南部地区的进出口对象主要是前宗主国意大利，南部地区出口的80%和进口的40%是同意大利进行的。北部地区的贸易对象则主要是英联邦国家和阿拉伯地区。英联邦国家占索马里北部进口总值的50%以上。出口对象主要是亚丁和沙特阿拉伯，它们在索马里北部的出口总值中约占80%。

独立后，索马里政府采取进出口多元化政策，对外贸易有所发展。进出口总额从1961年的41823万先令上升到1972年的82232万先令，其中进口总值52388万先令，出口总值29844万先令，逆差22544万先令。1972年，索马里的进口商品来自68个国家和地区，其中从欧共体（主要是意大利）进口的商品占进口总额的42.8%，主要为机械、纸张、汽车及其零件、面粉、医药、化肥等。出口商品销往60个国家和地区，主要是活牲畜和香蕉，两项货物合占出口总额的80%，其中活牲畜占53.8%。其他出口商品有肉类、皮张、鱼类以及没药、乳香等。出口对象国是沙特阿拉伯和意大利，其次是苏联、南也门和民主德国。向沙特阿拉伯和南也门出口的主要是活牲畜，向意大利和民主德国出口的主要是香蕉，向苏联出口的主要是牛肉罐头。

20世纪80年代，索马里的香蕉出口上升较快，一度曾占出口产品的第一位，其次为牲畜、皮张、鱼产品和没药等。进口商品主要是食品、纺织品、车辆、机械、石油、药品、建筑材料和钢铁等。据1990年统计，索马里商品最大的进口国是意大利。随其后的是沙特阿拉伯、也门和阿拉伯联合酋长国。除了这些国家之外，索马里的进口商品还来自挪威、巴林和英国等。

内战爆发后，由于原有的国家经济体制遭到破坏，外贸在整个经济中的地位更加重要。可以毫不夸张地说，几乎每个索马里家庭的某种商业性活动，包括出售进口货物的小贩，出卖畜产品的牧民，从事手工艺品生产的业主，从事进出口贸易的富有商人，以及在进出口系统行业服务的运输、金融、电讯、港口和安全等各类人员，最终无不与进出口商品贸易发生这样或那样的联系。与对外贸易有着密切联系的商业服务，目前已成为许多索马里青壮年就业的主要部门和收入的重要来源。

不过值得注意的是，由于地方政权各自为政，对进出口贸易没有统一法规，进出什么样的货物几乎无法控制，所以索马里在成为东非货物集散地的同时，也成了非法贸易的通道。小武器和走私货物等不仅大量流入索马里，而且通过索马里流入周边国家，有的甚至辗转至刚果（金）。这对索马里的稳定与安全，甚至周边国家的安全都是十分不利的。同时，不受限制的贸易导致的木炭和鱼类产品出口的急速增加，这使索马里的生态环境和渔业资源遭到破坏。

在索马里对外贸易中，海湾国家，特别是沙特阿拉伯由于石油财富的增长，越来越成为索马里最重要的畜产品出口市场。20世纪70年代初，索马里向沙特出口的活牲畜曾占沙特活牲畜市场的三分之二。但索马里畜产品向海湾国家的出口经常受到卫生检疫标准的影响。例如，在1997~1998年，由于受厄尔尼诺气候的影响，非洲之角的动物爆发了峡谷热，沙特阿拉伯立即禁止从索马里进口活牲畜及其产品。2000年9月，100名沙特阿拉伯和也门人因感染峡谷热而死亡，海湾国家再次禁止索马里牲畜产品的进口。这对索马里的畜牧业造成极大影响。在90年代前半期，索马里每年向海湾国家出口活牲畜300~350万头和大量冻肉。后来，每当海湾国家依据卫生检疫标准禁止从索马里进口活牲畜和畜产品时，索马里每年损失约1.2亿美元。

为了减少索马里的损失，联合国国际发展署和粮农组织积极帮助索马里牧民展开防疫工作，并在进出口港进行检疫。在国际组织的帮助下，2001年5月，阿拉伯联合酋长国解除了对索马里畜产品的进口限制。随后,海湾其他国家也解除进口限制。2002年,海湾国家在索马里出口贸易额中占80%以上。近几年,索马里与邻国吉布提、埃塞俄比亚、肯尼亚之间的贸易也进一步增长。

二 外国援助

同大多数非洲国家一样,独立后索马里经济的发展在很大程度上也依赖外国援助。对索马里的援助来自何方,则因索马里政府不同时期的对外政策而有所不同。

索马里共和国时期,由于欧斯曼和后来的舍马克政府主要执行亲西方的对外政策,索马里的外援主要来自西方国家意大利、英国、美国和当时的联邦德国等国。

1969年以西亚德为首的军人夺取国家政权,宣布要在索马里实行社会主义制度,并采取亲东方的外交政策后,来自苏联、东欧和中国的外援明显增加。从1960~1973年,索马里接受的外来援助主要有:联合国12673万美元,美国6491万美元,意大利12209万美元,欧洲共同体5900万美元,苏联13000万美元,联邦德国4195万美元,中国7992万美元,英国1484万美元。

总的来看,从1960年独立到1990年的30年里,索马里是世界上人均接受外援最多的国家之一。众多的外援促进了索马里经济的发展,但也造成一些弊端。首先,大量军事援助使索马里成为非洲常备军最多的国家之一。其次,外援使索马里的经济发展严重依赖自己无法掌握的外部资金,索马里人因此对他们的发展计划缺乏主人翁感。再次,外援还使索马里形成了一支靠自己的财力无法支持的公务员队伍和城市服务行业。一些行业的就业人数因外援的增加而扩大,但靠自身财力却无法继续维持。

据统计,20世纪80年代前期,几乎100%的索马里发展预算依赖外援,50%的经常性开支依赖国际贷款或赠款。所以,当

第四章 经 济

80年代中期政府开始接受国际货币基金组织主导的经济结构调整和自由经济政策，外援急剧减少时，索马里政府机构的管理能力也随之下降，有的甚至停顿。1985~1990年，索马里共获得外援4.4亿美元，而同期的外债已达24亿美元。

内战爆发后，国际社会一度增加对索马里的人道主义援助。1993年，联合国第二次索马里行动的预算即达15亿美元，其中的4.5%被用于索马里的经济。但1995年联合国维和行动人员撤出后，对索马里的援助又开始下降。从1993~2000年，联合国索马里统一呼吁基金（The UN Consolidated Appeals-CAP）对索马里的人道主义援助数字大致如下：1993年为2.02亿美元，1995年为5900万美元，1996/97年度为1.38亿美元，1998年为5600万美元，1999年为4700万美元，2000年为4600万美元。上述数字不包括联合国和其他非政府组织所提供的援助，也不包括索马里的传统援助国阿拉伯国家或伊斯兰机构所提供的援助。

近些年，随着索马里国内形势的变化，外来援助方式也发生了变化。1998年以前，援助多集中在人道主义物资援助，此后随着部分地区形势的缓和，援助开始向能力建设和恢复社会服务等领域倾斜。1998年，联合国将援助工作重点转向帮助相对和平的地区恢复和发展经济的基础设施。因而，在2000年联合国拨付给索马里的1.154亿美元援助中，42%花在了相对安全的北部地区，31%用在南部地区，27%用在了全国性的项目上。援助渠道也发生了变化，只有36%的人道主义援助通过联合国系统提供，其余部分多通过国际红十字委员会（International Committee of the Red Cross-ICRC）和非政府组织提供。目前，对索马里的外援主要来自国际机构，大约有150家国际机构向索提供人道主义援助。在这些援助机构中，国际劳工组织的"通过工作恢复尊严"（Restoring dignity through work）的项目值得注意。劳工组织在索马里的促进经济恢复项目（Promotion of

Economic Recovery Project) 2002年4月开始在哈尔格萨启动,现已推广到蓬特兰和摩加迪沙。在摩加迪沙的项目中有一项是以每天2美元的报酬雇用了600名穷人,让他们清扫摩加迪沙的垃圾。该项目不仅使这批被雇用的人员及其家人解决了吃饭问题,使他们不再完全依赖国际社会的救济,而且使12年来无人清扫的摩加迪沙垃圾得到清扫,受到当地社会的欢迎。世界银行在1991年索马里政府垮台后中止了对索马里的贷款活动,2003年5月宣布恢复对索马里的贷款。贷款着重于四个领域,即宏观经济资料分析与对话,牲畜饲养,艾滋病防治和能力建设。目前,共有89家国际非政府组织和联合国国际机构在索马里从事人道主义救援工作。

第八节 旅游业

索马里地处低纬度地带,三面环海,既有美丽的海滨低地,又有一望无际的高平原。在海滨低地,从南到北镶嵌着一个又一个海港市镇,姿态各异,风光如画,让人心旷神怡。在内陆高原,牧场毗邻,农田连片,牛羊成群,驼马成行,山林芳香,民歌阵阵,让人目不暇接。这种丰富的旅游资源,对于索马里来说,由于诸多原因,大多数都未开发。而自80年代末以来的战乱和政局动荡,使已开发的部分旅游业也陷于停顿。

下面是索马里一些都市名胜和旅游景点的情况。

一 首都摩加迪沙

摩加迪沙是索马里的首都。它坐落在印度洋岸边峰谷跌宕的丘陵上,扼守着东北非地区的南北海上交通要道,北倚谢贝利河下游平原,腹地广阔,并有可停泊商船的优良港湾。市内多白色建筑,被誉为"印度洋上的白色明珠"。一个

第四章 经 济 Somalia

个尖顶的白色清真寺和一排排阿拉伯式的白色居民住宅在阳光照耀和蔚蓝色海水映衬下,显得异常洁净和透莹。摩加迪沙是人们旅游的好地方。

摩加迪沙位于北纬2°01′,东经45°20′,面积约20多平方公里,海拔12米。虽然位于赤道附近,但因全年有海风调节,气候相对凉爽。年平均气温27.5℃,最凉爽的7月气温为18℃左右。全年最热月份是3~5月,日最高温度约35度。气候干燥少雨。一年有两个雨季,4~7月为大雨季,降雨较多;10~11月为小雨季,降雨较少。相对湿度较大,经常保持在60%~86%。

摩加迪沙原名叫"哈玛"。"哈玛"在索马里语中是一种棕红颜色的名称,可能与当地多赤色土壤有关。相传后来波斯人一度入侵,把它改名为"摩加迪沙"。这在波斯语中的含义是"国王所在地",也就是首都之意。公元7世纪伊斯兰教兴起后,移居到摩加迪沙的阿拉伯人越来越多。阿拉伯人与当地索马里人长期相处,混为一体,遂使索马里既保存了当地人的传统文化,又带有阿拉伯人的一些风俗。

阿拉伯人到来后,摩加迪沙的进出口贸易日益增加。到13世纪,这里已成为东非著名的商港。14世纪,中国、印度商人也来此进行贸易。这里的手工业特别发达。直到西方殖民者侵占索马里之前,摩加迪沙还是东非沿海乳香和没药以及象牙和皮革的贸易中心。1905年,意大利殖民者"购买"该地,将其作为"意属索马里"的首都。

1960年,索马里独立后,宣布摩加迪沙为共和国的首都。历届政府对摩加迪沙的市政设施建设都十分关注,投入很大,使它逐渐发展成为索马里全国的政治、经济、文化和贸易中心。1977年,在旧港的南面建起了新港。该港水深8~12米,可同时停泊5艘轮船。年吞吐量由独立初期的12万吨增加到70万吨。

摩加迪沙郊区的国际机场是索马里最大的国际机场,曾开辟

索马里

有每周飞往内罗毕、开罗、亚丁、罗马和莫斯科等国际及国内各主要城市的航班。

摩加迪沙是索马里的经济中心。摩加迪沙拥有纺织、制糖、皮革、烟草、肉类加工、电力、食品、水泥、木材加工等生产部门。两条互相交叉的主要街道都是分上行和下行的柏油路,中间镶嵌着颇具热带特色的花坛,终年都有鲜花盛开。大街两边,商店、餐厅、咖啡厅和酒吧间等鳞次栉比。自由市场上充斥着周围地区生产的农副产品。在一些大街和小巷中都可看到手工艺品的作坊。制作银雕首饰的作坊,有数十个之多。

在索马里人民争取自由与独立的历史中,摩加迪沙还是一座具有光荣传统的城市。在反对葡萄牙、意大利和英国殖民主义者的斗争中,摩加迪沙人民和全国人民一道,谱写了可歌可泣的英雄业绩。索马里独立以后,为纪念独立和自由,纪念在争取民族独立斗争中英勇献身的民族英雄,一些街道和广场被索马里政府授予各具纪念意义的名字,如七月一日大街、索马里大街、非洲团结广场等。索马里政府还在一些广场建立了纪念碑和青铜塑像。例如,"十二月二十一日广场"上矗立的英雄纪念碑,就是为纪念民族英雄穆罕默德·本·阿卜杜拉·哈桑而建立的。纪念碑的上半部是一匹腾空而起,奋蹄长鸣的奔马,马背上坐着身穿军装的哈桑铜像。他右手举着剑,左手紧握马缰绳,显得英姿勃勃。纪念碑的底座构思新颖,完全模仿当年的哈桑驻防城堡的形状。

摩加迪沙还是索马里宗教文化的中心。据统计,全市共有清真寺148座。其中尚存的最古老的一座清真寺法克拉德清真寺建于1182年,迄今已有800多年的历史。在这座古老的清真寺里,藏有阿拉伯文的石碑和木雕。建于1238年的哈玛·韦恩清真寺,建于1268年的亚尔巴·鲁基清真寺和建于14世纪的亚布得·亚吉斯清真寺等,至今都有六七百年的历史。

摩加迪沙市内有一座国家博物馆。这是一座19世纪的建筑,原为桑给巴尔素丹代表驻地的加勒萨宫。馆的大门朝东,正对着印度洋。门前陈列着两尊短小而低矮的大炮,据说是近代索马里人用来抗击西方殖民者的武器。在陈列室里,人们可以看到中世纪用来进行海上贸易的平底船和独桅三角帆船,可以看到索马里人当年从葡萄牙侵略者手中夺来的武器,等等。

摩加迪沙还有一些标志性的建筑,如意大利承建的人民厅、中国援建的国家剧场和摩加迪沙体育场,欧共体承建的总医院,苏联承建的军队医院、议会大厦、国家银行和警察总部大楼等。其中国家剧院建筑面积达 4000 多平方米,能容纳 1200 名观众。

摩加迪沙还有许多全国性的高等学府,如索马里国立大学、伊斯兰法律学院、兽医学院、索马里政治学院等。此外,还有一些技术学校。索马里大学是一所综合性大学,拥有十几个专业学院。索马里政治学院则是西亚德政府培训党政干部的专门学校。

为了吸引国内外游客,摩加迪沙还在近郊开发有国家公园与动物保护区,制定了以"动物狩猎旅行"为名的旅游计划。在这里,人们可观赏到索马里的多种动物和奇禽异兽,可观赏到惊心动魄的"人鳄之战",等等。在观赏"人鳄之战"后,游客还可品尝到刚刚被猎杀的鳄鱼肉。据说,鳄鱼的每个部位都有一定的医药功效,是索马里人用来招待贵宾的上等佳肴。

摩加迪沙如此多彩多姿,难怪一位索马里诗人曾用优美的诗歌予以赞美:

> 摩加迪沙,你是索马里花园中最艳的一朵奇葩
> 摩加迪沙,你那漂亮的容颜闻名于海角天涯
> 纵横的街道构成你头巾上的花格
> 洁玉般的楼房点缀着你披的彩纱
> 碧蓝的大海与你喃喃细语
> 浓绿的棕榈为你舞婆娑……

啊，摩加迪沙，你的秀丽天姿令我陶醉
我愿永远长眠在你的脚下

二　基斯马尤

基斯马尤濒临印度洋，是索马里南部的重要港口和经济中心，也是下朱巴州的州府所在地。"基斯马尤"一词在索马里语中是"小海洋"的意思。这是由于它地近朱巴河口，水源丰富，挖井取水极为方便。大约公元9世纪，阿拉伯人和波斯人建立了这座城市。到了18世纪时，基斯马尤先被葡萄牙人占领。随后，又相继被桑给巴尔素丹和英国人统治。1924年，基斯马尤又被意大利人占领。今天，人们在基斯马尤可以看到不同历史时期留下的遗址与古迹。

基斯马尤位于朱巴河入海口以南不远处，属于冲积平原。它距摩加迪沙约500公里。索马里的两大河流之一的朱巴河从基斯马尤附近注入印度洋。在该河的冲击下，基斯马尤一带土地肥沃，全年可种植热带水果、玉米、棉花、水稻、芝麻、甘蔗等农作物。优越的自然条件使基斯马尤成为索马里重要的农业区和香蕉的出口基地。

基斯马尤一带不仅农业发达，而且畜牧业和渔业也兴旺。这里建有较大的肉类与鱼类罐头厂、皮革加工厂等企业。基斯马尤港可停万吨巨轮，有公路与摩加迪沙相连。设有机场。基斯马尤还是索马里重要的军港之一。

基斯马尤有一专供游客观光的旅游区——"瓦慕"旅游区，风景异常优美。一幢幢造型别致的宾馆点缀在花木丛中，鸵鸟、猴子、旱龟等动物异常惹人喜爱，五彩的太阳伞供游客们纳凉，小巧玲珑的游泳池供游客们消遣，等等。基斯马尤还有一个国家公园，拥有的动物种类超过摩加迪沙的国家公园。

三 哈尔格萨

哈尔格萨是索马里北部的最大城市,沃戈伊加尔贝德州(又称哈尔格萨州)的首府。哈尔格萨地处海拔 1300 米的奥戈高原,常年绿树成荫,气候宜人,是人们避暑和旅游的好地方。

哈尔格萨历史上由于缺少饮用水,人丁不旺,百业不兴,到索马里独立时全市人口不足 5 万人。1960 年独立后,索马里政府要求中国派专家帮助解决哈尔格萨居民饮水问题。1969 年,中国工程技术人员来到这里,开始进行大量勘探。经过艰苦勘探,终于在郊区一棵大乔木附近,穿过不蓄水的玄武岩层找到了古河道,不仅有水,而且水源充足。随后中索两国人员在这里建成了供水工程。从 1973 年起,向哈尔格萨市供水量不断增加。由于有了水,人口逐渐增多。到 70 年代末,哈尔格萨的人口即增加到 15 万人左右。各种商业活动也得到发展。市内不仅有中小学,还建起了大学和其他文化设施。哈尔格萨有公路通往柏培拉和附近的哈拉尔,还有可起降大型飞机的机场。

四 柏培拉

柏培拉位于索马里北部沿海,是一座有悠久历史的古城。尽管北部沿海气候炎热,但是柏培拉由于港湾水深,近处的谢赫山林木葱郁,气候较沿海其他港湾凉爽,适于人们旅游观光。

柏培拉历来是索马里进出口贸易的重要港口城市。它濒临亚丁湾,扼红海咽喉要道曼德海峡,与阿拉伯半岛遥遥相望,是索马里北部的门户,战略地位极为重要。1884 年,英国人占领柏培拉后,将它作为英国殖民统治区的首府。到了 20 世纪 70 年代,苏联又把该港作为其舰队在印度洋的后勤基地。从 80 年代起，柏培拉又成为美、英等国在亚丁湾的重要海、空基地。

五 其他旅游景点

1. 阿夫戈伊镇

该镇位于贝纳迪尔州，索马里第二大河谢贝利河从镇中缓缓流过。这里河流两岸土地肥沃，树林参天，花草丛生，景色宜人，物产丰富。一片片的棕榈树、芒果树掩映着幢幢小楼，是人们的避暑胜地之一。

2. 哈丰角

哈丰角是非洲大陆的最东点，是非洲大陆能最早看到太阳出来的地方。它位于哈丰半岛的顶端，形如一个小石岛，岛与大陆相连之处，为一沙土构成的地峡。哈丰角以其特殊的地理位置吸引着那些想一睹非洲大陆第一缕曙光的旅客。

3. 赤道纪念碑

位于朱巴河下游贾马梅镇附近，南距基斯马尤港60公里。纪念碑是一座高约3米的水泥建筑，其顶端装有地球仪和一根东西指向的指针，作为赤道线标志。这里环境幽静，有旅游饭店。赤道上空直射下来的阳光，灿烂夺目。这里的设施虽然简单，但是游客都喜欢来此一游，作为一生中的纪念。人们对着赤道指针所指的赤道线，以一只脚踩着南半球，另一只脚踩着北半球的姿势摄影留念。对来访的贵宾，当地居民常用鲜花结成的花环，用棕叶、芭蕉叶扎成的牌楼来迎接。

六 珍贵的旅游纪念品：银饰雕刻

索马里有多种旅游纪念品，如木雕、陶器、皮革制品、编织品、贝壳、花格布和银饰雕刻等。其中以银饰雕刻最为珍贵。

银饰雕刻是索马里民间一种独特的手工艺品。不同的银饰有

不同的花纹图案,雕刻得栩栩如生。游客见之,往往爱不忍释,总要买下几件,或自己佩带欣赏,或赠送亲朋好友。在摩加迪沙,游客既可以购买已加工好的现成的银饰品,也可以请雕刻匠现场雕刻自己所喜欢的花、草、禽、兽等图案。游客稍等片刻,就会拿到自己满意的纪念品。不仅做工上乘,而且价格也十分合理。

第九节 国民生活

一 概况

索马里1960年获得独立后,政府作出很多努力,民族经济有所发展,国民生活水平也有提高。70年代初,政府为进一步发展经济采取了国有化和合作化的措施,调动了群众积极性,经济开始新的发展。但由于国有化和合作化搞得过激,再加上同邻国边界领土争端加剧,不时有旱灾,所以到70年代末,索马里经济陷入了严重困难,国民生活水平下降。80年代初,在世界银行和国际货币基金组织的干预下,政府调整经济政策,放宽对经济的种种限制,强调优先发展农业,逐步实行经济自由化,鼓励外商和国内私人投资,经济一度有新的起色,国民生活水平又有所上升。但从80年代末开始,索马里长期陷入内战泥潭,各行业的生产和基础设施惨遭破坏。索马里经济全面崩溃。数百万难民背井离乡。国民生活水平急剧下降,安全难有保障。近些年,随着国内安全形势的好转,经济有所恢复,难民逐步得到安置。

二 收入水平

索马里是世界上最不发达国家之一,收入水平低下。1960年独立时,人均年国民生产总值仅28美元。80

年代初,政府注意调整经济政策,强调优先发展农业,逐步实现经济自由化,放宽贸易限制,鼓励外资,紧缩财政开支等,经济有新的起色。1986年,人均国民生产总值增到280美元。但从80年代末开始的国内战争,使刚有起色的经济遭到严重摧残。1991年,人均年国民总产值降为150美元。此后由于索马里长期处于地方割据状态,难以收集可以作为人类发展指数的数据,索马里已被列入统计数据无法说明"人类发展指数"的另类国家。

三 居住条件

索马里人的居住条件在城乡之间存有较大差异。广大从事饲养业的牧民和从事耕作业的农民居住的基本上仍是传统的茅舍。这类茅舍大多为圆柱状,屋顶呈圆锥形或圆形。茅舍中间是一根或数根3米左右长的柱子,支撑着屋顶。屋顶用树枝和草帘铺成,然后在草帘上抹上一层黏土。茅舍的墙壁用树枝和树皮编成,再抹上一层黏土。一般在朝阳的方向开一扇小门。茅舍内部用树枝、草帘和兽皮等作隔墙分成两间,一间为卧室,另一间为家务用房,包括炊事、纺织和贮存日用品等。茅舍一般没有窗子。茅舍内虽不明亮,但较凉爽。家什很简单,除了用来煮饭的铝锅或陶罐,盛水用的羊皮袋之外,就是草席、木枕,还有一些皮张、绳子等。一些讲究一点的家庭,则用整张牛皮来制作床垫。

至于游动的牧民居住的则是一种活动性住房。所谓活动性住房,实际上是一种易于安装、拆卸,并便于搬迁的帐篷。每当需要在一个地方驻扎下来,牧民们就会用原来准备好的屋架搭成住所,上面盖上草席或兽皮。这种帐篷式的住房,搭建和拆走均极为容易,甚至几个人抬起来就能转移地方。不过在旅途上,拆下来的屋架一般都捆扎在骆驼背上作支架用,在上面放置其他日常用品。

与广大农牧民相比，城镇居民的居住条件则好得多。城镇居民的住房大体上可分两大类，一类是普遍居民的住房，另一类是政府新贵、富商和农牧业主的住房。

索马里普通城镇居民的住宅多为平房。这些平房一般沿着主要街道两旁分布，一座挨一座地排列着。这些房屋的墙的构建主要分两种形式。相对贫困家庭的房子一般用树枝编成墙，在上面抹草泥并刷白。距城市中心较近的相对富裕人家的房子一般用水泥砖或块石作墙基和墙身，内外粉刷，外墙勾缝。墙上开有窗子。窗架一般用水泥花格预制块或木材做成。屋顶以木屋架为承重构件，上面则覆盖着铁皮或石棉瓦。屋顶有两面斜坡、四面斜坡等形状，其中以四面斜坡居多。也有一些屋顶是平顶的。屋内用水泥砖或席子分成数间：卧室、厨房、贮藏室、工作室等。

一些政府新贵、富商和农牧业主在城镇建起的一些住房，在索马里则属于高级住宅。这些住房一般为独立庭院式建筑。多数为平房，少数为二层小楼。这类住宅多为钢筋混凝土结构。有平顶式，也有斜坡式。墙一般为水泥砂砖墙，内外粉刷。多数为水磨石地面。室内卫生设备较齐全。房屋的正面局部设花格砖墙或空廊，窗口上设水平遮阳板。玻璃窗内侧装有合金铝片百页吊帘或用其他材料做成的百页窗帘。房屋结构和装饰兼有遮阳、采光、通风等功能。院内多种树木花草，具有遮阳、美化和保护环境的作用。

此外，一些大城市的市中心有为数不多的现代式的市政建筑，还有一些富人居住的西式别墅。

四 饮用水

索马里属于水资源严重不足的国家。城市和农村的供水设施都非常落后。据估计，1985～1990年，大约

索马里

71%的人口得不到卫生饮用水。内战又使一些城市的供水系统遭到严重破坏,更加加重了这一现象。虽然近10年来在国际社会的援助下,许多被破坏的城市供水系统得到修复。但供水状况仍很不理想。多数城镇缺少自来水供应和下水道排放的公共设施。农村每个村子一般只有一口浅水井。水井过去由政府管理,现在由私人或社区与私人合作管理。居住在两河流域的人民直接从河中取水。游牧民仍过着逐水草而居的生活。据估计,目前索马里仍有高达76.9%的人口无法得到卫生饮用水。

第五章
教育、科学、文艺、卫生

第一节 教育

一 殖民时期的教育

独立以前,索马里在英、意殖民统治下,教育事业极为落后。为了便于对当地人的剥削和统治,在教育事业上,意大利殖民者寻求的是将索马里儿童培训成仅有初级技术的工人。而英国殖民者在英属索马里建立了一些基础教育系统,则是为了培训一些索马里人担任中下级行政机关职员,充当警察和医护人员等。

在第一次世界大战前,意属索马里仅有15所学校,其中10所为政府办的学校,5所为教会办的孤儿学校,仅有万分之一的适龄儿童有入学机会。殖民当局还规定索马里人只能上小学,意大利人可以上中学。相比之下,英属索马里的教育情况稍好些。到1947年时,英属索马里有17所为索马里人和阿拉伯人开办的政府小学,2所私立中学,1所招收了50名索马里人和阿拉伯人学生的教师培训学校。

第二次世界大战后联合国托管统治期间,联合国托管委员会不顾意大利的反对,通过了包括扩大教育层面,增加教育经费在内的托管协议。协议呼吁建立公共教育系统,分为初级教育、中级教育和职业教育,要求至少初级教育应免费。为了发展索马里教育,协议还规定要建立教师培训机构,派遣学生到国外大学学习等。

但由于各种条件的限制,特别是许多索马里人仍过着逐水草而居的游牧生活,孩子们上学仍然困难重重。据1960年8月统计,全国在学儿童仅占全国适龄儿童的14%。即以全国教育事业最为发达的摩加迪沙市而言,在学儿童也仅为适龄儿童的25%。

索马里自身的教师也非常缺乏。据1959年统计,全国共有教师1300人左右。在南区的小学教师中,外籍教员占教师总数的20%。在中学和专业学校,外籍教师的比重更大。1954年以前,索马里全国没有一所高等学校。1954年创建了一所法律、经济和社会学院。这是索马里独立前唯一的高等学校,主要培养行政和经济官员。学校成员除了校长是索马里人之外,其余皆是外国人。

二 独立以来的教育

1960年索马里获得独立后,历届政府均重视发展教育事业,提出了"索马里人告别愚昧、贫困、疾病"的口号。开始兴建新的学校,到1965年,索马里全国共有233所小学,在校学生18700人;35所中学,在校学生4400余人;2所师范学校,1所高等学校即摩加迪沙大学。摩大的前身是1954年创建的法律、经济和社会学院。另外还有成年业余学校200多所,学习课目主要是文化、外国语和职业技能等。

独立初期,由于索马里没有自己的文字,教育制度仍因袭过去殖民统治时代的传统。索马里学生在校学习期间,除必修阿拉伯文外,南区学生还需学意大利文,北区学生则需学英文。小学初年级用阿拉伯语教学,从二年级起开始学习英语或意大利语。

第五章 教育、科学、文艺、卫生

在不完全中学和完全中学，教学用的语言或是英语，或是意大利语。这些学生在中学毕业后要进高等学校深造，多数只能去意大利、英国或阿拉伯国家。

1969年西亚德上台以后，政府对过去殖民统治时期遗留下来的教育制度进行改革，制定了扩大教育系统的计划。目标是使索马里儿童都能上学，扩大为国家建设服务的技术教育和高等教育，并宣布要在索马里扫除文盲。

1971年4月，政府决定取消学生学费，要求当时全国23所寄宿学校"优先招收游牧民和边远地区居民的子女"入学，并决定对部分经济困难的家庭的子女给予公费食宿待遇。1971年9月，政府又宣布从小学到大学的教育都要在尽可能短的时间内实现索马里化。1971年颁布的《国民服务法》规定，所有高中毕业生必须参加半年或一年的军训和革命指导课，然后再当半年或一年的教师，才能安排工作。1972年10月，政府将所有外国人办的学校和私人学校收归国有，并要求各学校不断增加索马里本国教师人数，以逐步取代外籍教师。

1972年，政府公布了索马里文字，并规定将它作为官方文字。1973年1月，政府开始在全国推广索马里文字。索马里文字的推广有力地促进了索马里民族教育的发展。各学校开始教授自己本国的语言文字，并编写了适合本国情况的中、小学索马里文教科书。1973年，索马里小学开始使用索马里文字的教材。1975年，中学和高等教育也开始使用索马里文教材。

据估计，1972年，索马里人的识字率仅为约5%。在使用新的索马里文后，政府发起了"文化革命"，以使全体人口在两年里脱盲。1973年，政府在全国开展扫盲运动。为了开展扫盲，政府调集了8000名政府官员和军官。不久，扫盲成员又扩大到2万人。新增加的成员主要是中学的学生。到1974年3月时，已有约40万人参加了识字学习。

索马里

西亚德政府还通过"自助计划",采取国家投资和群众捐献相结合的办法,兴建了大批校舍,使索马里的教育事业有了较大的发展。1971~1972学年,全国共新建学校348所,其中小学215所,初中101所,高中23所,中等技术学校6所,高等学校3所。

到20世纪70年代中期,索马里政府加大对教育的投入,将政府经常性预算约11%投向教育,并继续开展全国性的扫盲运动,使索马里的识字率从独立前的2%提高到60%。全国学生人数从1969~1970学年的42156人,上升到1973~1974学年的23万多人。

全国的教育体制也逐步趋于统一,实行学前、小学、中学和大学四级教育体制。其中小学实行四年制教育,主要开设索马里语、阿拉伯语的读、写及算术等课程,并教授一些与农业和畜牧业有关的知识课程。到1990年,索马里的小学发展到1200多所。中学分为初中和高中。初中也实行四年制教育,分为普通中学与技术中学。普通中学主要开设索马里语、阿拉伯语、英语、数学、历史、地理、化学、物理、生物、宗教、体育等课程。技术中学的课程一般是根据国民经济发展的需要而定,但普通基础课仍占相当比重。高中亦为四年,分为普通高中和技术高中。普通高中的课程与初中基本相同,学生毕业后可以升大学,也可以直接参加工作。但技术高中主要是培养国家急需的技术员、技术工人、建筑人员及政府职员,毕业后直接走向社会。全国普通初中与高中已增加到180多所,技术职业学校30多所。

1970年,政府将摩加迪沙大学改名为索马里国立大学(Somali National University),最初设有9个学院:农业、经济、教育、工程、地理、法律、医学、科学和兽医学。后来又增加了语言、新闻和伊斯兰三个学院。学制一般为4~6年。其中教育学院主要是为了培养中学教师。到70年代末,索马里国立大学每年招收约700名学生。除国立大学外,政府还建立了一些培养

第五章 教育、科学、文艺、卫生

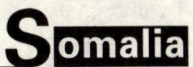

专业人才的技术学院,主要有护士学院、电讯学院、兽医科学院和工艺学院等。为了加强对成人教育的指导,政府还建立了全国成人教育中心(National Adult Education Center),对农村地区的成人文盲进行扫盲教育。

到80年代后期,为对付日益扩大的反政府武装力量,政府军费开支增加,对教育的投入逐渐降低。到1990时,教育经费仅占政府经常性预算的1.5%,而且主要依靠外援。结果导致大批教师流失,学校关闭,升学率下降。据联合国有关机构估计,到90年代初,索马里的识字率仅为24%。

1991年1月西亚德政府垮台,国家处于四分五裂状态后,索马里的学校几乎全部关闭。大量受过教育的合格教师外流,文盲率剧增。到2004年,全国成人识字率仅为19%。

近些年来,在联合国教科文组织及其他一些非政府组织,特别是伊斯兰教组织和清真寺的帮助下,索马里的许多地区开始重建小学。小学在校学生人数已从1990年的15万人上升到2000年的约20万人。2002年,索马里各类小学共1105所,在校生约26万人,占应入学儿童人数20%左右,是世界儿童入学率最低的国家之一。

在中等教育方面,自1997年第一所中学恢复后,索马里先后已有20所中学开学。中学在校生为5350名,但其中只有10%为女学生。除中学外,也有一批职业教育机构先后得到恢复和新建。据联合国教科文组织2000年统计,仅西北部的索马里兰就有83家此类职业教育机构,其中半数为语言学校,大多教授阿拉伯语和英语。这些机构得到一些伊斯兰组织和外国机构的资助,也有一些学校教授计算机技术。到2000年,各援助国向索马里教育事业提供的援助约为1090万美元。

在高等教育方面,自1991年教育系统瘫痪以后第一家开学的高等学府是1998年11月建成的阿茂德大学(Amoud University)。

随后，又有四所高等教育机构相继成立。阿茂德大学设在索马里兰，是于1998年9月发起创办，并开始招收本科生的。创办该大学的主意是侨居在海湾国家的索马里人提出的。他们与索马里社区、行政机构、商业界和侨居在外国的索马里侨民有紧密的联系，并通过这些单位和机构募集资金和实物。大学目前设有教育、工商管理、医疗和农业学院。大学为社区所有，招收符合条件的本国和邻国的学生，并由从海外回国的合格的索马里人担任教师。目的是为居住在索马里本土的学生提供接受高等教育的机会，为恢复和发展索马里的教育、工商、医疗卫生和农业等贡献力量。

2003年6月15日，索马里又在摩加迪沙正式建立了内战爆发以来的第一所医学院"贝纳迪尔大学医学院"（Benadir University Medical College-BUMC）。当时的索马里过渡全国政府总统阿布迪卡西姆出席了成立仪式。该学院2003年已有22名在校生，其中一半是女性。学校是由索马里医生捐助建立的，学制5年，学生每年的学费为1500美元。学院已与沙特阿拉伯、英国、美国、意大利和瑞典的一些大学建立联系，并获得它们的帮助。这些学校同意向学院的学生提供远程培训和教学设备。学校教师由来自索马里和海外索马里人医生组成，教学语言为英语。

第二节　科学技术

索马里的科学技术很不发达。就科研机构设置来看，除了医疗、农业和畜牧业三部门有一些研究机构之外，其他部门均为空白。而医疗研究机构基本上是靠引进外来技术为索马里所用，或在索马里仿制有关药品。一些最起码的普通药品，索马里本国很少能生产，基本上是依靠进口。

索马里虽然历史上一直是一个以畜牧业为主的国家，但现代

第五章　教育、科学、文艺、卫生

兽医技术和设备都非常落后。1966年时，各州、区的兽医站仅有一些简单的防疫器材、少量药品及一辆吉普车。全国仅有兽医师18名，兽医助理62名和防疫员200余人。在为数不多的兽医师中，不少人还是外国人，其中包括5名印度人、4名意大利人和1名联合国派遣专家。为了培养兽医人才，1966年10月，政府投资200万先令在摩加迪沙建起了一所较大的兽医训练中心，并于1967年开课，学制2年。同时，该中心还搞短期培训班，并附设兽医院供学习实习用。1970年政府在索马里国立大学里设立了兽医学院。1972年，政府在2个州、11个区、17个村设立了兽医中心。

在生产兽药方面，梅尔卡生物药品所起了积极作用。该所为意大利人所建，1960年索马里独立后为民族政府接管。索马里的大部分兽药，都是该所监制生产的。此外，在联合国的帮助下，索马里政府还成立了畜牧发展局和畜牧基金会，负责调整和完成全国畜牧发展计划，管理兽医训练中心、种畜站和生产牛痘疫苗等，对牲畜的防病和治病，对牲畜的繁殖都起了积极的作用。

总之，索马里独立后，由于政府的重视，兽医学得到一定的发展。畜牧业在索马里独立后能不断发展，并成为国民经济的支柱产业，是与兽医学的发展分不开的。

第三节　文学艺术

一　文学

索马里人由于长期没有本民族文字，所以口头文学较发达，许多民间艺人具有口头讲述历史传说和民间故事的高超技能。为了收集和整理在民间流传的口头文学，1973年建立的国家图书馆设立了专门机构,由专人负责。但由于国内外诸多因素,至今仍未见到索马里民族文学书籍出版。

二 戏剧电影

索马里的戏剧电影事业十分落后。独立前根本没有现代意义上的戏剧和电影。独立后,政府成立了一些专业艺术团体。1971年3月,索马里政府将摩加迪沙电台艺术团和国民军艺术团合并为国家艺术团。该团曾拥有专业艺术人员百余人,先后编演过一些歌曲、舞蹈和戏剧,主题是歌颂民族独立,歌颂革命,反对部落主义,强调民族团结、发展民族经济和文化。

索马里没有电影制片厂。1969年索马里民主共和国政府成立前,索马里全国共有30多个电影院,全部系私人经营,均放映外国影片,每年从意大利、印度等进口影片百余部。1971年,索马里民主共和国政府颁布法令,对违反道德和损害民族利益的电影、戏剧、出版物进行监督。1972年1月,政府又决定以后私人不得进口和发行影片,一律由国家新闻部统一进口和发行。索马里新闻部仅拍摄一些新闻片。

到20世纪90年代初,经过清理和合并,索马里全国共有23家电影院。大部分是由意大利人经营的,主要放映西方国家的影片。

三 音乐舞蹈

索马里有本民族独特的舞蹈和音乐。舞蹈动作比较简单,男、女都会跳。在男子集体舞蹈中,有一个传统的"棍子舞",反映的是古代各部落间的械斗情景。自然,由于长期遭受殖民主义文化的腐蚀和熏染,索马里的音乐、舞蹈也免不了受到西方的一些影响。

第五章 教育、科学、文艺、卫生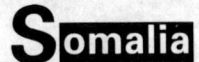

第四节 医药卫生

索马里医药卫生事业落后。独立之初,全国仅有23所医院和卫生所,42名医生。其中只有2名索马里人,其余都是外国人,意大利人占绝对多数。人们得病后,大多求助于民间偏方和民间医生,有的还求助于巫医巫术。不少人在头痛、胸痛或四肢痛时,往往用烧热的铁钉、铁锥或铜钱,在痛区或相关部位进行烧灼。在当地多数人的身上,人们都可看到因生病进行烧灼后遗留下的疤痕。此外,也有烟熏疗法,一般是把乳香或其他药放在碗里点着,熏烤病人有关部位。索马里有一种树叶能止血,当人们外伤或手术后出血时,就把这种树叶敷上止血。一旦发生骨折,如果是上肢,就用木棍或木板固定;如果是下肢的小腿或大腿骨折,就把病人平放在地上,先在病腿下面放一块长木板(与腿一样宽),然后在腿的两侧各放一块木板,外边钉上木桩。病人在地上要躺上一、二个月,待骨头接上后才能解开。病人站起来要拄着拐棍练习走路,经过一段时间适应后才能恢复正常。许多索马里人得病后多求助于民间医生。同其他国家一样,索马里的农村或牧区也有一些巫医巫术。其中之一是用羊血淋头、淋身,即把活羊的舌头割掉,然后将羊血喷洒在病人头上、身上等。

独立后,索马里历届政府均重视卫生事业的发展,先后向苏联、意大利、埃及、英国和中国等派遣大批学生学习医学。70年代,在索马里国立大学里设立了医学院,在摩加迪沙和哈尔格萨创办了两所中级卫生学校,培养医生、护士和其他医务工作者。政府还利用自助的方式和外援,在基层建立了一些小型医院和卫生所,使以往医护设施集中在摩加迪沙的情况有所改变。

到20世纪70年代后半期,索马里全国医院已增至56所,卫生所187个,医生198人。其中外籍医生80人,余皆为索马里人。

索马里

病床已由独立初期3100多张增加到4482张。主要医院有1965年建成的综合性医院——总医院、1935年建成的马蒂诺医院、1943年建成的传染病医院、1967年由苏联援建的军队医院、1970年建成的警察医院和1976年由中国援建的妇产儿童医院等。

1972年,西亚德政府对医疗行业实行国有化政策,取缔私人医疗服务。但到70年代末,随着索马里与苏联关系的恶化,索马里接受世界银行和国际货币基金组织的经济改革与调整计划后,私人医疗服务开始逐渐恢复。

独立以来,索马里发展医疗卫生事业的经费主要来自外援。例如1989年,索马里卫生部预算的95%靠外援资助,只有5%来自政府的预算拨款。

1991年民主共和国政府垮台后,随着外援的减少,一些医务人员流亡国外,合格的医务人员的人数减少,再加上环境恶化、营养不良、医疗条件降低等的影响,索马里的医疗卫生状况明显恶化。索马里是非洲国家医疗保健水平最低的国家之一。2000年,首都摩加迪沙仅有一所公立医院和62家私人诊所,缺医少药情况严重,仅28%的人口享有医疗服务。据估计,目前索马里每10万人口中仅有0.4名合格的医生和2名护士。索马里的一些卫生指数是世界上最差的,人均寿命仅为47岁,婴儿死亡率为13.2%,五岁以下儿童死亡率为22.4%,母亲因生育而死亡的比率为1.6%。

近十多年来,索马里各种疾病的免疫接种率极低。仅有10.6%的一岁以下婴儿和不到27%的5岁以下儿童获得了所有针对儿童疾病的免疫接种。水痘等传染病成为造成索马里儿童死亡率较高的原因之一。黄热病疫苗长期短缺。索马里肝炎的感染率也是非洲国家中最高的,约为十万分之三百。90年代之前,索马里仅在1970和1985年爆发过霍乱。但从1994年起,霍乱几乎每年都要在索马里流行一次。因饮用水污染问题,大约

第五章 教育、科学、文艺、卫生

75%的索马里人容易患这样那样的肠道疾病。疟疾在70年代曾得到控制,但90年代以来又重新蔓延,成为致索马里人死亡的主要疾病之一。因1997年峡谷热在索马里的流行,导致沙特阿拉伯等阿拉伯国家于1998年开始禁止进口索马里的活畜,给索马里的经济造成重大损失。传染性和寄生虫疾病在索马里也非常流行,游牧区的青年则最容易患上结核病。

在索马里,几乎100%的女孩在4~11岁时要行割礼,成为影响女性健康和死亡的重要因素之一。大约30%的成年妇女易感染性病。与之相对应的是,由于伊斯兰传统文化的影响,索马里感染艾滋病的人仅占人口数总的1%,是非洲艾滋病感染率最低的国家之一。

由于政府公共卫生设施在内战中遭受严重破坏,近些年一些私人卫生机构因应社会的需要而产生。据估计,1997年,90%的医疗服务是私人医疗机构提供的,大约75%的病患者接受私人医疗机构诊治。不过,由于私人的医疗机构多设在城市,所以占全国人口大多数的农牧民就难以得到医疗服务。例如,在巴里州,49%的卫生人员集中在博萨索市,而该州的东部地区仅有一名医生。

应当指出的是,目前在一些相对稳定和建立了地方政府的地区,地方政府也开始恢复对医疗的投入。例如,索马里兰和蓬特兰已分别将它们预算的2.9%和2.5%拨给医疗卫生部门,并在一些国际机构的帮助下,恢复了一些公共医疗机构。当然,这远远没有达到当地社会对医疗卫生服务的需要。

第五节 体育

由于社会、政治和经济诸方面的原因,索马里体育事业不景气,没有成为全民体育。独立后,索马里政府在

索马里

外国的帮助下,兴建了一些体育设施,如国家体育馆、游泳池和足球场等,还建立了国家足球队、乒乓球队、篮球队、田径队、游泳队和跳水队等。不过,这些运动组织只致力于参加国际比赛,或赴友好国家访问。在20世纪70年代,索马里有多个体育运动队访问中国,参加有关比赛或与相关运动队进行经验交流。这些体育代表团主要有:1973年6月14日至7月6日来华的索马里国家足球队;1973年8月25日来华参加亚非拉乒乓球邀请赛的索马里乒乓球队;1974年7月14日至8月2日来华访问的索马里篮球队;1975年5月至6月来华训练、学习并对我进行友好访问的索马里国家田径队;1975年8月来华参加北京国际游泳、跳水比赛的索马里游泳队,赛后该队还在北京进行为期两周的训练;1978年5月28日至6月13日来华访问的索马里篮球队等。1991年1月民主共和国政府被推翻,全国陷于地方割据状态后,体育设施全遭破坏,各类体育运动队也荡然无存。

第六节 新闻出版

一 报纸与通讯社

从1960年独立到1973年,索马里由于没有本民族文字,新闻出版物使用的是阿拉伯文或意大利文、英文。这期间的报刊主要有:

《索马里信使报》,意大利文。政府机关报,在摩加迪沙出版。每周出版6期,4开4版。国际新闻主要来源是意大利安莎通讯社,同时部分采用其他西方通讯社的消息。发行量约4000份。这家报纸雇有意大利专家,总编辑也是意大利人,实际上仍操纵在意大利人手中。

《索马里之声》,系日报,阿拉伯文。1964年创办,由索马

第五章 教育、科学、文艺、卫生

里新闻部主办。

《索马里新闻》，系周刊，英文。也是官方报纸，每星期五出版，发行量约3000份左右。这家报纸的编辑、记者全是索马里人。

《联盟报》，用意大利文和阿拉伯文同时出版。索马里青年联盟的机关报，每周出版一次，社址在摩加迪沙。

《旗帜报》，阿拉伯文，不定期出版，社址设在北区的哈尔格萨。

《战斗报》，阿拉伯文，是民主联盟的机关报，每周出版一期。

1960~1969年期间的通讯社，起初只有一家由私人经营的索马里通讯社。1964年7月成立了官方通讯社，名叫索马里国家通讯社。

1969年民主共和国政府成立后，政府对现有报纸和通讯社进行取缔。索马里国家通讯社成为唯一的通讯社，新创办的《十月之星报》成为唯一的日报。此外，还有一种名叫《先锋报》的周刊和一种名叫《新时代》的月刊。周刊用意大利文、阿拉伯文出版；月刊用英、意、阿三种文字出版。

《十月之星报》起初用阿拉伯文和英文两种文字出版。在1972年索马里政府决定用拉丁文字母拼写的索马里文为官方文字后，《十月之星报》又增加了索马里文版。该报日发行量为1万份左右。

作为索马里唯一的官方通讯社"索马里国家通讯社"，每天除了在国内发布新闻之外，还要向外国新闻机构发送新闻稿一份。该通讯社在国外没有分支机构，但同路透社、法新社、塔斯社、苏联新闻社、南通社、东德通讯社、德新社、南也门通讯社等签订有新闻通讯合作协定。

1991年1月民主共和国垮台后，索马里的原有媒体基本上

索马里

都被破坏。随着部分地区局势的逐渐缓解,一些地方自治政府和军阀、新闻界人士和商人开始创办新的报刊和广播电台与电视台。

目前,索马里的新闻媒体以地方性报纸为主。例如,在摩加迪沙出版的日报有《民族报》、《知情者》和《当代报》三种,均用索马里文出版。其中《民族报》,是目前索马里发行量最大的报纸,但其总部设在伦敦。在哈尔格萨出版的日报有《共和国人》和《小骆驼》,用索马里文和英文出版。在加罗韦出版的日报有《探索》、《快乐》和《东部之光》,皆用索马里文出版。

二 广播

由于文盲率较高,广播成为索马里最流行的新闻媒体。20世纪40年代,广播首先被引入哈尔格萨。此后短波收音机成为索马里全国最基本和珍贵的家庭电器之一,成为人们了解外部世界主要手段。独立之初,索马里共有2家广播电台,一个设在摩加迪沙,一个设在哈尔格萨,规模都很小。

1969年民主共和国政府成立后,索马里新闻部的广播局负责广播和电视节目的播放。设在摩加迪沙和哈尔格萨的两个广播电台播送新闻和娱乐节目。摩加迪沙广播电台为国家电台,使用的语种有索马里语、英语、阿拉伯语、意大利语、法语、斯瓦希里语、阿姆哈拉语、阿法尔语、盖拉语等,每天广播十多个小时。哈尔格萨电台属于北区地方政府电台,主要用索马里语广播。西亚德政府时期,广播受到政府的严格控制。据1988年统计,当时的索马里有37.5万台收音机。

1991年1月民主共和国政府被推翻后,各种各样的广播电台先后出现。主要广播电台有:博萨索调频台(Bosasso FM);设在摩加迪沙的非洲之角广播电台(Horn Afrik Radio),该台为独立的调频台,兼转播英国广播公司的索马里语节目;拜多阿广

第五章 教育、科学、文艺、卫生

播电台（Radio Baidoa），为"索马里西南国"政府的电台；贝纳迪尔广播电台（Radio Banadir），为亲过渡全国政府的电台；自由索马里广播电台（Radio Free Somalia）；索马里电视网广播电台（Somali Television Network Radio）；圣可兰经之声广播电台（The Voice of the Holy Kran），为宣传伊斯兰教的电台；总部设在摩加迪沙的人民之声广播电台（The Voice of the People）；索马里共和国之声广播电台（The Voice of the Republic of Somalia），为亲艾迪德派电台；设在哈尔格萨的索马里兰共和国之声（Voice of the Republic of Somaliland），为索马里兰政府电台；摩加迪沙广播电台（Radio Mogadishu），是2000年8月成立的过渡全国政府的官方电台。2004年10月，过渡联邦政府成立后，接管了该电台。此外，英国广播公司（BBC）设在摩加迪沙和哈尔格萨的索马里服务台，主要向索马里转播BBC的节目。BBC设在埃塞俄比亚的和平之声（Voice of Peace）台，也向索马里播送广播节目。

三 电视

索马里最早的电视台是1983年在摩加迪沙建立的"索马里电视台"（Somali Television）。该台用索马里语和阿拉伯语播放彩色电视节目，但该台的传输覆盖面很小。到1987年，全国估计共有20万台电视机，约60万观众。

1991年1月索马里民主共和国政府被推翻后，随着相对便宜的电视台设备的进口，一些地方割据政权和商人建立了一些电视台。1996年，索马里兰地方政府电视台（Somaliland Television）在哈尔格萨建立。1999年在摩加迪沙建立的非洲之角电视台（Horn Afrik），系索马里内战以来由索马里人创办的第一家私人电视台，播放两套索马里语节目，还转播美国有线新闻网以及体育节目。由索马里海内外商人共同兴办的索马里电视网

索马里

(STN)设在摩加迪沙,2000年3月开播,共有22个频道。2003年5月,该电视网的广播节目开始用卫星播放,并很快发起一个卫星电视频道。该电视网的节目除了用索马里语广播之外,还相继推出英语、阿拉伯语、阿姆哈拉语和斯瓦希里语节目。在北部地区的布劳市,则有布劳电视台(TV Burco)等。

至于一些餐馆和饭店的主人及富裕家庭的人,他们除了收看本国有关电视台节目之外,还通过购买电视天线的方式收看CNN新闻,收看印度、阿拉伯国家和西方的电视、电影节目。不少餐馆和饭店还把它作为吸引顾客的手段或让一些人通过付费的方式前来观看。

此外,互联网也被一些商人、索马里海外侨胞等引入索马里,在一些城市里出现了计算机培训班和网吧等。但总体来看,索马里的电子产品用户十分有限。

第六章
外　交

　　独立后的索马里其外交可分为三大时期,即索马里共和国时期、索马里民主共和国时期和内战地方割据时期。其中,索马里民主共和国又分为前后两个阶段。

　　在索马里共和国时期,由于其政府领导人多接受意大利和英国的教育,基本上奉行亲西方的外交政策。但为了表示其独立性和不结盟政策,也重视发展与苏联和中国的关系。此外,作为伊斯兰国家,索马里与阿拉伯国家一直保持着传统友好关系。索马里虽然支持非洲国家的独立和民族解放斗争,主张非洲走向政治统一,积极参加非洲统一组织,但与邻国的关系则因领土争端而长时间处于紧张状态。虽然接受苏联培训其军队,但是为了平衡苏联的影响,也寻求美国等西方国家为其培训警察部队。

　　1969年索马里民主共和国政府成立后,其前期采取亲苏联的外交政策。后期因与苏联产生矛盾,开始向以美国为首的西方靠拢,但在人权、民主等问题和走什么样的经济发展道路方面又与美国存在矛盾。在与邻国关系上,索马里民主共和国政府宣布"将采取负责任的态度以实现统一的目标"。1977~1978年为欧加登领土问题,与埃塞俄比亚发生大规模战争。奉行不结盟政策,反对殖民主义,反对种族歧视,支持民族解放运动。

　　1991年民主共和国政府被推翻,全国出现军阀混战和地方

割据以来,各派成立的所谓中央和地方政府一般都采取亲西方某一个国家或国家集团的政策,以获得经济援助和支持,并试图争取国际社会的承认。2004年10月过渡联邦政府成立后,采取了较全面的外交政策,逐步得到国际社会的承认。

第一节 外交政策

独立后的索马里历届政府均奉行各国平等、尊重各国领土主权完整、互不干涉内政的外交政策。

独立之初的索马里共和国政府主张加强同非洲和伊斯兰国家的关系,支持实现非洲统一和非洲所有地区的完全解放。索马里是非洲统一组织的创始会员国之一。1974年6月,在摩加迪沙成功召开了非洲统一组织第11届首脑会议。1986年1月,索马里加入了由东部非洲国家吉布提、埃塞俄比亚、肯尼亚、苏丹和乌干达组成的"政府间抗旱与发展组织"(Inter-Government Authority on Drought and Development-IGADD),后改名为政府间发展组织(Inter-Government Authority on Development-IGAD),简称"伊加特"。

一 共和国时期的外交政策

在索马里独立初期,索马里的政治家普遍认为,统一索马里人居住的地区是他们面临的一大政治任务,如果不把西方殖民时期分割出去的索马里人居住区的领土收回,他们的政府就无法获得索马里人的广泛支持。索马里共和国设置的国旗上的五颗星除了包括南区和北区之外,还包括法属索马里(今吉布提)、埃塞俄比亚的欧加登和肯尼亚的东北省。1961年通过的宪法虽然谴责用战争手段解决国际纠纷,但同时规定凡是索马里人,无论他居住在哪里,都是索马里共和国的公民,要求索马里人占多数地区的国家或殖民地给予索马里人自决权。共和国政府将建立大索马里作为自身的目标之一。

在 1961 年伦敦会议讨论肯尼亚的未来时,来自肯尼亚东北地区的索马里人代表要求英国让该地区在肯尼亚独立前与肯尼亚分离,遭到英国的拒绝。为此,居住在肯尼亚境内的索马里人在索马里共和国的支持下开展分离运动。这也是 1963 年索马里与英国断交的原因之一。同年,1963 年 12 月肯尼亚获得独立后实行的是中央集权而非联邦制政策,肯尼亚东北部地区的索马里人与肯尼亚中央政府的敌对情绪急剧上升,开始进行长达 4 年的反政府的游击战争。

索马里还拒绝承认 1897 年英国与埃塞俄比亚签订的埃塞俄比亚与索马里的边界条约,也不承认其他有关埃塞俄比亚与索马里边界的附加条约。索马里独立后 6 个月,即 1961 年 1 月,埃塞俄比亚境内欧加登地区的索马里人因要求脱离埃塞俄比亚而遭当地军警镇压,引起了索马里与埃塞俄比亚之间关系的紧张。1964 年 2 月,索马里军队与埃塞俄比亚军队在边界发生冲突,埃塞俄比亚空军轰炸了索马里境内的目标。在代表非洲统一组织的苏丹政府的调解下,双方于同年 3 月实现停火,并在边界建立了 15 公里的非军事区。

1967 年 7 月,舍马克当选总统后,面对难以改变的边界现状,对邻国采取了积极改善关系的政策。1967 年秋,索马里先后同埃塞俄比亚和肯尼亚签订了相关协定,表示相互尊重对方主权和领土完整,停止一切敌对行动等。

二 民主共和国时期的外交政策

1969 年民主共和国政府成立后,对外奉行中立和不结盟的政策,反对帝国主义和新老殖民主义,支持民族解放运动。最高革命委员会《第一号革命声明》中指出,民主

索马里

共和国政府的对外政策是支持国际团结和民族解放运动,反对一切形式的殖民主义和新殖民主义,努力维护索马里的民族统一,坚持各国人民和平共处原则,继续奉行积极中立和不结盟政策。

1970~1978年间,民主共和国政府为了在索马里实行建设"社会主义"方针,对外奉行亲苏联的政策,与苏联、东欧国家和中国的关系密切。在1977~1978年的欧加登战争中遭败后,索马里民主共和国因苏联在战争中支持埃塞俄比亚,双方关系急剧恶化。索马里开始向以美国为首的西方国家靠拢,寻求依靠西方国家的经济和军事援助,允许美国等西方列强将索马里的海港和机场作为军事基地。

在与邻国的边界问题上,民主共和国政府起初坚持邻国的索马里人居住的地区应与索马里统一的立场。但随着1977~1978年在与埃塞俄比亚争夺欧加登的战争中的失败,以及难民、旱灾等引起的经济困难,使索马里政府不得不放弃原来的立场,并从20世纪80年代开始寻求改善与邻国的关系。到20世纪80年代中期,索马里与吉布提、肯尼亚和埃塞俄比亚的关系先后得到改善。

到1991年1月民主共和国政府被推翻之前,有50多个国家在索马里设有使馆,其中重要的有阿尔及利亚、保加利亚、中国、古巴、吉布提、埃及、埃塞俄比亚、法国、德国、印度、伊朗、伊拉克、意大利、肯尼亚、朝鲜民主主义人民共和国、科威特、利比亚、尼日利亚、阿曼、巴基斯坦、卡塔尔、罗马尼亚、沙特阿拉伯、苏丹、叙利亚、土耳其、阿拉伯联合酋长国、英国、美国、也门、苏联、南斯拉夫和津巴布韦等。

三 索马里政府签署的人权条约

从1960~1991年,索马里历届政府参加的人权条约主要有:《根除所有形式的种族歧视国际公约》(International

Convention on the Elimination of All Forms of Racial Discrimination),《人权与政治权利国际公约》(International Convention on Civil and Political Rights and its First Optional Protocol),《经济、社会和文化权利国际公约》(International Convention on Economic, Social and Cultural Rights),《反对拷打和其他酷刑或非人待遇与惩罚公约》(Convention Against Torture and Other Cruel or Degrading Treatment or Punishment),《根除强制和强迫劳动公约》(Convention on the Eliminiation of Forced and Compulsory Labour),《根除就业和职业中的歧视公约》(Convention on Eliminiation of Discrimination in Respect of Employment and Occupation) 和《1949年日内瓦公约》(1949 Geneva Conventions) 等。

第二节 同美国的关系

第二次世界大战后,美国开始对索马里积极进行经济渗透。1952年,美国取得在索马里勘探和开采石油矿藏的权利,在摩加迪沙设立了索马里-辛克莱公司。1954年,美国在摩加迪沙建立了美国国际合作总署分部,并同意大利签订了"索马里经济合作和技术援助协定",给意属索马里提供价值65万美元的物资援助,向索马里派遣了2000名专家,取得了在索马里执行"第四点计划"、开采石油、建立教会学校等特权。美国商人在"索马里开发基金会"中同意大利人享有同等权利。

1960年,美国给索马里的援助拨款为65万美元,用于发展农业和渔业以及修建公路和港口。同年,美国给予索马里2000吨的粮食援助。1961年,美国在答应给予索马里2500吨的粮食援助的同时,又宣布将于1962年向索马里提供560万美元的援助用来修建基斯马尤港。1962年2月,美国飞马石油公司同索马里政府签订一项协定,获得在索马里的希兰地区、穆杜格部分

索马里

地区和南部共 56000 平方公里的地区勘探和开采石油的权利。根据索马里官方公布的数字,从索马里独立到 1963 年底,美国对索马里的经济援助为 2620 万美元。从 1962 年起,美国开始向索马里派遣"和平队",并在索马里设立了新闻中心,出版新闻公报。美国还向索马里留学生提供奖学金名额。

1961 年美国提出援建基斯马尤港的目的项目,因双方在港口的使用上意见不一,直到 1968 年才完成。1964 年 2 月,索马里对美国向埃塞俄比亚提供军事援助表示不满,认为埃塞俄比亚会用美国提供的武器对付索马里,要求美国改变这种政策。1969 年索马里民主共和国政府成立后,索马里采取同苏联接近的政策。美国与索马里两国关系一度紧张。1969 年 12 月,索马里宣布驱逐美国"和平队"。

索马里在 1977~1978 年同埃塞俄比亚的战争中失败后,索马里与苏联的关系全面恶化。美国很快宣布愿向索马里提供武器。特别是在伊朗的巴列维王朝于 1979 年被推翻后,美国失去了在中东的一个重要军事据点,更加需要在附近地区得到一个军事基地作为其在中东军事存在的补充。1980 年,华盛顿和摩加迪沙签署协议,美国通过允诺在今后 2 年里向索马里提供价值 4000 万美元的武器,换取了使用索马里的柏培拉、摩加迪沙和基斯马尤的港口和机场的权利。美国还对过去由苏联援建的柏培拉港的设施进行整修和扩大,作为美国快速反应部队进行军事演习和活动的基地。一年后,美国向该港派去了常驻军事顾问。此后索马里军队与美国军队一起利用该港进行军事演习。在 1990 年的海湾战争中,该港还被美国用作向沙特阿拉伯运送美军。

在 20 世纪 80 年代前半期,美国对索马里的军事援助逐年增加。据统计,美国对索马里的军事援助 1980 年为 33 万美元,1981 年和 1982 年合计 4000 万美元,1983 年 2120 万美元,1984 年 2430 万美元,1985 年 8000 万美元。为了加强两国的关系,

第六章 外　交

1982年2月，总统西亚德·巴雷亲自率领索马里政府代表团访问美国。

但是，进入80年代后半期，由于美、苏关系出现了缓和，索马里在美国战略中的地位开始下降。美国借口巴雷政府腐败无能，违犯人权和有领土扩张野心等，逐步降低对索马里的援助。1986年，在大赦国际（Amnesty International）和非洲观察（African Watch）等国际组织指责索马里存在大规模违犯人权的现象后，美国国会于1987年通过了大规模削减对索马里援助的法案。1989年，老布什政府停止对索马里的军事援助，但仍提供粮食援助，并继续培训索马里的军事人员。1990年2月，美国看到巴雷政权日益不稳，遂决定停止对索马里的所有援助。

到索马里内战最激烈的1991年1月，美国关闭了其设在摩加迪沙的大使馆，并撤出了所有美国在索马里的人员。1991年8月，迈赫迪临时政府成立后，美国承认了该政府。

在如何解决索马里久拖不决的内战问题上，美国的政策是随着国际形势，特别是美国国内形势的发展变化而有所不同。美国先是主张联合国使用武力干预索马里事务，并积极参与联合国的索马里维和行动，于1992年底率多国部队出兵索马里，积极介入索马里的内部冲突。1992~1995年两次维和行动资金25亿美元中的大约三分之二是由美国提供的。但在遭遇艾迪德派坚决抵抗并损兵折将后，美国迫于国内外压力调整对索马里的政策，强调政治解决索马里问题。维和行动失败后，美国较少介入索马里事务。着重鼓励并支持索马里兰和蓬特兰的重建努力，向两个地方政府提供了人道主义援助和发展资金。但在是否承认索马里兰独立这件事上，美国又持谨慎态度。

2001年"九一一事件"和美国开始在阿富汗打击塔利班和基地组织后，为防止"基地组织"残余分子进入索马里藏匿，美国一方面冻结与"基地组织"有联系的索马里"伊斯兰团结

索马里

党"和巴拉卡特银行在美国的资产,对索马里进行军事和经济封锁;另一方面加大对索马里问题的卷入力度,派军事小组和美国驻肯使馆主管索马里事务的官员访问拜多阿和摩加迪沙,会见索马里地方政府领导人和过渡全国政府的官员,了解索马里境内恐怖主义组织的情况,要求索马里过渡全国政府与恐怖主义组织划清界线。

2002年,美国出于其全球反恐战略的需要,积极支持联合国和伊加特调解索马里各派冲突,希望通过促进索马里各派和解以结束索马里的无政府状态,消除恐怖组织在索马里滋生蔓延的土壤,并为索马里新一轮和会的召开提供了部分财政援助。同年8月,美国在确信巴拉卡特银行与恐怖组织无关后,解除了对该银行资产的冻结。

美国还通过联合国难民署向索马里的难民提供了一定数量的人道主义援助。2003年5月,美国开始接受因内战逃到肯尼亚的1.18万索马里班图裔难民到美国定居。

2004年10月,索马里过渡联邦政府成立后,美国承认了该政府。

第三节 同意大利的关系

意大利作为原索马里南部地区的宗主国,与索马里有着千丝万缕的联系。独立前后,意大利在索马里的经济利益以农业为主,它在索马里南区的谢贝利河和朱巴河一带,占有大量肥沃的土地,开办了263个种植园。这些种植园主要种植香蕉、甘蔗等经济作物。索马里为数不多的几家工厂也为意大利资本所垄断。索马里较大的几家商店和企业多为意大利人所经营。意大利在索马里设立的银行有意大利银行、罗马银行等,并实际控制着索马里货币的发行权。

第六章 外　交

索马里独立时，意大利与索马里签订了两项条约和六项协定。两项条约是《友好条约》和《领事条约》。六项协定是《贸易支付与技术合作协定》、《航空服务协定》、《货币协定》、《香蕉利益一般规定的协定》、《技术合作协定》和《文化协定》。通过这些条约和协定，意大利继续保持其对索马里政治、经济等方面的重要影响。意大利除了派遣顾问参与索马里各级政府部门的工作之外，每年还向索马里提供巨额财政补助，提供技术援助和军事援助，帮助训练索马里的军官和警察等。1963年12月，意大利因索马里接受苏联的军事援助而撤走其军事人员。

然而，意大利在经济、政治和文化等方面仍保持着对索马里的影响，仍是索马里的重要援助国和贸易伙伴之一。根据1960年意索文化协定，意大利继续帮助索马里建立学校和学院，给予索马里留学生奖学金，鼓励他们到意大利接受高等教育。到1965年时，仍有3000名意大利人居住在索马里。意大利人仍掌握着索马里的经济命脉。在整个20世纪60年代，意大利对索马里的经济援助在索马里接受外来经济援助总额中占1/4。索马里的许多产品，特别是农产品主要出口意大利。在意大利的支持下，索马里与当时的欧共体建立了关系，并得到其经济和技术援助，享有向欧共体市场出口产品的优惠待遇。

从1978年起，意大利给予索马里的援助再度超过所有西方国家，其中包括用于军队后勤运输的菲亚特卡车（索马里军队的主要运输车辆）、军用飞机、教练机、轻型坦克和装甲运兵车等。1980年，在意大利政府支助下，意大利公司出口索马里的武器达到1.24亿美元。1981年，意大利外长访问索马里，双方签署了意大利向索马里提供价值4000万美元的军援的协议。1983年，双方又签署了意大利帮助索马里培训军事人员的协议。1985年，双方又达成了新的军援协议。除军援外，意大利海军舰只还经常造访摩加迪沙港。直到1990年7月，在索马里形势日益恶化的情况下,意大利才宣布撤出其在索马里的56名军事顾问和教官。

20世纪80年代末,在索马里内战日益扩大的情况下,意大利积极调解冲突各方,并向因内战而流离失所的人提供了3500万美元的人道主义援助。1990年,意大利积极与埃及合作,试图调解巴雷政府与反对派的冲突,但未能成功。1992年,意大利派兵3000余人参加联合国的索马里维和部队。在美军与艾迪德的冲突加剧的情况下,意大利对美国用武力降服艾迪德派的做法表示不满,转而反对用军事手段解决索马里问题,主张西方国家尽早撤军。

1997年起,意大利积极参与索马里问题的调解工作,多次派特使在各派间斡旋。意大利是吉布提提出的索和平倡议的最初发起国之一,曾积极支持并推动索马里和会的召开。2000年,意大利提出愿向和会及索马里过渡全国政府前期的运作提供经费30万美元,其交换条件是意大利享有对索马里和会的主导权。但遭到吉布提政府拒绝。

从2002年起,意大利开始积极支持伊加特主导的索马里和平进程,为索马里新一轮和会的召开提供了财政支持。意大利与索马里兰关系密切,向其提供了大量援助。2004年10月索马里过渡联邦政府成立后,意大利对此表示欢迎。

第四节 同英、德、法等欧盟国家的关系

国作为原索马里北部地区的宗主国,与索马里有着独特的关系。独立前,英属索马里财政预算入不敷出,每年都有大量赤字,需要依靠外国的财政援助。英国在1955~1958年一共向英属索马里提供了245万英镑的财政补助。英国在索马里北部的投资主要在对外贸易和金融方面。英国的国民海

第六章 外 交

外银行在索马里的北部地区设有两个分行，控制着索马里北部地区的金融业。

独立时，英国取得了其飞机飞越索马里北区的过境权，取得了在柏培拉港口设立电台的权利，并答应每年给予索马里150万英镑的财政补助。英国在摩加迪沙设有新闻中心，出版新闻公报。此外，英国在索马里的警察训练、行政制度、教育制度等方面仍有很大的影响。

1963年3月，由于英国决定把肯尼亚境内索马里人居住的北部地区划为肯尼亚的第7个省，索马里断绝了与英国的外交关系。不久，又宣布废除索英两国航空协定，不再许可英国军用飞机飞越索马里领空，并且拒绝接受英国的财政援助。1964年，索马里的财政赤字主要依靠中国和意大利给予的援助来弥补。此后，索马里与英国除保持正常的贸易关系外，双方的政治关系一直比较冷淡。

到80年代中期，索马里的一些反对派以伦敦为基地建立反政府组织，索马里与英国的关系出现紧张。1986年9月，索马里外交部长、西亚德·巴雷的弟弟阿卜迪拉赫曼·贾马·巴雷指责英国广播公司从事反对索马里的宣传。

内战爆发后，英国作为联合国安理会常任理事国，积极支持联合国干预索马里内战和向索马里派遣维和部队。维和行动失败后，英国政府支持联合国、非洲统一组织和索马里的邻国出面调解索马里各派之间的冲突。此外，英国主张通过支持地方政府建立稳定的政权的方式，逐步推动索马里的和平进程，建立联邦制中央政府。英国同其前殖民地索马里兰保持密切关系，向索马里兰提供了一些人道主义援助。但在是否在外交上承认索马里兰独立问题上持谨慎态度。2004年10月索马里过渡联邦政府成立后，英国表示了欢迎的态度。

索马里独立后不久，即与联邦德国建立外交关系。德国除了向索马里提供经济援助之外，还向索马里的警察和安全部队提供技术援助，帮助训练了大约60名索马里特种武装力量人员。还向索马里警察所属的航空部门派遣了一个技术小组，帮助维护索马里警察的飞机。到1985年，联邦德国已向索马里提供了价值6800万西德马克的车辆和技术设备。1985~1987年，联邦德国对索马里的军事援助价值约为1200万联邦德国马克。直到索马里内乱发生后，联邦德国才停止对索马里的军事援助。

索马里同法国的关系因索马里反对法国对法属索马里的占领而长期不睦。索马里内战爆发后，法国积极支持联合国干预索马里内战。联合国在索马里的维和行动失败后，法国转而支持索马里的邻国调解索马里各派之间的冲突。

索马里同欧盟其他成员国如挪威、瑞典等，也有外交关系。

第五节 同苏联/俄罗斯和东欧国家的关系

独立后，为了争取索马里人五大聚居区的统一，索马里共和国政府计划将本国军队扩充到2万人。起初，索马里试图寻求美国的援助。但美国政府认为索马里只需5000人的军队就能维护内部安全，拒绝索马里为扩军而提出的援助要求。于是，索马里就转而寻求苏联的军事援助。

1961年5月，索马里政府总理舍马克访问苏联。苏联为对抗美国对索马里的影响，决定无条件地向索马里提供为期20年的优惠贷款，与索马里签订了经济技术合作协定和贸易协定。苏联同意给予索马里4700万新卢布（约合5220万美元）的贷款，帮助索马里军队购买苏联的坦克、装甲运兵车和米格飞机等军事装备，以使索马里的军队现代化。索马里的军队很快扩充到1.4万人。在60年代，美国和联邦德国等西方国家主要向索马里的警察部队提供一些援助，苏联一直是索马里的主要军事援助国。

第六章 外　交

　　1963年9月，索马里军事代表团访问苏联。11月，索马里宣布接受苏联提供的1070万英镑的军事援助，苏联将派遣300多名军官到索马里帮助训练索军事人员，并接受500多名索马里军官赴苏接受培训。许多在苏联接受培训的索马里军官接受了马列主义的观点。这些人是索马里后来奉行亲苏联的外交政策和改行社会主义制度的主要支持者。苏联对索马里的出口也开始迅速增长。1963年，苏联在索马里的进口贸易额中，已超过英、美两国，仅次于意大利，居第二位。

　　1969年西亚德政府上台执政后，索马里与苏联的关系，特别是军事关系迅速发展。1972年，苏联国防部长访问索马里，与索马里签订了帮助索马里修建柏培拉港的协议。根据协议，柏培拉港修建完成后，苏联有优先使用该港设施的权利。苏联在柏培拉港修建了储存导弹的基地，修建了长达数千米、能够起降大型轰炸机的跑道，还修建了巨大的雷达和通讯设施，将柏培拉变成苏联在非洲之角重要的战略基地。苏联向索马里军队提供了大量武器装备，其中包括大型坦克、喷气式飞机和米格21战斗轰炸机等。

　　1974年，索马里与苏联签署友好合作条约（Tready of Friendship and Cooperation）。索马里军队开始得到米格21战斗机、T-54坦克、萨姆-2导弹、鱼雷艇等当时比较先进的军事装备。苏联派往索马里的军事顾问也增加到1500人。此外，还有50名古巴顾问。苏联还帮助培训了索马里军队的情报人员及国家安全局人员。到索马里与苏联关系恶化前夕，大约有2400名索马里军官在苏联接受过军事训练，还有150名索马里军官在东欧国家接受过军事训练。

　　1977年夏，索马里与埃塞俄比亚之间因欧加登问题爆发战争。起初，苏联以中间人的身份试图调解索马里与埃塞俄比亚的冲突，以继续保持与两国的友好关系，但未获成功。经过权衡，苏联选择了支持埃塞俄比亚,并于当年 8 月停止对索马里的武器输入,同时开始向埃塞俄比亚大量提供武器装备。三个月后,索马里宣布取消与苏联的友好合作条约,并将大批苏联顾问驱逐出索马里,宣布与苏联断交。两国的外交关系直到 1986 年才再度恢复。

苏联解体后,俄罗斯政府采取全面从非洲撤退的战略,对非洲地区的事务不像以往那样关心。在索马里问题上,作为联合国安理会常任理事国,俄罗斯政府仅在政治上支持联合国、非洲地区组织和索马里的邻国为调解索马里冲突所作的努力。

索马里独立后,先后同东欧国家建立了外交关系。1961 年 5 月,舍马克总理访问苏联的同时,也访问了捷克斯洛伐克,同捷签订了经济合作、贸易和支付协定、文化合作协定等。捷答应给 150 万英镑的长期低息贷款。

第六节　同周边邻国的关系

一　同埃塞俄比亚的关系

塞俄比亚系索马里的最大邻国,两国的边界纠纷集中在一块面积约为 22 万平方公里的叫做"欧加登"(又称哈拉尔)的地区上。这块土地位于埃塞俄比亚的东部和索马里的西部边境,主要居住着索马里人。这里土地肥沃,盛产咖啡、小麦、甘蔗、棉花和皮革。据索马里方面的资料,在 1887 年以前,欧加登属于一个独立的伊斯兰王国。1887 年,埃塞俄比亚利用欧加登王国力量的削弱,出兵占领了欧加登。1897 年,英国与埃塞俄比亚签订了一项秘密协定,英国同意把欧加登地区的统治权交给埃塞俄比亚,而埃塞俄比亚则向英国保证不支持当时苏丹人民的反对英国的革命运动。1908 年,意大利与埃塞俄比亚签订协定,同样承认欧加登为埃塞俄比亚管辖下的领土。

第六章 外 交

1935年，意大利侵入埃塞俄比亚，占领了欧加登地区。1941年，英国在第二次世界大战爆发后赶走意大利人，夺回了原英属索马里保护地、欧加登，而且控制了意属索马里。英国曾企图使各国承认它托管前意属索马里的权力，把这3个地区与它控制的肯尼亚的北方省合并组成大索马里后加入英联邦，但因遭到美、苏、法等国家的反对而未果。1954年，英国被迫放弃"大索马里计划"，把欧加登全部地区又交还给埃塞俄比亚。

1960年索马里独立后，埃塞俄比亚根据其同英国、意大利签订的有关协定，一再强调欧加登是埃塞俄比亚的领土。而索马里政府认为这些条约的签订没有索马里代表参加，因而是非法的；认为在这一地区居住的索马里人与索马里共和国国内的居民有着共同的语言、宗教和风俗习惯，因此应该同索马里统一起来；认为唯一的解决办法是在有效的国际监督下实行民族自决。

由于双方在欧加登问题上的纷争，索马里独立后同埃塞俄比亚的关系长期不睦，在边境上不时爆发冲突。索马里政府要求实现欧加登与索马里的统一，提出了要通过合法手段，以和平方式统一欧加登的主张，但遭到埃塞俄比亚的坚决反对。1961年9月初，索马里总统欧斯曼出席第一次不结盟首脑会议时，与埃塞俄比亚皇帝塞拉西举行会谈，双方关系得到一定程度缓和，索马里政府宣布同意埃塞俄比亚派大使到摩加迪沙。1963年6月，在埃塞俄比亚举行第一次非洲国家首脑会议时，索马里总统与埃塞俄比亚皇帝互换信件，表示要采取步骤，加强两国的关系，但双方在边界问题方面的冲突并未得到根本解决。得到索马里支持的欧加登地区索马里人民兵组织，不时同埃塞俄比亚的安全力量发生冲突。欧加登地区的索马里人还开展游击战，要求在欧加登建立自治政府，塞拉西皇帝拒绝了他们的要求。索马里政府最初并未公开支持游击队。但当1964年1月埃塞俄比亚政府向欧加登地区增兵，加强对当地索马里人游击队实施镇压时，索马里军

索马里

队也开始向游击队提供支持。两国军队直接发生冲突。1964年3月,索马里与埃塞俄比亚在苏丹的调解下在苏丹首都喀土穆签署协议,同意从边界撤军,停止敌对行动。

1969年索马里民主共和国政府成立后,索马里与埃塞俄比亚因欧加登争端关系继续不睦。1974年埃塞俄比亚皇帝塞拉西被推翻后,索马里政府试图利用埃塞俄比亚新政府立足未稳的时机统一欧加登索马里人居住地区,增加对欧加登索马里人组织"西部索马里解放阵线"(Western Somali Liberation Front-WSLF)的支持。1975年,"西部索马里解放阵线"在索马里军队的支持下,对埃塞俄比亚在欧加登的许多军警基地发动进攻。1977年6月,埃塞俄比亚指责索马里正规军入侵埃塞俄比亚。最初,索马里军队和游击队取得了一些胜利,到9月中旬占领了欧加登地区90%的土地。不过,索马里军队在埃塞俄比亚军队的顽强抵抗下也遭受严重损失。随后,埃塞俄比亚军队凭着苏联的武器装备,又有古巴军队的帮助,逐步由防御转为反攻,并于1978年初全线击败索马里军队。索马里政府被迫于同年3月9日宣布从欧加登撤军。

此后,索马里与埃塞俄比亚边界冲突不断,双方关系紧张,相互支持对方的反对派向对方发动进攻。索马里政府坚持支持埃塞俄比亚的反政府武装组织"西部索马里解放阵线"(Western Somali Liberation Front),向其提供了大量军事援助,直至该阵线于1984年分裂。为了向索马里政府施压,埃塞俄比亚的门格斯图政府也反过来支持索马里的反政府组织。1982年,埃塞俄比亚支持索马里反政府武装向索马里中部发动进攻,占领了索马里边界和穆杜格州的部分城镇。

从1982年起,伊加特成员国中的肯尼亚和吉布提提出了缓和非洲之角紧张局势的建议,开始调解索马里与埃塞俄比亚因欧加登问题存在的矛盾和争端。1986年1月,在伊加特成员国的调解下,西亚德·巴雷在吉布提会见了埃塞俄比亚领导人门格斯图·海尔-马里亚姆（Mengistu Haile-Mariam），双方讨论了索马里与埃塞俄比亚之间未定边界的临时行政分界线，同意进一步就边界问题举行谈判。双方还同意交换在欧加登战争中被俘的战俘，停止对对方国内反对派的支持。但双方除了在1986年和1987年继续就边界问题进行接触之外，其他协议并未得到认真执行。

1988年4月4日，巴雷与门格斯图在吉布提再次举行会谈，双方签署了联合公报，同意恢复外交关系，互派大使，从共同边界撤出自己的军队和交换战俘，停止支持对方的反政府武装和敌对宣传。

1991年1月索马里巴雷政府被推翻后不久，即同年5月，埃塞俄比亚也出现政权更迭，门格斯图政府垮台。新成立的梅莱斯政府宣布对索马里内战持中立立场，并积极参与调解各派之间的冲突，安置来自索马里的大批难民。

1993年，埃塞俄比亚总统梅莱斯受非洲统一组织和伊加特委托出面斡旋，促使索马里各派签署了"亚的斯亚贝巴协议"。1996年11月上旬至1997年1月初，在埃塞俄比亚政府主持下，索马里26个派别领导人在埃塞俄比亚边境重镇索德雷召开会议，建立全国拯救委员会，启动"索德雷和平进程"。与此同时，埃塞俄比亚对索马里伊斯兰原教旨主义势力对埃塞俄比亚进行的渗透活动保持高度警惕，多次派兵进入索马里西南部盖多州追剿索"伊斯兰团结党"武装分子。1999年，埃塞俄比亚帮助拉汉文抵抗军夺下索马里中部重镇拜多阿，间接控制了索马里与埃塞俄比亚交界的四个州，并在索马里境内驻军。

埃塞俄比亚对1999年吉布提提出以"文化途径"促进索马里各派和解，并于2000年5月在阿尔塔主持召开索马里全国和会，心存芥蒂，但碍于其在使用出海口问题上有求于吉布提，不得不表示支持和会，实际上是冷眼旁观。对于这次"和会"上成立的具有明显的伊斯兰色彩，并有原教旨主义背景的索马里过

渡全国政府,埃塞俄比亚也极为反感。出于意识形态和安全利益方面的考虑,埃塞俄比亚加强了在埃索边境的布防,同时积极支持蓬特兰等亲埃塞俄比亚派别与索马里过渡全国政府作对,以实现其另起炉灶,重新夺回索马里事务主导权的目的。索马里过渡全国政府曾向联合国状告埃塞俄比亚在索马里驻军并从事分裂活动,埃塞俄比亚则予以否认。

埃塞俄比亚在不承认索马里过渡全国政府的合法性与代表性的同时,积极支持同过渡全国政府作对的派别,重视发展与索马里兰和蓬特兰的关系,向这两个地方政府提供大量援助,并与之开展经贸活动。2001年3月促成各派在埃塞俄比亚联合成立索马里恢复与和解委员会。

2002年,埃塞俄比亚作为伊加特授权联合调解索问题的成员国之一,积极推动索马里和平进程,继续与索马里兰、蓬特兰等派别保持友好接触,积极敦促索马里恢复与和解委员会等派别召开新一轮索马里和会。3月,索马里兰"总统"埃加勒应邀访问埃塞俄比亚,双方探讨了埃塞俄比亚加大利用柏培拉港等事宜。埃塞俄比亚此时之所以重视柏培拉港,乃是因为1998年埃塞俄比亚与厄立特里亚于爆发长达两年的边界战争后,双方仍处于敌对状态,埃塞俄比亚的对外贸易受到影响,索马里兰的柏培拉港口对埃塞俄比亚货物的进出口越来越重要。据统计,在2001年,来自埃塞俄比亚的货物就占柏培拉港吞吐货物总量的30%~50%。

2004年10月,在埃塞俄比亚和其他各方的共同推动下,索马里成立了过渡联邦政府。埃塞俄比亚政府立即予以承认。

二 同肯尼亚的关系

索马里同邻国肯尼亚也存在领土争端。这块有争端的领土位于肯尼亚的东北部,面积11万平方公里,居住着约20万索马里人。这一地区原为索马里朱巴地区的一部分。

第六章 外 交

1925年英国与意大利在瓜分东部非洲时,朱巴地区的一部分划入意属东非版图,另一部分划入英属肯尼亚版图,成立北方省。1960年索马里独立后,肯尼亚北方省的索马里居民组成人民进步党,要求脱离肯尼亚,同索马里共和国合并。在1962年春伦敦举行的肯尼亚制宪会议上,北方省的代表团也提出了同样要求。索马里官方支持肯尼亚北方省索马里居民的要求。肯尼亚则一直反对北方边境索马里人提出的脱离肯尼亚的要求。

1963年3月,由于英国决定把肯尼亚原北方省索马里人居住地区划为肯尼亚的第7个省,成立了东北省,索马里和肯尼亚之间的边界争端一度紧张。索马里政府反对英国政府的单方面决定,并宣布断绝与英国的外交关系。1963年8月,英国、肯尼亚为一方,同索马里在罗马举行会谈。索马里政府建议将这个地区临时交由联合国管理,遭到对方的拒绝。1963年12月肯尼亚独立时,双方在该地区的争端仍未解决。1964年,肯尼亚总统肯雅塔与埃塞俄比亚皇帝塞拉西签署互助防御条约,以共同对付索马里的可能入侵。

1978年索马里在欧加登战争中失败后,深深认识到统一所有索马里人居住地区的希望难以实现。为缓解内外困难,西亚德政府于1980年代初开始寻求改善与肯尼亚的关系。1981年,西亚德赴内罗毕访问,与肯尼亚总统莫伊举行会谈,首次宣布放弃对肯尼亚境内索马里人居住区的领土的要求,以缓解对方的怀疑。1984年12月,索马里与肯尼亚政府签署协议,宣布双方在共同边界线上停止敌对行动,索马里永久放弃对肯尼亚的索马里人居住地区领土的要求。此后,索马里与肯尼亚的边界再未爆发大规模的冲突。但一些武装歹徒、偷猎者的非法活动和索马里难民的流动,仍使两国关系不时出现紧张状况。

20世纪80年代末索马里内战全面爆发后,大批难民,包括军人从索马里南部进入肯尼亚北部地区,不仅加重了肯尼亚的经

济负担，而且影响到肯尼亚的安全形势和社会稳定。肯尼亚政府在国际社会的帮助下接受了索马里大量难民，呼吁索马里各派以大局为重，实现民族和解，恢复索马里的和平与统一；要求联合国在肯尼亚和索马里边境驻军，以制止武器流入肯尼亚境内。1995年4月4日，肯尼亚政府宣布，由于索马里没有合法政府，肯尼亚与索马里之间不存在外交关系。肯尼亚总统莫伊曾多次出面调解索马里问题，但均无成果。1999年8月至2000年4月，肯尼亚全面关闭肯尼亚与索马里边界，停止了与索马里的陆、海、空往来。

对索马里的诸多派别，肯尼亚政府均与其保持友好关系，各派在肯尼亚大多设有办事处或联络机构。对2000年成立的索马里过渡全国政府，肯尼亚政府认为该政府对索马里无实际的控制能力，无法在索马里和平进程中起主导作用，故未正式予以承认。2001年5月，索马里过渡全国政府总统阿布迪卡西姆访问肯尼亚，会见莫伊总统，寻求肯尼亚支持。11月和12月，肯尼亚两次发起并主持召开索马里过渡全国政府与反对派"索马里恢复与和解委员会"的和解对话会。但由于"索马里恢复与和解委员会"不承认过渡全国政府的合法性和代表性，"和解会"未取得成果。

2002年，作为伊加特授权联合调解索问题的主席国，肯尼亚积极协调各方立场，促成索马里新一轮和会于10月15日在肯尼亚成功召开，莫伊总统主持了开幕式。经过艰苦努力，索马里过渡联邦政府于2004年10月成立。索马里出现了恢复和平与统一的希望。肯尼亚与其他伊加特成员国的努力终于有了结果。

三 同吉布提的关系

吉布提人与索马里人同种同源。索马里独立前，吉布提系法国的殖民地，因而被称为"法属索马里"。索马

第六章 外 交

里独立后，曾坚决要求收回法属索马里，并支持法属索马里人民要求独立并同索马里共和国合并的斗争。可是，在1975年法国答应吉布提独立，到1977年吉布提进行公民投票表决时，在赞成独立的选民中，有95%的选民选择单独建立国家，而不是与索马里合并。

吉布提认为，非洲之角各国保持现状对其最为有利。作为索马里的邻国，吉布提政府对索马里自20世纪90年代以来的动乱局势十分关注，希望索马里政局早日恢复稳定。吉布提特别是关心与其为邻的索马里西北部地区的动向。之所以特别关心索马里西北部地区的动向，主要是因为占吉布提人口多数的伊塞人，与占索马里兰人口多数的伊萨克人存有历史积怨。因而，吉布提认为，一个由许多部落组成的统一的索马里更能保障索马里西北部地区的伊塞人的权益；如果一个由伊萨克人占多数的索马里兰获得独立，那么，其境内的伊塞人的权益将难以保障。

从1991年秋开始，吉布提总统盖莱就试图调解索马里各派的冲突，并提出愿将吉布提首都作为各派会谈的地点。从1991～1998年，索马里各有关派别在吉布提多次举行会议，讨论索马里和平与统一问题。1999年9月，吉布提总统盖莱在联合国大会上提出通过"文化途径"解决索马里问题的倡议，得到索马里各界及国际社会的广泛欢迎。2000年5月至8月，吉布提主持召开了由索马里民间各界、部落长老、海外索马里侨胞等参加的索马里全国和会，选举产生了索马里内战十年来首位总统，并建立了索过渡全国政府和议会。

2001年，吉布提继续关注索马里的和平进程，在积极支持索马里过渡全国政府巩固政权，争取国际社会支持该政权的同时，还积极参加伊加特主导的索马里问题调解活动。10月1日，吉布提向索马里过渡全国政府派驻大使，成为内战以来第一个向索马里派遣大使的国家。2002年，吉布提作为伊加特授权联合

调解索马里冲突的国家之一,参与了调解索马里问题的活动,并派外长出席了在肯尼亚召开的索新一轮和会开幕式。由于在如何对待索马里过渡全国政府问题上吉布提与其他伊加特成员国存在分歧,吉布提对2002年新一轮索马里和会持消极态度,一度还离开"和会"。2004年10月,新一轮"和会"产生了索马里过渡联邦政府,吉布提很快予以承认。

第七节　同阿拉伯国家的关系

作为伊斯兰国家,索马里与阿拉伯半岛的阿拉伯国家有着长期的文化、宗教和经济联系。双方关系密切。1974年,索马里加入阿拉伯国家联盟,成为该组织的第一个非阿拉伯成员国。索马里一方面支持阿尔及利亚、伊拉克、利比亚等国反对美国在中东地区的政策,另一方面又同亲西方的埃及和沙特阿拉伯等国保持良好的关系。埃及和沙特阿拉伯还向索提供军事援助。到70年代末,索马里因利比亚在欧加登战争中支持埃塞俄比亚而与之关系恶化,谴责利比亚领导人卡扎菲支持索马里的反叛力量。两国还因此于1981年断交,直至1985年4月方恢复外交关系。1988年西方国家以索马里政府镇压反对派,侵犯人权为由,先后停止对索马里的军事援助后,索马里又从利比亚得到军事援助。利比亚向索马里提供了一些轻武器。

在与阿拉伯国家的关系中,索马里与埃及的关系非同一般。1960年7月索马里独立不久,即该年11月,索马里政府总理舍马克访问阿拉伯联合共和国(埃及),两国签订协定。阿拉伯联合共和国向索马里提供5000名士兵的装备和两架飞机,并提供500万埃镑贷款,以便索马里购买埃及和叙利亚的货物。埃及还帮助索马里训练陆军和海军。在欧加登战争期间,埃及向索马里提供了大约3000万美元的军事援助。战争结束后,埃及继续向

第六章 外 交

索马里提供苏制武器弹药和零部件。在1982年索马里与埃塞俄比亚关系再度紧张期间，埃及向索马里提供了苏联制造的T–54和T–55坦克等武器和弹药，并接受索马里军人到埃及受训，向索马里派遣了一支军事教官。

沙特阿拉伯也向索马里提供军事援助，并希望通过援助使索马里脱离苏联的轨道，采取亲西方的外交政策。1974年，沙特阿拉伯在伊朗的支持下，试图以提供7500万美元的一揽子援助的方式来减少苏联对索马里的影响。但由于索马里政府拒绝了这一援助条件，沙特收回了援助承诺。1977年索马里与苏联的关系出现裂痕后，沙特阿拉伯除了用购买埃及和苏丹的武器的方式来帮助索马里之外，还向索马里提供战车、小武器和弹药等，并帮助培训索马里的军事人员。

其他中东国家也向索马里提供一些军事援助。例如，在欧加登战争期间，伊朗、伊拉克和约旦都向索马里提供了武器弹药援助。1982年，科威特向索马里提供了40辆坦克。阿拉伯联合酋长国和阿曼也提供了战斗机和装甲运兵车等。阿拉伯国家还向索马里提供现汇援助，以帮助索马里采购其他国家的武器装备。

在1982年埃塞俄比亚支持索马里政府反对派进攻索马里边界和中部地区时，同年9月举行的阿拉伯国家联盟首脑会议公开表示对索马里政府的支持。在整个20世纪80年代，索马里同科威特、卡塔尔、沙特阿拉伯和阿拉伯联合酋长国等的经济联系日益密切，致使索马里在1990年海湾战争爆发时也加入美国领导的反对伊拉克入侵科威特的联盟。对联盟的支持使索马里得到了经济报偿，卡塔尔取消了索马里欠它的所有到期债务的本息，沙特阿拉伯答应给予其7000万美元的援助，并以低于国际市场的价格向索马里出售原油。

索马里在90年代出现混乱和地方割据局面后，埃及、也门等阿拉伯国家及阿盟还曾积极推动索马里各派实现和解。1997

年底,埃及推动以艾迪德派和迈赫迪派为首的索马里派别签署《索马里问题开罗宣言》,共同倡导通过召开索马里全国和会实现和解,启动了"开罗和平进程"。2000年索马里过渡全国政府成立后,得到阿拉伯国家的积极支持和一些援助,并被接纳出席阿盟首脑会议。2001年2月,也门政府向伊加特部长理事会提交其索马里和解计划。索马里过渡全国政府外长布巴访问沙特阿拉伯寻求支持与援助。3月,索马里过渡全国政府总统阿布迪卡西姆出席在约旦举行的阿盟首脑会议,呼吁阿拉伯国家劝说埃塞俄比亚停止对索马里事务的干涉。4月,伊加特轮值主席、苏丹总统巴希尔任命特使,协助伊加特索马里问题委员会寻求解决索马里问题的办法。7月,阿布迪卡西姆总统访问阿拉伯联合酋长国,寻求支持与援助。

2002年,索马里过渡全国政府继续寻求阿拉伯国家的支持。8月,过渡全国政府总理哈桑访问沙特阿拉伯,希望沙特在索马里和平进程中发挥作用。9月,过渡全国政府外长尤素福出席在纽约举行的阿盟外长会议。10月,阿盟派代表出席了索马里新一轮和会开幕式,苏丹总统巴希尔作为伊加特轮值主席出席开幕式并发表讲话。2004年10月索马里过渡联邦政府成立后,许多阿拉伯国家都表示欢迎和支持。

第八节 同中国的关系

一 索马里与中国关系概述

如第二章所述,索马里与中国的友好交往可以追溯到公元八九世纪。15世纪得到进一步发展。但此后,主要由于西方殖民者的入侵,中索之间的交往被迫中断。1960年索马里获得独立,双方开始了新的交往。

第六章 外 交

索马里是较早与我国建交的撒哈拉以南非洲国家之一，亦是第一个与我建交的东非国家。1960年7月索马里共和国成立时，周恩来总理致电祝贺并予以承认。同年12月14日两国正式建交。我在对索马里的工作中始终贯彻和平共处五项原则，在政治上坚决支持索马里人民反对帝国主义和新老殖民主义，反对霸权主义和强权政治，维护主权和独立的正义斗争。在经济上支持索马里政府发展民族经济，并向其提供了力所能及的援助。我国尊重索马里人民的选择，从不干涉其内部事务，不介入其与邻国的领土纠纷。索马里内战爆发后，中国驻索马里使馆、医疗队和工程技术人员于1991年1月被迫撤离，迄未返回，但两国仍保持外交关系。

索马里内战以来，我一直关注索马里局势的发展，同索马里各派均保持友好关系，并通过适当渠道向索马里人民提供一定数量的人道主义援助。从1992年开始，中国政府和红十字会每年都向索马里人民捐赠一定的药品和民用物资。中国政府始终深切关注索马里局势发展，支持国际社会、地区组织和有关邻国为调解索马里问题所作的努力。近些年来，中国常驻联合国代表团在联合国安理会积极参与讨论索马里问题，积极推动索马里和平进程。从2003年起，中国开始担任联合国安理会索马里问题协调员。中国政府认为，解决索马里问题的关键在于全体索马里人民共同努力，实现基础广泛的民族和解；国际社会推动索马里问题解决的努力应协调一致。中国真诚希望索马里各派以国家和民族利益为重，化剑为犁，早日重建家园。

二　中索外交关系的建立

1960年6月26日，索马里北区（英属索马里）宣布独立。周恩来总理在此的前一天，即6月25日致电穆罕默德·易卜拉欣·埃加勒总理表示祝贺，陈毅外长亦电贺索独

索马里

立并代表中国政府承认该国；28日，埃加勒分别复电感谢周总理和陈外长。7月1日，索马里南区（意属索马里）宣告独立，随即与北区合并成立索马里共和国。6月30日，周总理及陈外长分别电贺南区总理阿卜杜拉希·伊萨（索统一后任外长），代表我国政府承认索马里共和国，并派新华社记者杨翊赴索马里采访7月1日的索马里独立暨合并建国大典，索马里临时政府总理阿卜迪拉希德·舍马克接见了杨。但由于索马里政府采取亲西方的外交政策，在台湾问题上仍犹豫不决，中索未能马上建交。

为加强对索马里的工作，1960年10月20日，中国外交学会邀请4名索马里国会议员访华。11月9日，陈毅副总理接见这四名议员，表示，如索马里政府同意，中国愿马上同索马里建交；如索方感到不便，中方可以等待。陈还对索马里政府拒绝与台湾"建交"和在联大不支持美国的反华提案表示感谢。访华的索马里议员表示，希望尽快实现索中建交，并转述了索马里政府不承认"两个中国"的立场。

11月28日，周总理利用舍马克总理访问埃及的机会不失时机地做其工作，指示我驻埃及大使陈家康向其转达信件，表示"我愿趁阁下访问开罗的时候，指示我国驻阿拉伯联合共和国大使陈家康，同阁下就发展中索两国关系问题，包括中索建立外交关系的问题，交换意见。如果阁下和索马里政府具有同样的愿望，中国政府愿意迅速同索马里共和国建立外交关系并互派大使级外交代表。"

舍马克在埃及会见了陈大使，表示索马里对中国是友好的，称索马里独立时未邀中国代表出席庆典系原意大利托管当局作梗，索马里当时虽尚未加入联合国，但并没有畏惧台湾所窃有的联合国安理会否决权，仍限令台湾代表在48小时内离境。舍马克还表示索马里愿意同中国建立友好关系，允诺回国后即同内阁、议会讨论两国建交事宜，并尽早予以答复。

第六章 外　交

1960年12月14日，舍马克总理致电周总理："索马里政府决定承认中华人民共和国，两国于即日正式建交并早日互派大使级外交使团"。16日，周总理和陈毅外长分别致电舍马克总理和伊萨外长，祝贺两国建交。同日，《人民日报》发表社论庆祝中索建交。1961年2月，我提名张越任驻索马里大使，征求索方同意。3月14日，索马里政府同意我大使提名。5月29日，我首任驻索马里大使张越抵摩加迪沙赴任。6月3日，张越大使向欧斯曼总统递交国书。

三　中国与索马里共和国的友好交往

索马里共和国历届政府均对我友好，两国高层互访频繁。独立后不久，索马里政府便驱逐台湾代表，在东非率先与我建交。舍马克总理、欧斯曼总统和侯赛因议长先后访华；周恩来总理也访问了索马里。中索先后签订了文化合作协定、贸易与支付协定和经济技术合作协定等。自1961年起，索马里在历届联合国大会上均投票赞成恢复中国在联合国的合法权利，同时，索马里也提出希我支持其统一"索马里人聚居区的领土"的立场。我则劝索马里以和平方式解决领土问题，坚持不介入其与埃塞俄比亚、肯尼亚的领土争端。

1963年8月4日至10日，应周恩来总理的邀请，舍马克总理在新闻部长希拉维的陪同下对中国进行友好访问。访问期间，中共中央主席毛泽东、国家主席刘少奇分别会见，周总理亲临机场迎送、主持正式会谈及国宴，并与陈毅副总理共同陪舍访问上海，陈毅副总理与希拉维部长举行了政治会谈。9日，两国总理签署《中华人民共和国与索马里共和国经济技术合作协定》。10日，双方发表《联合公报》，阐述了两国关于国际形势、亚非拉反帝、反殖斗争及对发展中索双边关系的共同主张。

1964年2月2日至4日，应舍马克总理的邀请，周恩来总

索马里

理率中国政府代表团访问索马里,陈毅副总理兼外长、国务院外办副主任孔原、外交部副部长黄镇等随行。周总理一行受到索马里人民的热烈欢迎,欧斯曼总统会见周总理一行,舍马克总理与周总理举行了三次会谈,双方还发表了《联合公报》。

1965年7月21日至28日,应刘少奇主席和周恩来总理的邀请,索马里总统阿丹·阿卜杜拉·欧斯曼对中国进行友好访问,索外长艾哈迈德·尤素福·杜阿莱、内政部长阿卜杜勒·卡迪尔·穆罕默德·阿丁、总统办公室主任哈吉·穆罕默德·阿瓦勒·利班等随行。访问期间,毛泽东主席会见了欧斯曼总统,刘少奇主席和周总理就国际形势和双边关系等问题同欧斯曼举行会谈,周总理、李先念副总理陪同欧斯曼一行访问杭州、上海。28日,中索发表《联合新闻公报》,表示将进一步加强和巩固两国友好合作关系;坚决支持亚非拉各国人民的民族解放运动;决心为开好即将在阿尔及尔召开的第二次亚非会议而共同努力。

1966年9月8日至10月3日,应全国人大常委会委员长朱德的邀请,索马里国民议会议长谢赫·穆克塔尔·穆罕默德·侯赛因率索马里议会友好代表团访华。该团包括索各党派议员22人,系索独立后派出的最大规模代表团。朱德委员长亲赴机场迎送,董必武副主席和周总理分别会见,郭沫若副委员长陪同访问武汉、长沙、广州、上海、杭州及南京。10月1日,索议长参加我国庆观礼,毛主席在天安门城楼会见索议长。

四 中国与索马里民主共和国的友好交往

索马里民主共和国时期(1969年10月至1991年1月),中索关系发展较快,两国高层互访频繁,各领域的交流与合作成果显著。索马里坚持一个中国政策,多次在联大仗义执言,并于1970年和1971年加入向联大提出恢复我合法席位的提案国行列,为恢复我在联合国的合法席位作出了积极贡

第六章 外 交

献。我支持索马里反对帝国主义和新老殖民主义的斗争,支持其独立自主发展国民经济,并向索马里提供了大量援助,赢得索马里政府和人民的真诚友谊。在索马里与埃塞俄比亚边界争端问题上,我始终坚持不介入的立场,并劝索马里在非洲范围内与邻国和平解决争端。

1970年6月15日至20日,应中国政府的邀请,索马里最高革命委员会副主席穆罕默德·易卜拉欣·艾南希准将率政府代表团访华。访问期间,毛主席、周总理、董必武副主席分别会见,李先念副总理与其举行会谈,双方部长级官员代表各自政府签订了两国政府经济技术合作协定议定书。

1971年8月8日至12日,应中国政府的邀请,索马里外交部长奥玛尔·阿尔特·加利卜率政府代表团访华。访问期间,加向周总理面交了西亚德主席邀我派团参加索马里民主共和国政府成立两周年庆典的信函,姬鹏飞代外长同加举行了会谈。

1971年8月1日,索马里外交部照会我驻索使馆,告知索马里民主共和国政府已任命艾哈迈德·穆罕默德·达尔曼为首任驻华大使。8月11日,我同意索大使提名。1972年3月24日,达尔曼大使抵京。3月29日,达在广州向董必武代主席递交了国书。

1972年5月13日至18日,应中国政府的邀请,索马里最高革命委员会主席穆罕默德·西亚德·巴雷少将对我国进行国事访问,索公共工程部长穆罕默德·谢赫·奥斯曼上校、最高革委会主席顾问阿卜迪·瓦尔萨马·伊萨克少校、外长奥玛尔·阿尔特·加利卜、计划协调部长艾哈迈德·穆罕默德·马哈茂德博士等随行。西亚德一行于5月13日自上海入境,14日抵京,周总理、叶剑英副主席、李先念副主席等到首都机场迎接。访问期间,周总理同西亚德主席举行了三次政治会谈,我对外经济联络部副部长陈慕华同马哈茂德部长进行经济会谈,副总参谋长王新

索马里

亭同伊萨克少校进行军援会谈。通过会谈,双方就向索马里提供新的经济援助达成协议。

1977年6月20日至29日,应中国政府的邀请,索马里副总统伊斯梅尔·阿里·阿布卡尔准将率政府代表团访华,索马里革命社会主义党(简称革社党)思想意识局主任穆罕默德·亚当·谢赫、革社党工业局主任艾哈迈德·哈比布·艾哈迈德、索公共工程部长穆罕默德·哈瓦德尔·马达尔等随行。索马里政府代表团此访的主要目的是寻求我国支持其抗衡苏联的立场,同时要求新的经济和军事援助。中共中央主席华国锋会见了代表团,李先念副总理到机场迎接、主持会谈及宴会,黄华外长同索思想意识局主任谢赫就国际和非洲形势交换了意见。交通部长叶飞陪同代表团赴河南林县、郑州和上海参观访问。黄华外长同索公共工程部长马达尔签署了中索经济技术合作协定第二号议定书。

1978年4月14日至18日,应中国政府的邀请,时任索马里部长委员会主席的西亚德率团再次访华。陪同人员有副主席伊斯梅尔·阿里·阿布卡尔、主席事务部长奥马尔·阿尔特·加利卜等49人。中共中央主席兼国务院总理华国锋、副总理李先念等到机场迎接。访问期间,华主席会见,李先念副总理主持会谈和宴会。应索方要求,耿飚副总理同伊斯梅尔副主席就两党友好联系进行了会谈。中索签订经济技术合作协定和军援议定书。在华期间,西亚德主席瞻仰了毛主席遗容,参观了警卫三师、遵化县小工业和沙石峪大队。

1978年7月30日至8月5日,陈慕华副总理率中国政府代表团对索马里进行正式友好访问,并参加我援建的贝布公路及布劳桥的竣工典礼暨移交仪式。这是粉碎"四人帮"后,我国家领导人第一次访非。此访恰逢索马里在欧加登战败后,面临苏联、古巴威胁的困难时期,索方视此访为我对其的政治支持,极为重视,破格按国家元首级别接待。西亚德主席会见并宴请陈副

第六章 外 交

总理，伊斯梅尔副主席主持会谈。代表团还赴哈尔格萨和基斯马尤访问，受到当地群众热烈欢迎。

1978年11月2日至5日，耿飚副总理对索马里进行私人访问。索第二副主席库勒米赴机场迎接并主持欢迎仪式。访问期间，西亚德主席同耿副总理三次会晤并设宴欢迎，双方就双边关系、国际和地区形势深入交换了意见。耿副总理离索时，库勒米副主席夫妇送行，并转交西亚德主席致华国锋主席的一封信。

1979年4月5日至10日，索马里外长阿卜杜拉赫曼·贾马·巴雷访华。华国锋主席接见，陈慕华副总理会见并宴请，黄华外长主持会谈并举行欢迎宴会。应索方要求，何正文副总参谋长会见了贾马外长，我外经、国防、教育和外贸部门分别同索方部分人员进行了分组会谈。华主席接见时，贾马外长面交了西亚德主席关于寻求我军援的信件。除北京外，贾一行还赴上海参观访问。

10月6日至7日，15日至16日，库勒米副主席在赴朝往返途中，均在京过境停留，并礼节性拜会我领导人。何英副外长和宫达非副外长分别到机场迎接，陈慕华副总理和宫达非副外长分别会见并宴请。库勒米通报了非洲之角形势、索与美国达成美使用索军事设施协议的情况，希望中国将索方愿与肯尼亚改善关系的愿望转告肯方。我领导人通报了我应索主席要求，在肯总统莫伊访华期间向莫转达索愿同肯实现关系正常化的信息，希望索采取主动行动，改善与肯关系。我国还表示，如在索、肯改善关系过程中需要中国的帮助，我国将尽力而为。

1979年，索马里根据新宪法开始实行总统制。1980年1月西亚德当选索马里总统。1982年4月，西亚德总统派遣索第二副总统兼总统国家事务助理侯赛因·库勒米·阿弗拉少将率领代表团对我国进行正式友好访问。在4月18日至23日访问期间，中共中央主席胡耀邦接见，赵紫阳总理会见并宴请，姬鹏飞副总

索马里

理主持会谈。库勒米向胡主席递交了西亚德总统的亲笔信。除北京外,库一行还赴南京、上海参观访问。

1984年12月23日至26日,应国务委员兼外长吴学谦的邀请,索马里外长阿卜迪拉赫曼·贾马·巴雷对我国进行友好访问。期间,赵紫阳总理会见,吴学谦外长主持会谈,并与贾马外长分别代表各自政府,签署了我向索马里提供5000万元人民币无息贷款、赠送2000吨玉米的协议。

1985年12月14日是中索建交25周年纪念日,中索双方均非常重视。1985年12月12日,国家主席李先念和吴学谦外长分别与西亚德总统和贾马外长互致贺电,中索分别举行多种庆祝活动。12月13日,我对外友协和中非友协联合举行庆祝中索建交25周年冷餐招待会,全国政协副主席杨静仁出席。15日,我驻索使馆举行招待会,索邮电部长、国防部长等出席。我派出以对外友协副会长林林为团长的友协代表团赴索参加庆祝活动。索方组成了以党中央事务局局长博坦为首、由外交国务、新闻、文化和高教等多位正、副部长组成的庆祝活动筹委会,将12月14日至20日定为中索友谊周,以报刊载文、电视采访我驻索临时代办、播放中索友好节目、举行群众集会、足球比赛等形式庆祝中索建交。12月17日,索驻华大使举行招待会,彭冲副委员长出席。

1986年3月21日至24日,应西亚德总统的邀请,中国国家主席李先念偕夫人林佳楣对索马里进行国事访问,国务委员陈慕华、外交部副部长齐怀远、对外经济贸易部副部长吕学俭等随行。访问期间,西亚德总统和李主席除了共同主持双方会谈之外,还进行单独会谈,国务委员陈慕华同贾马外长就双边关系等问题进行正式会谈,外经贸部副部长吕学俭与索计划部副部长奥斯曼进行经贸对口会谈。中索签署了经济技术合作协定。西亚德总统与李主席共进午餐,并在为代表团举行的欢迎晚宴上授予李主席"索马里之星"勋章。李主席在西的陪同下参观了我援建的摩加迪沙体育场、阿夫戈伊革命青年中心（男生部）、阿夫戈伊监狱部队农场、国立大学政治学院和贝纳迪尔医院，并为医院扩建工程奠基。

五 索马里地方割据时期的中索关系

1991年1月西亚德政权被推翻后。索马里各反政府派别因争权而相互仇杀，索陷入地方割据的混战状态。我国被迫于当月撤回全部驻索人员，但两国仍保持外交关系。作为联合国安理会常任理事国，我积极推动安理会审议索马里问题，支持国际社会为恢复索马里和平所作的努力，始终坚持索马里问题应由索马里人民自主解决的立场，规劝索马里各派捐弃前嫌，通过实现基础广泛的民族和解，以便和平解决索马里问题。与此同时，还通过国际组织向索马里人民提供了一定数量的人道主义援助。

1992年12月，联合国安理会授权以美国为首的多国部队对索马里采取军事行动，为人道主义救援工作建立安全环境。由于受到索马里武装派别的顽强抵抗，维和部队被迫于1995年3月全部撤离，"联索行动"失败。

中国政府一贯反对外国干涉别国内政，尤其反对一国对另一国进行军事干涉。但由于索马里情况实属特殊——各派混战不止，无统一、有效的政府，对索马里人民的援助物资无法送达，因此我在1992年12月安理会表决有关联合国向索马里派遣维和部队的决议时投了赞成票。同时，我亦鲜明地提出了修改意见，强调决议应明确反映索马里人民和国际社会的合理要求，尊重索马里的主权，不干涉内政；对索马里的军事行动应仅限于保护实施人道主义援助，联合国应对此次行动的目标严格监督。中国政府希望在联合国和国际社会的共同努力下，力求使对索马里的军

索马里

事行动不偏离目标,使索马里的形势向好的方面发展;希望索马里各派以索马里人民的利益和本地区的和平与安全为重,与国际社会合作,通过和平方式解决彼此争端,使索马里尽快恢复和平与统一。鉴于我对索马里问题的原则立场,我未派维和部队参与"联索行动"。

2003年我国担任联合国安理会索马里问题协调员,积极推动安理会讨论索马里问题。我国向在肯尼亚境内举行的"索马里和平会议"提供了资助。2004年10月10日,索马里过渡联邦议会举行总统选举,尤素福当选过渡联邦政府总统。10月14日尤素福总统宣誓就职。对此,我国政府表示了欢迎和支持。

六 中索经贸关系

与索马里建立外交关系后,中国与索马里两国间的经济与贸易关系得到了较快发展,我向索马里提供了力所能及的援助,这些援助为索马里的经济发展和索马里人民生活水平的提高等均做出了积极贡献。中索间签订的重要经贸协定有:《中华人民共和国和索马里(民主)共和国经济技术合作协定》(共5个,分别签订于1963年8月9日、1978年4月18日、1984年12月25日、1986年3月22日和1990年7月9日)、《中华人民共和国和索马里(民主)共和国贸易与支付协定》(共2个,分别签订于1963年5月15日和1980年4月23日)、《关于向索马里共和国提供财政援助的换文》(1963年8月9日)、《关于建造索马里共和国国家剧场的协议》(1965年12月16日)、《关于修建贝莱特温至布劳公路的协定》(1971年6月7日)、《关于费诺力和巴洛温项目的技术与行政管理协定》(1984年7月2日)等。

(一)技术合作

依照上述有关协定,我国向索马里历届政府承担了医院、公

第六章 外 交

路、供水等多个援建项目,并向索马里提供了大量的物资援助,在帮助索马里进行经济建设和改善人民生活方面发挥了重要作用。主要援助项目如下:

1. 成套项目 27 个

其中 24 个已完成。这 24 个项目是:国家剧场(1966 年 10 月至 1967 年 11 月);乔哈尔水稻、烟草试验站(1966 年 6 月至 1970 年 4 月);扩建乔哈尔水稻、烟草试验站(1970 年 4 月至 1975 年 3 月);哈尔格萨打井工程(1969 年 4 月至 1970 年 3 月);哈尔格萨供水工程(1972 年 3 月至 1974 年 2 月);扩建哈尔格萨供水工程(1985 年 10 月至 1987 年 9 月);卷烟厂(1972 年 5 月至 1975 年 1 月);火柴厂(1972 年 5 月至 1975 年 1 月);贝纳迪尔妇产儿童医院(1974 年 12 月至 1977 年 3 月);扩建贝纳迪尔妇产儿童医院(1988 年 9 月至 1989 年 8 月);索马里体育场(1975 年 12 月至 1977 年 11 月);贝莱特温至布劳公路(1973 年 7 月至 1978 年 8 月);布劳公路桥(1977 年 11 月至 1978 年 4 月);作价移交加尔卡尤机械修理厂(1978 年 8 月);烤烟厂房和仓库(1972 年 7 月至 1978 年 6 月);巴依多瓦供水工程(1977 年 11 月至 1979 年 7 月);索马里革命社会主义党政治学院校舍(1983 年 6 月至 1985 年 10 月);北部四州打井供水工程(1982 年 12 月至 1985 年 10 月);体育场维修(1987 年 12 月至 1988 年 7 月);剧场维修(1988 年 9 月至 1989 年 1 月);巴洛温农场(1979 年 2 月至 1981 年 10 月);费诺力水利工程(1978 年 8 月至 1987 年 10 月);费诺力稻谷农场(1982 年 1 月至 1989 年 10 月);盖比莱等三镇打井供水工程(1988 年 1 月至 1988 年 5 月)。部分工程因索马里内战而终止。

2. 技术合作项目 15 个

其中 12 个已完成。这 12 个项目是:巴依多瓦打井供水工程技术合作(共 2 期,每期 1 年,1979 年 8 月至 1981 年 7 月);

索马里

哈尔格萨供水工程技术合作（共6期，每期1年，1974年4月至1980年3月）；卷烟厂及火柴厂技术指导（共5期，1979年1月至1986年11月）；乔哈水稻、烟草试验站技术指导（1975年3月至1978年6月）；体育场技术合作（共3期，每期1年，1977年11月至1980年11月）；种植烟草和烤烟技术指导（1978年7月至1981年10月）；中餐烹调技术指导（1972年10月至1973年12月）；政治学院技术合作（1986年1月至1989年1月）；农业中级官员培训（1989年4月至7月）；巴洛温农场技术合作（1981年10月至1990年10月）；费诺力农场技术合作（1987年10月起）；农业部顾问（1988年10月）等。

3. 单项设备5个

公路养护设备（1978年8月）；为渔业区安置提供建筑材料（1981年1月）；向哈尔格萨供水项目提供3台柴油发电机组（1987年11月）；向巴洛温农场提供农机具和零配件（1987年10月至1990年10月）；提供一套10千瓦短波电台（1989年10月）。

4. 多边项目3个

畜牧发展中心，此系世界粮农组织认捐项目，总建筑面积380平方米，我提供一批医疗物资和咨询服务，日期是1986年10月至1987年10月；小农具等3个考察项目，此系亚非工业合作项目，对小农具、煤油炉、煤气罐进行考察，日期是1988年9月至1989年2月；太阳灶项目，此系东非政府间抗旱与发展组织项目，我捐助20个太阳灶，2个热水器，派2名专家指导。1989年4月完成。

（二）双边贸易情况

1963年5月15日，中索签订贸易与支付协定，规定两国贸易以记账方式进行。由于索马里适合我需要的商品较少，而索马里对我轻纺产品和其他日用工业品的需求又较大，在双方贸易中，我常年大幅顺差。索马里因长期外汇困难，无力清算账户，致使我贸易顺差多年悬于账上，无法解决。1980 年 4 月 23 日，中索签订新的贸易协定，将记账贸易改为现汇贸易，同时成立经济贸易混合委员会，规定每三年会晤一次。但至今未曾会晤。

中索记账贸易的最高记录为 1973 年，达 1400 多万美元；现汇贸易的最高记录为 1982 年，达 1282 万美元。截至 1988 年底，中索年平均贸易额为 477 万美元。我主要出口商品有：轻工业品、纺织品、西药、小五金、工具和小型机械设备等；从索马里进口的商品主要有：没药、乳香、山羊和绵羊皮。

1991 年 1 月索马里民主共和国政府被推翻，国家出现地方割据状态后，中国与索马里之间仍有一定数量的贸易往来。

（三）劳务承包

1982 年，我开始在索开展工程承包和劳务合作业务。截至 1989 年 3 月，我同索共签承包、劳务合同 32 项，总金额 7274 万美元，营业额 5136 万美元。在索马里开展互利合作的中国公司主要有：四川国际公司、江苏国际公司、中水公司、中建公司和成套公司。

1988 年以前，我在索工程承包业务发展较快。在施工高峰期，我在索承包人员达 400 余人。1988 年后，由于索国内政治、经济形势不稳，我承包业务量递减。1991 年 1 月，我所有承包人员自索撤回。

七　其他领域的交流与合作

中索之间还在文化、教育、体育、新闻、医疗卫生和科技等领域进行了友好交流和合作。1963 年 1 月 10 日，中国对外文化委员会朱光副主任和索新闻部长希拉维分别代表两国政府签订了《中索文化合作协定》，规定双方根据互相尊重主权、互不干涉内政和平等的原则，鼓励和促进双方在教育、科学、文艺、医疗卫生、体育、新闻、广播电视等方面的交流与

索马里

合作。协定有效期3年。我多个文化团组,如太原杂技团、东方歌舞团、浙江歌舞团、中国武术团、陕西省杂技团、长春杂技团等先后访索并演出,受到索马里人民的热烈欢迎。索马里一些文化艺术团体,如索艺术代表团、索马里瓦贝里(黎明)歌舞团等也先后来华访问并演出。

1983年11月5日,索新闻与国民指导部部长穆罕默德·奥马尔·盖斯率索政府文化代表团访华。文化部部长朱穆之与盖斯分别代表各自政府签署了新的中索文化协定。

在教育合作方面,1978年5月21日至6月5日,索高教和文化部长博坦率索教育代表团访华,陈锡联副总理和陈慕华副总理分别会见。经过会谈,中索就两国文化教育合作达成如下协议:(1)自1979年秋起的3年内,中方接受100名索教师来华进修。中方于1978年下半年派考察组赴索了解索师资业务水平和专业情况。(2)1979~1981年间,索每年可派20人左右的大学教师代表团访华一个月;中方每年派教师赴索讲学两个月。此外,我还同意有关艺术院校接受索留学生。

在新闻合作方面。1978年2月26日至3月15日,索新闻部长阿布迪卡西姆·萨拉特·哈桑率索新闻代表团访华。邓小平副总理、黄华外长分别会见。中索签订了广播电视合作协定和新闻合作协定。代表团访问了北京、长沙、上海、韶山和大寨。

在体育合作方面,主要是双方互派体育代表团访问,相互学习,我国援建体育设施。有关索马里体育代表团或队访问我国的情况,第五章已作介绍。前往索马里访问的我国体育代表团或队有中国国家足球队,时间是1972年1月9日至19日。中国男子篮球队,时间是1972年8月1日至9日。1977年11月13日我国援建的索马里体育场举行竣工典礼和移交仪式,以国家体委副主任于步血为首的中国政府友好代表团应邀前去参加和访问。我国辽宁足球队随访。访问期间,代表团受到西亚德主席的接见,辽宁足球队与索马里足球队进行了友谊赛。

此外我还向索派遣了医疗队。1965年，因遇严重旱灾，索方主动提出希我派医疗队赴索。同年6月，我首批15名医护人员赴索参加救灾工作，为期半年。当年10月，我应索方要求，将医疗队工作期限延至2到3年。1967年10月，我第二批13名医疗队员赴索。

八　中索历任驻对方大使简况

（一）中国历任驻索马里大使及其任期

1. 张　越　1961年5月至1964年7月。
2. 杨守正　1964年9月至1970年3月。
3. 樊作楷　1970年9月至1975年1月。
4. 张世杰　1975年3月至1979年4月。
5. 李玉池　1979年10月至1983年2月。
6. 王世琨　1983年9月至1985年10月。
7. 施承训　1986年1月至1990年3月。
8. 徐英杰　1990年4月至1992年4月（1991年1月索内战全面爆发后撤回）。

（二）索马里历任驻华大使

1. 艾哈迈德·穆罕默德·达尔曼　1972年3月至1975年10月。
2. 穆罕默德·伊斯梅尔·卡欣　1975年11月至1981年9月。
3. 谢里夫·萨拉赫·穆罕默德·阿里　1981年10月至1984年10月。
4. 尤素福·哈桑·易卜拉欣　1984年11月至1988年11月。
5. 穆哈默德·哈桑·赛义德　1988年11月到任（索马里民

主共和国倒台后一直留住中国)。

索马里驻华大使馆馆址:北京市三里屯路 2 号。电话:65321752。

第九节 联合国在索马里的维和及人道主义救援行动

从80年代末开始的索马里内战,导致了大量平民伤亡和流离失所。到 1993 年初,内战已造成 35 万人死亡,300 多万人背井离乡,沦为难民。其中,约 100 万人流落邻国和其他国家。为了制止战乱,1992 年 1 月 23 日联合国安理会通过第 733 号决议,宣布对索马里实行全面武器禁运。

为协调联合国安理会对索马里问题的政策,联合国安理会设立了索马里问题协调员,并在联合国总部纽约和肯尼亚首都内罗毕设立了联合国索马里政治办公室(UN Political Office for Somalia)。联合国还经常派遣安理会成员国的代表赴索马里及其邻国了解情况,检查对索马里武器禁运的情况,敦促有关国家严格遵守联合国的有关决议,为推动索马里的和平进程创造有利条件。联合国还积极参加和支持非洲统一组织、非洲联盟、伊加特和索马里的邻国为调解索马里问题所作的努力。联合国秘书长还任命了索马里问题特使。

1992 年 2 月上旬,联合国、非洲统一组织、阿拉伯国家联盟(League of Arab States)、伊斯兰会议组织(Organazation of the Islamic Conference-OIC)在联合国纽约总部召开会议,联合呼吁索马里冲突各派实现停火,以为进行人道主义援助创造必要的条件。随后,还派代表赴摩加迪沙会晤各派领导人,艾迪德同意让外国观察团来摩加迪沙监督停火。3 月 3 日,艾迪德和迈赫迪两派在纽约签署了停火协议。但仅过数天,双方又重开战火。4 月

第六章 外 交

末，联合国安理会通过第751号决议，决定建立"联合国索马里行动"（UNOSOM）赴索马里监督停火，并派遣一支维和部队来保护联合国观察员，保护转运外来人道主义援助货物的摩加迪沙港。

第一期联合国索马里行动（1992年4月至1992年12月，简称"联索行动"）。根据联合国通过的有关文件，第一期联索行动目的是监督索马里首都摩加迪沙的停火，在摩加迪沙的港口和机场为联合国人员、设备和用品提供保护和安全，并从那里将人道主义用品护送到该市及其周围的分发中心。1992年8月，根据形势变化，第一期联索行动的任务范围扩大，人员增加，以便保护索马里全国各地的人道主义车队和分发中心。1992年12月，在索马里局势进一步恶化以后，安全理事会授权会员国成立一支联合特遣部队（简称特遣队），为人道主义物资的运送援助建立安全的环境。特遣队与第一期联索行动协作，确保主要居民点的安全并保证人道主义援助得到运送和分发。在摩加迪沙设立"联索行动"总部。联合国共派遣了500名军事观察员、3500名安全人员和719名后勤支助人员及大约200名国际文职工作人员，使用了42931700美元（净额）的经费。在此次行动中联合国有8名军事人员死亡。

第二期联合国索马里行动（1992年12月至1995年3月）。由于联合国部队的工作受到索马里军阀的阻碍，救济物资和运输车队遭到袭击、抢劫，大批饥民得不到救援。为此联合国安全理事会于1992年12月授权特遣队采用一切必要手段为在索马里境内的人道主义救济行动建立安全的环境。该特遣队是以2.8万美军为主，有20多个其他国家参加的多国部队，共3.7万人。其任务主要是监督停火，防止暴乱，收缴非法武器，在港口、机场和交通路线确保运送人道主义援助物资的安全，继续扫雷，并协助遣返索马里境内的难民等。第二期联索行动还兼有协助索马里

索马里

人民实现全国政治和解,重新创建民主政治体制,复兴该国的经济和基础设施等任务。行动总部仍然设在摩加迪沙。为执行此次行动,联合国除了派遣3.7万名军事和警察人员之外,还派遣约2800名国际和当地征聘的工作人员。整个行动共耗资1643485500美元。在行动中共有147人丧生,其中包括143名军事人员、3名国际文职工作人员和1名当地工作人员。由于发生了多起对联合国士兵的暴力事件和攻击,安全理事会于1994年2月修订对第二期联索行动的授权,宣布此后不得使用胁迫性办法"维和"。

联合国特遣队的卷入促成了许多和平协议的签署,其中包括停止暴力计划和召开全国和解会议等,但同时联合国特遣队也遭到了索马里各派系的袭击,伤亡惨重,死亡者中包括44名美国军人。在此背景下,克林顿总统宣布美军要体面撤军。联合国秘书长加利也发表声明,认为索马里危机的最终解决,需要依靠索马里人民,维和部队的任务是促进和平协商解决冲突,认为联合国在索马里的使命是维持和平,而不是给冲突地区强加和平。在此情况下,联合国军队于1995年3月撤出索马里。

整体看来,联索行动虽然以失败而告终,但是对于因战乱造成社会全面瘫痪的索马里来说还是起到了解救的作用,并在一定程度上使索马里的内战有所降温。维和部队撤出后,虽然索马里内战各方仍不时爆发冲突,但是冲突的规模和范围比此前都有所缩小。一些地区的政治派别达成了停火协议,甚至组成了地方政府。在成立地方政府这件事上,索马里的部落和氏族长老起着积极作用。他们在恢复索马里部落和氏族间的社会基础秩序,恢复社会政治稳定和公共行政机构职能方面发挥了不可替代的作用。更为重要的是,这一恢复稳定的进程使经济恢复成为可能。松散的部落间和地区间的合作,也为贸易和商业的恢复创造了条件。

第六章 外 交

联合国维和部队撤出后,索马里各派武装在摩加迪沙及其他地区的冲突并未完全停止,他们仍在为争夺地盘和扩大影响而经常爆发冲突。但随着时间的推移,各割据势力已开始出现相互牵制和力量大致相对平衡的格局,长年的战乱已使大多数索马里平民百姓和一些武装派别的领导人产生了厌恶情绪。在此情况下,联合国、非洲统一组织、非洲联盟、阿拉伯国家联盟、伊斯兰会议组织、政府间发展组织和索马里的邻国都继续积极努力,以推动索马里各派通过政治谈判实现索马里的和平与统一。

这里需要指出的是,为了实现索马里的和平,还必须在国际社会帮助下解决武器流入问题和地雷问题。

武器流入问题。在欧加登战争中战败后,为抵御埃塞俄比亚的可能再入侵,索马里政府开始武装准军事部队和一些地方的平民,使大量武器流入民间。内战中,一些邻国支持索马里国内不同的武装派别,向他们提供了大量武器。1991 年索马里政府垮台后,各地方军阀为争夺地盘从国外进口大量武器,造成索马里武器泛滥。联合国安理会虽然从 1992 年就开始对索马里实行武器禁运,并在此后多次通过决议加强对索马里的武器禁运,在肯尼亚首都内罗毕设立了联合国专家组,调查违犯联合国对索马里武器禁运的情况。索马里的邻国肯尼亚也曾采取关闭与索马里的边界等措施以控制小武器流入索马里。但迄今收效不大,未能根本阻止小武器流入索马里。

目前,除了索马里兰和蓬特兰采取措施,较好地控制小武器出售和解除民间武装之外,索马里的大部分地区仍存在公开出售和贩运武器的现象。这对索马里的和平和安全都是一种威胁。

地雷问题。在内战中,政府军与地方武装之间,各派别之间广泛使用地雷,造成大量人员特别是平民伤亡。1991 年以来,仅在索马里兰地区就有 5000 多人在地雷爆炸中死伤。在联合国发展署帮助下,设在哈尔格萨的国家排雷办事处(National

索马里

Demining Agency)和索马里兰地雷清除中心(Somaliland Mine Action Centre)已于1999年开始排雷。到2004年末,排雷在索马里西北部的索马里兰和东北部的蓬特兰进展较快,已有相当多的地雷被排除。中部和南部各派别之间存有芥蒂,排雷进展迟缓。

吉布提（Djibouti）

列国志

导　言

　　吉布提共和国面积 2.32 万平方公里，人口 80 万人（2004 年），是非洲的一个小国。国人对它知之不多。作为《列国志》之一的《吉布提》，其目的就是通过对吉布提地理、历史、政治、经济、文化和外交等方面的介绍，展示吉布提的全貌，以便人们对吉布提有一全面了解。

　　吉布提国家虽小，但由于它恰恰位于红海出海口，不仅是红海通往印度洋的门户，而且是外界进入埃塞俄比亚高原的一个方便通道，所以在本地区和国际上十分引人注目。在古代，吉布提是埃及、苏丹和埃塞俄比亚商人通向印度洋的必经之地，是埃塞俄比亚人与阿拉伯人互相角逐的一个场所。到了近代，英、法、意等西方列强都想将它占为己有。经过角力和分赃，吉布提最后成为法国的殖民地。起初，法国主要是让这里成为来往于红海与印度洋之间的加煤站。苏伊士运河通航后，又促使法国将吉布提港扩建成为贸易中心。第二次世界大战后，吉布提又成为法国海外的一个军事基地，成为法国军舰、飞机通往印度洋、太平洋领地的中途站。20 世纪 60 年代，在非洲民族独立运动蓬勃高涨的情况下，法国政府对那些领土面积比吉布提大得多的殖民地都很快承认其独立，唯独对吉布提采取拖延政策。而当 1977 年法国被迫承认吉布提独立后，又千方百计继续维护自己在那里的利益。法国至今仍在吉布提拥有自己在海外最大的军事基地。2001

吉布提

年"九一一事件"后,非洲东北部被列入打恐、防恐重点目标,吉布提在打恐反恐中的战略地位凸显。美、法和阿拉伯国家竞相对吉布提加大投入和扩大影响。美国还以吉布提为基地,在非洲东北部进行海、陆、空布防。吉布提则抓住机遇,拓展多元外交,以使自己得到进一步的发展。

吉布提自然条件不佳,资源不多,是世界上最不发达国家之一。但独立后,共和国政府实行民族和解与团结政策,经济上根据本国国情着重发展服务性经济,即人们通常说的第三产业,从而使本国的政局日趋稳定,经济得到不断发展。国内生产总值1985年是1.29亿美元,2004年增至5.96亿美元。人均国内生产总值同时期由299美元增至832美元。

吉布提独立后对外奉行和平、中立、睦邻和不结盟政策,主张同世界各国在平等的基础上发展合作,主张通过和平方式解决国际争端,反对霸权主义和强权政治,从而提高了自身在本地区和国际上的地位。吉布提既是埃塞俄比亚与厄立特里亚之间冲突的调解者,又是索马里对立各派"和解"的促进者。1999年9月吉布提总统盖莱在联合国大会上提出以"文化途径"解决索马里问题的倡议,得到索马里各派和国际社会的赞许和欢迎。经过吉布提的努力,2000年5月在吉布提的阿尔塔成功召开了索马里全国"和会",使索马里重新统一迈出了重要的一步。吉布提还是东部非洲六国,即埃塞俄比亚、吉布提、肯尼亚、索马里、苏丹和乌干达组成的"政府间发展组织"(简称"伊加特")总部的所在地。

吉布提独立后一直重视发展同中国的友好关系,坚持一个中国政策,不与台湾发生官方关系。1979年1月8日双方正式建交后,人员往来频繁,合作关系不断发展。吉布提视中国为国际上最可尊敬、最可信赖的国家,是帮助吉布提发展经济的真诚朋友。在国际事务中,双方相互理解,相互支持。吉布提独立后两位总统古莱德和盖莱，先后多次访华。

　　本书撰写过程中，作者参考了国内外有关文献、专著、辞书、年鉴以及百科全书等。资料一般截止到 2003 年，个别延伸至 2005 年。

第一章

国土与人民

第一节 自然地理

一 地理位置

吉布提共和国位于非洲东北部,东南与索马里接壤,南、西与埃塞俄比亚毗连,西北与厄立特里亚为邻,北、东濒临亚丁湾,隔曼德海峡与也门相望,是红海通往印度洋的门户。面积2.32万平方公里,陆地边界线长520公里,海岸线长372公里。吉布提所处的地理位置,在地缘上具有十分重要的战略价值。

二 行政区划

全国共分四个县和一个市。四个县为阿里萨比(Ali Sabieh)县、迪基尔(Dikhil)县、塔朱拉(Tadjoura)县和奥博克(Obock)县。一个市,就是首都吉布提(Djibouti)市。

三 地形特点

吉布提的国土面积虽小,但境内地形复杂。全境大部分为火山岩物质的高原山地,塔朱拉湾呈楔形在亚丁湾

第一章 国土与人民

深入内地,将国土分为南、北两个不同的部分。在塔朱拉湾以北地区,分布着多重山脉。只有在曼德海峡与塔朱拉湾沿岸之间延伸着一条狭窄的平原带,但多为沙漠。这个地区的内陆边界,大部分与海岸线平行,相隔距离平均 90 公里。在内陆的北部和中部,纵贯着一些西北——东南走向的山脉和凹地,其间点缀有平原、河流和湖泊。平原主要有汉来平原、格巴特平原和大巴拉平原。湖泊中的阿萨勒湖和阿劳勒湖都低于海平面。其中阿萨勒湖湖面低于海平面 153 米,是非洲的最低点。沿海平原与凹地之间是陡峭的高原和山地,一般海拔 800 米左右。西北部与厄立特里亚交界的穆萨阿里山,海拔为 2063 米,是吉布提最高峰。塔朱拉湾以南地区,多为高原山地,海拔 500~800 米。吉布提市以南地带有绿洲。

由于地球板块运动的影响,处在东非大裂谷末端的吉布提,其地壳厚度比邻近地区薄,不仅全境大部分地区系由火山岩物质构成,而且地震的频率也较高。距今最近的火山群是 1978 年 11 月在阿萨湖与古拜特湾之间喷发形成的,名为阿尔杜科巴(Ardoukoba)火山。地震虽多发,但震级较低,一般为里氏 1~2 级。近期较大地震是 1994 年 4 月发生的两次地震,分别为里氏 5.5 级和 5.2 级。

四 河流与湖泊

由于气候干燥炎热,吉布提境内没有常年性的河流。季节性河流分为内陆河与入海河两大类。内陆季节河主要有舍开蒂——汉来河和格巴特河。前者从山涧流出,在汉来平原消失;后者在西南边境,流入阿贝湖。入海季节河主要有昂布里河、萨达河和维马河等。

湖泊除了前面提到的阿萨勒湖和阿劳勒湖之外,较大的还有阿贝湖。该湖跨越西南边境,为吉布提和埃塞俄比亚两国共有。

五 气候

由于吉布提位于阿拉伯半岛近旁，又处于印度洋西岸，故其气候深受阿拉伯半岛干燥气候影响，同时也受印度洋气团的影响，包括沿海地区在内的全国大部分地区均属热带沙漠气候，内地则近于热带草原气候。全境终年酷热少雨，每年有40~80天气温在40℃以上。湿度大，年均相对湿度为65%。5~9月为热季，平均气温36℃，最高达46℃。10月至翌年4月为凉季，气温通常在23℃到30℃之间，平均气温25℃。

雨量稀少，年平均降雨量不足150毫米。雨量多寡变化极为无常。例如，1918年降雨量只有10毫米，1937年为282毫米，而1930年3月18日这一天的降雨量就达162毫米。雨量多寡还有很大的地区差别。内陆地带几乎毫无雨季。同时，由于地势越高气温越低，故有时在山上，在一些地势高的地方会下起较大的雨。

第二节 自然资源

一 矿物

吉布提自然条件差，矿物资源不多。主要有盐、珍珠岩、铁、铜、硫磺、方解石、石膏和地热资源。据推测，还有石油资源。盐的资源特别丰富。除了海盐之外，阿萨勒湖边形成的盐层有2米厚，18公里长，10公里宽，被称为"世界上独一无二的地理奇迹"。据估计，这里的盐储藏量约20亿吨，而且以每年600万吨的速度增长着。虽早已开采，但规模不大。阿萨勒湖附近1500米深处的地下水温度高达150~250℃。

第一章　国土与人民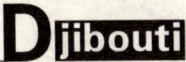

这一地热资源现正着手开发，并计划用来发电。据估计，地热发电厂建成后，至少可满足吉布提市的用电需要。

二　植物

由于气候干燥炎热，吉布提的植物相当稀疏而贫弱。在吉布提能见到的草本植物主要有金须茅、阿尔法针茅、狼尾草和孔颖草等。灌木有柽柳、金合欢、棕榈和海枣树等。在近海岸边，还有热带红树林。真正的森林相当少，仅在海拔800米以上的山地可以看到，总面积约6000公顷。林木品种主要有罗汉松、桧树、榕树和阿拉伯胶树等。

三　动物

吉布提动物界属于埃塞俄比亚动物地理区的东非亚区。主要有羚羊、蹄兔、土豚、斑马、猴子、猩猩和河马等。鸟类中特别突出的有珠鸡、鸵鸟、沙鸡、鸽子、鹦鹉、犀鸟、白头翁、伯劳等。猛禽有鹰、隼、鹫和鹞等。

此外，吉布提沿海中的鱼类主要有金枪鱼、石斑鱼、刀鱼、鳐鱼和海龟等。

第三节　居民与宗教

一　人口

吉布提人口为80万人（2004年），人口密度平均每平方公里34.4人。独立后，由于第三产业发展迅速，人口城市化进程很快。到20世纪90年代，就有70%以上的人口集中于城市。本世纪初，集中于城市的人口已超过全国人口总数的80%。2004年，仅首都吉布提市就集中了全国52.5%的人口，达42万人。内陆人口稀少，有不少无人区。全国人口分布很不均衡。

二　民族

主要民族有伊塞族、阿法尔族、伊萨克族和加达布尔西族等。

伊塞（Isse）族，其人口占全国总人口60%，主要分布在塔朱拉湾以南地区和吉布提市。属索马里人的一支，操索马里语伊塞方言。原住索马里豪德高原，纪元开始后朝西北方向迁徙，其中一部分迁至塔朱拉湾以南地带，逐渐发展成为今日吉布提的主要民族。多信伊斯兰教，属逊尼派。按父系续谱，女儿有继承父亲遗产一半的权利。历史上主要从事畜牧业，饲养骆驼、羊和马等。

阿法尔（Afar）族，又称达纳基尔（Danakil）族，其人口占全国总人口35%，主要分布在塔朱拉湾以北地区，为吉布提第二大民族。属埃塞俄比亚人种，操阿法尔语。笃信伊斯兰教，属逊尼派。按父系续谱和继承财产。允许一夫多妻，男女均行割礼。历史上主要以游牧为生，饲养骆驼和山羊等。

伊萨克（Issack）族和加达布尔西（Gadabulsi）族均为吉布提国内少数民族，系索马里人的不同支系。这两个民族的人口约占全国人口3%。伊萨克人主要分布在东南部边境。加达布尔西族主要分布在这个国家的南部。在社会文化与经济生活方面，这两个民族与伊塞族相似。

此外，吉布提尚有2万多名欧洲人和近2万名阿拉伯人。他们居住在吉布提市及其他城市，有一定的经济实力和社会地位。

三　语言

官方语言为法语和阿拉伯语。在伊塞族、伊萨克族和加达布尔西族中通用索马里语。阿法尔人普遍讲阿法尔语。阿法尔语迄今无文字。

四　宗教

公元 9 世纪伊斯兰教传入前，吉布提人崇拜祖先和自然力。伊斯兰教传入后，改信伊斯兰教的日益增多。目前，伊斯兰教徒在全国总人口中占 94%。多属逊尼派。比较有影响的教团是卡迪里教团和沙兹里教团。城镇居民履行宗教仪式比较正规，人们每逢星期五都到清真寺去做祈祷。现在首都吉布提市有清真寺 13 座，其中 6 座较大。此外，还有许多街道祈祷站。在有较长历史的塔朱拉市，居民仅数千人，但也有七座清真寺。牧民中至今仍有一部分人崇拜祖先和自然力。

在吉布提居住的阿拉伯人有单独的清真寺，并有自己的教长，使用更纯正的阿拉伯语朗诵《可兰经》。

吉布提境内的法国人及其他欧洲人，大多信奉天主教。1885 年法国第一批天主教徒跟随本国殖民者来到奥博克城，并在这里建起第一个天主教传教会。到 19 世纪末和 20 世纪初，传教士又在吉布提市等设立传教据点。1914 年，成立了吉布提天主教教区。目前，天主教徒约 1.3 万人。新教信徒和东正教信徒有数百人。

第四节　民俗与节日

一　民俗

吉布提居民绝大多数信奉伊斯兰教，深受阿拉伯文化的影响，民间习俗同其他阿拉伯国家有许多共同之处。

衣着　吉布提大多数人平日爱穿一种又宽又大的长衫。长衫有棉料的，也有毛料的。棉料的多为白色。这种长衫很实用，白

天当衣穿,夜间当被盖,有时还可当作蒙头布和风衣。这种长衫制作十分简单。取一块布料,将它对折起来,然后在对折处剪出一个直径30厘米左右的圆孔作为领口,用针线将领口缝好,并在其两侧下方缝上几针,一件长衫就算做成。讲究一些的人,则在领口及前胸后背处绣一些具有民族特色的图案。穿着时,将长衫从头上往下一套即可。吉布提人之所以喜欢穿这种无袖长衫,主要是当地气候炎热。这种长衫宽大、透气,穿在身上飘飘扬扬,即使烈日当空也觉凉爽、惬意。

饮食 由于吉布提不仅气候炎热,而且非常潮湿,所以当地人们在饮食方面都嗜食辣椒,各家常以备有好辣椒而自豪。经济条件好一些的家庭,饭桌上总要放一罐辣椒炒肉的菜肴。这道菜肴的主要原料是辣椒加上牛肉或羊肉,制作时再配上有关调料,色、味、香均佳。

与阿拉伯人一样,吉布提人中一些较富裕的家庭在节日或招待贵宾时,也有烤全羊的习俗。烤全羊是吉布提最名贵的菜肴。烤全羊的宰杀过程和烹调方式都十分考究。宰羊前,先在地上挖一个圆形烤场,烤场旁边挖一小沟,然后在烤场里面放上干柴或木炭,在烤场上方搭上支架。宰羊时,主人在亲友或邻里的帮助下,要一刀杀死羊。羊血流到烤场旁边的小沟里。待羊血流尽后,就用土将小沟填平。随后,就是剥羊皮,取出内脏,用水冲洗干净,晾晒。约过一个小时,就将事先准备好的佐料涂在羊肉上,并将其架在烤场的支架上烘烤。烘烤时要不时翻转,直至外焦里熟,香味四溢。吃时也有讲究。如光是本家人,则先由最年长者发话,然后众人开始食用。如有贵宾,则先由主人将羊腰掏出吃上一口,然后送给身份最高的客人吃,以表示对客人的尊敬。吃烤全羊时,一般要吃一些洋葱。这不仅可以调味,而且可以去羊膻味。

在吉布提北部阿法尔人居住区,人们至今仍有吃"生牛

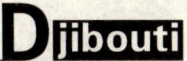

肉"的习惯。供生吃的牛肉必须是刚宰杀的牛,用来生吃的部位主要是里脊或其他较嫩的部分。食用时,先将鲜红的牛肉切成小方块,再用小刀切成薄薄的小片,然后蘸上辣椒粉末吃,味道独特。用生牛肉招待客人,也是阿法尔人的一种传统礼仪。

居住 吉布提两大主要民族的传统住宅很不相同。伊塞人的传统住宅是四角形的土坯房子,屋顶呈金字塔形状。阿法尔人的传统住宅是一种简陋的茅屋,有四角形,也有椭圆形。屋顶用棕榈叶覆盖,四周墙壁用树枝编成。搬迁时,茅屋可以拆卸下来装在骆驼背上运走。

婚俗 吉布提人盛行一夫多妻制。按伊斯兰教法规,一夫可以四妻。各妻室分居,丈夫轮流与各妻同居。牧民中,姐妹共夫的现象较普遍。吉布提政府提倡婚姻自由,但很多人仍沿袭传统做法,是否结婚需由双方父母做主,男方要向女方送足够的聘礼。聘礼一般是钱币和牲畜。女子出嫁时,则以牲畜作为嫁妆。在牧民中,男子往往以多娶妻子的办法使自己拥有更多的牲畜。吉布提女子平均结婚年龄是15岁。

丧葬 在吉布提,人死后实行土葬,被埋入用石头砌成的坟墓里。死者的脸要对着"圣地"麦加的方向。墓前竖一块墓碑,碑上刻有死者姓名和所属民族、部落、氏族等。牧民在经过有坟墓的地方,往往停下来为死者祈祷。吉布提人认为,"人生于石头,漂泊于石头,也应归于石头"。所以,将死者埋在用石头砌成的墓穴内,是为了让其同石头融为一体。

二 节日

吉布提作为伊斯兰国家,其节日大多都同伊斯兰教密切相关。如斋戒节、开斋节和宰牲节等。除了传统宗教节日之外,独立之后还有6月27日国庆节等。

吉布提

依照《可兰经》，每年从伊斯兰教历 9 月 1 日起实行为期一个月的斋戒。在斋戒期间，除了 16 岁以下的学生、病人、孕妇、旅行者和值勤士兵之外，所有穆斯林都必须"斋戒"，俗称"把斋"。届时每天从日出开始到日落前戒除饮食，也不能吸烟，工作时间也相应缩短。饭馆、咖啡厅在白天也一律关门，只有到太阳西沉后才开始营业。"斋月"在吉布提气氛十分浓厚，当东方的霞光刚透过海平线，吟诵《可兰经》的声音就划破了万籁的寂静，继之一片祷告声便回荡在人群之中，一天的"把斋"活动就这样开始了。到斋月期满，由两位有威望的穆斯林如长老、阿訇等寻看新月（月牙），见月的次日即行开斋，为"开斋节"，并举行会礼和庆贺活动。如未见新月，开斋节顺延，但一般不超过三天。在吉布提，每年的开斋节也非常隆重。男女老少一大早就起床作福祈，穿上节日盛装，举行会礼，互相拜会，一片喜气洋洋。

第二章

历　史

第一节　古代的吉布提

近代考古发掘表明,早在旧石器时代,吉布提就有了人类活动。这里最早的知名的王国叫阿达勒(Adale)。它是由阿法尔人建立的,行政中心设在泽拉。公元前3世纪,阿达勒被来自阿拉伯半岛的移民阿布勒人分割为两个国家。位于塔朱拉湾以北的称为安卡利,塔朱拉湾以南的仍保留阿达勒这个名称。这两个国家向阿布勒人纳贡达数世纪之久。纪元开始后,阿布勒人为埃塞俄比亚人征服,安卡利和阿达勒都成了埃塞俄比亚的属国。公元9世纪,伊斯兰教传入吉布提地区后,这里逐渐兴起了一些独立于埃塞俄比亚的伊斯兰国家,其中以阿达勒素丹国最为强大。阿达勒素丹国对塔朱拉湾以北的诸小国采取逐步吞并的政策。大约从公元13世纪开始,信奉伊斯兰教的阿达勒与信奉基督教的埃塞俄比亚进行了一系列战争。阿达勒素丹国在战争初期取得了多次胜利,占领了埃塞俄比亚的一些领土。可是到战争后期,阿达勒连遭失败,终于导致1415年的溃败。其统治者萨德·阿德丁遭到埃塞俄比亚人的追击,在泽拉沿海的一个岛上被杀。其余部逃往阿拉伯半岛。塔朱拉湾以北原来一些臣属于阿

吉布提

达勒的小国乘机宣布独立,组成素丹国。到西方殖民者入侵时,在塔朱拉湾以北和西南地区的素丹国有三个,即塔朱拉、拉黑塔和高巴德。

塔朱拉素丹国管辖范围主要是包括泽拉港在内的塔朱拉湾沿岸地区。18世纪,塔朱拉素丹国的势力达到顶峰,它将塔朱拉湾以北的绝大部分土地纳入其管辖的范围。素丹本人由于控制着泽拉的奴隶贸易,而成为大富翁。拉黑塔素丹国的辖地除了吉布提西北部地带之外,还有厄立特里亚相当一部分土地。高巴德素丹国,则管辖着吉布提西南部地带。

伊塞人出现在吉布提,与阿法尔人相比要晚一些。伊塞人在吉布提一带建立国家组织则是公元以后的事情。为了争夺牧场,伊塞人不仅与阿法尔人作战,而且同埃塞俄比亚人作战。到19世纪初,伊塞人已将阿法尔人赶到塔朱拉湾以北地区。当时伊塞人酋长的辖地除了吉布提南部地区之外,还包括今索马里西北部一部分领土和埃塞俄比亚东北部的一部分领土。都城设在今埃塞俄比亚境内的迪雷达瓦(Diradawa)。伊塞人与阿法尔人之间的长期敌对,便利了西方列强,尤其法国对吉布提的入侵。

第二节　西方列强对吉布提的侵略和法国对吉布提的占领

一　西方列强对吉布提的侵略

葡萄牙是最早侵略吉布提的西方国家。1516~1517年,葡萄牙殖民者在吉布提沿海一带进行袭扰,企图在那里站稳脚跟,但未能得逞。随后侵入吉布提的是英国和法国。

1839年英侵占亚丁港不久,就将侵略矛头指向吉布提沿海。1840年8月,英国殖民者用欺骗的办法从当地一位素丹手中买下了塔朱拉湾的穆沙岛。9月,英国又占领了塔朱拉湾以南不远处的奥巴特岛,并在实际上控制了泽拉港。英国的行动引起了法国的注意,加快了法国侵略吉布提的步伐。

二　法国对吉布提的侵略和占领

1840~1857年间,法国数次派人到吉布提沿海一带侦察,了解当地的自然环境与风土人情。1859年,法国驻亚丁领事亨利·朗贝尔与塔朱拉素丹签订条约,法国取得了奥博克港的租借权。继之,法国又以"友好"的姿态促成素丹的一位表兄弟名叫艾哈迈德·阿布巴克尔,于1862年前去巴黎"访问"。在巴黎,阿布巴克尔亲手签订了割让奥博克港和从比尔角到杜迈拉角的整个海岸地带的条约,法国为此仅付出1万泰勒(一种德国银币)。塔朱拉素丹还向法国保证不向西方其他国家割让土地;如果西方其他国家有此种要求,将随时报告法国。这个条约不仅使法国来往于印度洋和红海的船只有一个可靠的加煤站,而且使法国有一个向吉布提内地扩张的基地。

1869年苏伊士运河通航后,吉布提因地处苏伊士运河至印度洋的海上交通要道,在地缘政治上的重要性大为提高。法国对侵占吉布提的兴趣也大为增加。但由于普法战争等事务的影响,法国一直到1881年才在奥博克设立"法国—埃塞俄比亚贸易公司"。继之,1882年设立"奥博克法国公司"和"法国代理商行",1883年建立"梅斯尼尔公司"。1884年春,在"奥博克法国公司"的组织下,法国第一批移民30人来到了奥博克。在这批移民中有一位名叫谢弗纳克斯的人,是一位工程师,他后来在建筑通往亚的斯亚贝巴的铁路中起了重要的作用。1884年6月,法国政府任命莱翁斯·拉加尔德为奥博克属地的行政长官和驻军司令。拉加尔德当年虽只有24岁,但此前他在巴黎和罗马任职时已取得国际事务方面的经验。同年8月,拉加尔德抵达奥博

吉布提

克。他施展手腕,同塔朱拉和高巴德两位素丹签订了一系列条约,将这两位素丹管辖的地区都置于法国的"保护"之下。翌年,即1885年,拉加尔德又同塔朱拉湾以南地区的伊塞族酋长签订了条约,将其辖地也置于法国的"保护"之下。拉加尔德还从法国政府那里争取到一笔资金,决定要将奥博克发展成为一个军事、贸易和行政中心。1887年,法国政府为了表彰他的功绩,任命他为奥博克殖民地及其属地的总督。

然而,由于奥博克不仅与内地之间有多重山阻隔,而且缺少可以避风浪的停泊水域,这就妨碍它进一步的发展。所以,到1892年,法国殖民者就决定放弃奥博克,而另选吉布提①作为行政中心。

吉布提港位于塔朱拉湾的南岸出海口处,法国殖民者是在1888年发现它的。当时吉布提不过是一个高出海面约40英尺的荒凉的珊瑚岛,与陆地之间由一片沙洲连接。法国殖民者之所以看中这个地方,乃是因为这里有一片可以避风浪的停泊水域,与内陆埃塞俄比亚之间的交通也比较方便。然而,吉布提港正巧处在早先被英国侵占的泽拉港与穆沙岛之间。为减少矛盾和防止冲突,1888年9月,法国与英国签订一项协议,确定泽拉和吉布提两地的中间线为两国在索马里地区的殖民疆界,英国放弃对穆沙岛的占领。这条分界线,将伊塞人的居住区分成了两半。1896年,法国殖民者将塔朱拉湾以南和以北的全部占领地合并为一个殖民地,称之为"法属索马里海岸",以吉布提为首府。

1897年3月20日,法国与埃塞俄比亚签订条约。该条约除了划定法属索马里与埃塞俄比亚之间的边界之外,还规定吉布提

---

① 关于"吉布提"这一名称的来历,有多种说法。有一种说法是,这个名称来源于阿法尔语的加布提(Gabouti),意为用一个小架子托着的一个用棕榈叶编织的盘子。

港是埃塞俄比亚对外贸易的正式港口，法国可以修建一条从吉布提港到埃塞俄比亚首都亚的斯亚贝巴的铁路。至此，法国完成了它对法属索马里的殖民占领。

第三节　法国殖民统治下的吉布提

法国在吉布提建立殖民统治后，当地居民被剥夺了一切政治权利，各级官员皆由法国的军官或文官充任。政府机关的一切公文，使用的是当地绝大多数人看不懂的法文。殖民当局虽然同意当地人可以成立工会组织，但是规定不许进行民族主义宣传。

与法属非洲其他殖民地一样，法国在法属索马里实施的土地法也是依照法国本土的观念和实践制定的。1924～1925年通过两个法律文件，将整个领地的土地分为公有和私有两大类。一切所谓"空闲的和无主的"公共土地都属于国家所有。这类土地上的任何收益都归入法属索马里当局的预算。至于私人土地，凡面积小于5000平方米的，可由总督作出暂时的授予。如果面积大于5000平方米，则必须经过公开拍卖。那些持有暂时授予土地的人如果履行他们土地税册上规定的条件，就可以取得永久的所有权。这里所说的"条件"，对于城市里的小块土地来说，是指在2～3年内造好一座建筑物；对于农耕的土地来说，是指在5～6年内必须种上作物。有些小块土地被保留着，以便以优惠的条件卖给土著居民，但法国军队的退伍军人可以无偿地取得这种土地。不过，这样的法律对于法属索马里这个以游牧业为主的社会极不适宜，如果认真加以实行，即使不造成麻烦，也会引起混乱。在20世纪二三十年代，确实有大片租借地授予少数大公司，但是除了一些产盐区之外，大都被看作是不毛之地，因此这些租借地从来没有加以开发。只有在地产迅速获得货币价值的地

方如吉布提、阿姆布利等,才建立了土地占有制度,但在当时也只具有初步的形式。到 60 年代,就整个法属索马里来说,取得城市土地永久所有权的总面积只不过 67 公顷,取得农村土地永久所有权的也只有 489 公顷。在阿姆布利,只有少数阿拉伯人才是他们自己耕种的园圃土地的合法所有者。

由于法国侵占法属索马里主要是从地缘政治出发,把该地区看作从红海通往印度洋的战略要地,所以在侵占该地区后长期忽视农业和畜牧业,只重视沿海地区尤其吉布提港的建设。法国殖民者把大量资金投在吉布提港市政和港口建设上,不仅在那里建起煤炭供应站、供水系统和现代化码头,而且建起医院、学校和欧式住宅,还鼓励邻近村民种植蔬菜,供应市场需要,等等。而为了将埃塞俄比亚更多的出口贸易吸引到吉布提港,法国更致力于建设从吉布提港到亚的斯亚贝巴的铁路。

从吉布提港到亚的斯亚贝巴的铁路全长为 784 公里,在法属索马里境内 106 公里。这条铁路是从低地通向高原,从海平面爬至海拔 2300 多米高的高原,要跨过河床和沙漠,穿过峡谷和山洞,在技术上有一定难度。铁路第一期工程于 1897 年动工,1902 年铁路修建到埃塞俄比亚境内的迪雷达瓦。第二期工程于 1906 年开始,尽管有第一次世界大战的干扰,但是这条铁路还是在 1917 年修建到亚的斯亚贝巴。同年 6 月,铁路全线通车营业。这条铁路的建成提高了法属索马里和吉布提港的地位,保证了它的繁荣。1902 年铁路第一期工程完成后,吉布提港的贸易额即从 19 世纪末不足 1000 万法郎增加到 1914 年 8000 万法郎。1917 年铁路全线建成后,进一步刺激了商业。1920 年,吉布提港的贸易额达 3.04 亿法郎。与此相对照,索马里西北部的重要港口泽拉就逐渐失去原先作为内地大部分对外贸易出口的主导地位。难怪一些西方媒体认为,尽管法国占据的是索马里不大的一块领土,但是一直从这一块殖民地获得最大的好处。

第二章 历 史

1914年第一次世界大战开始后,法国殖民者用欺骗的办法在法属索马里征召了2000名志愿兵,驱使他们到西欧作战。他们在凡尔登等地方同德军作战。他们集体的和个人的英勇事迹,多次得到法国政府的褒奖。到大战结束时,他们当中有400人战死,1200人受伤。大战期间,意大利力促英、法两国允许其扩大在厄立特里亚的殖民地,也就是将法属索马里并入意属厄立特里亚,遭到法国的坚决拒绝。法国认为,法属索马里不仅是棵"摇钱树",而且是它维持同印度支那、马达加斯加等之间交通所不可缺少的中间站,千万不可转让。

第二次世界大战爆发后,意、法两国军队在法属索马里边境时有冲突。1940年6月法国败亡,贝当成立傀儡政府后,法属索马里当局宣布效忠贝当政府。1940年9月,英国海军开始从亚丁湾对法属索马里进行海上封锁。效忠于贝当的法属索马里总督努埃勒塔,对不服从命令和敢于反抗的人实行残酷镇压。1941年5月,他以"通敌"罪名,不经审判就枪决了6名不识字的非洲人。1942年12月26日,自由法国在英国装甲部队协助下收复了这一殖民地。1943年春,自由法国在法属索马里征集一个营的兵力,前往欧洲战场作战。

二次大战结束后,法国为了维护其对包括法属索马里在内的各殖民地的统治,于1946年颁布了法兰西第四共和国宪法。根据这部宪法,法兰西联邦取代原来的法兰西帝国,联邦包括法国本土、法国各海外省、海外领地和原来的保护国。法属索马里被认为是法国的一个海外领地,由法国派遣总督管辖。同时,一个由法国人和吉布提人联合组成的行政委员会,协助总督管辖这个领地。根据宪法,法属索马里可以选派一名参议员和一名众议员参加法国议会。

由于法国殖民当局长期关注的主要是吉布提港和从吉布提到亚的斯亚贝巴铁路建设,是港口和铁路的商贸利益,对其他部门

很少关注,所以直到 1977 年吉布提宣布独立前夕,法属索马里仍是经济十分落后的国家。多数人口从事牲畜业和半农半牧业。饲养的牲畜主要有羊、牛和骆驼。农作物仅有玉米、葡萄、柑橘和蔬菜。工业主要有船舶修理厂、小型机械厂、建筑材料厂和面包厂等。不仅要进口机械设备、运输车辆和纺织产品等,而且要进口大批粮食和蔬菜。出口货物主要是牲畜、皮张和盐。贸易对象主要是法国,其次是伊朗、埃塞俄比亚和英国等。

第四节　吉布提人民争取独立的斗争
　　　　　吉布提共和国的成立

一　吉布提人民争取独立的斗争

与非洲其他各被压迫民族人民一样,吉布提人民在第二次世界大战结束后也掀起反对殖民统治,争取独立斗争的高潮。1956 年 8 月,吉布提港和奥博克港等爆发了反对法国殖民统治的总罢工。罢工使吉布提港口瘫痪了四整天。1957年 12 月,法属索马里人民派出一个代表团出席在开罗举行的亚非人民团结大会。在会上谴责殖民主义,表示法属索马里人民要为争取独立和自由而斗争的决心和信心。

为了削弱法属索马里和其他法属殖民地人民争取独立的斗争,1957 年春法国公布了海外领地"根本法"(loi cadre)。"根本法"的中心内容是用改变各殖民地政治机构的办法,给予各殖民地以"半自治共和国"的地位,包括各殖民地可经普选产生领地议会,再由领地议会产生政府,政府的主席由法国总督担任,副主席由议会的多数党的领袖担任,总督在外交、国防和内部治安方面享有决定权等。根据"根本法",1957 年 6 月 23 日,法属索马里举行第一次普选。结果,马赫茂德·哈比(Mahmoud

第二章 历 史

Harbi)领导的共和联盟获得了领地议会的全部席位。共和联盟是一个选举联盟，代表伊塞族和阿法尔族居民中的大多数，还代表当地的阿拉伯居民。主要对立党派是"保卫领地经济和社会利益党"，其主要领导人是哈桑·古莱德·阿普蒂敦（Hassan Gouled Aptidon）。哈比和古莱德二人都属伊塞族。同年8月，成立领地政府委员会，法国总督任主席，哈比任副主席。政府成员还包括3名伊塞人，2名阿法尔人，1名阿拉伯人和1名法国人。这个政府成员组成反映了法属索马里的两个主要民族虽存有矛盾，但在争取独立这件事上则存有共同利益，可以实行联合。

  法国殖民者在法属索马里实施"根本法"，其目的是要吸引该领地的上层，尤其知识分子的代表参政，使该领地在法兰西联邦范围内取得部分自治权，以维护法国对该领地的殖民统治。然而，法属索马里人民并不满足"半自治"的地位。一些民族主义者利用"根本法"提供的一些合法权利，宣传群众，发动群众，以实现国家的完全独立。哈比曾多次表示，法属索马里"要继续朝独立的目标前进"。在这种情况下，法国也要求法属索马里就《法兰西第五共和国宪法》（又称《戴高乐宪法》）举行公民投票。这部宪法是法国议会于1958年9月28日通过的。宪法宣布建立法兰西共同体，以代替原来的法兰西联邦。在法兰西共同体内，殖民地与法国之间不再是附属关系，而是联盟关系；法国所属各殖民地可以加入法兰西共同体，并取得自治共和国地位，也可以脱离法国而独立。该宪法还规定，各法属殖民地对这两者如何选择，应由各殖民地举行公民投票作出决定。在1958年9月30日法属索马里居民就《戴高乐宪法》进行投票前，法国殖民者施展欺骗伎俩，对当地居民解释说，如果你们反对《戴高乐宪法》，你们必须把写着"是"的选票投入票箱。结果，80%的反对票都变成了"赞成票"。10月初，当法国殖民当局宣布当地居民赞同《戴高乐宪法》，法属索马里以海外领地的

吉布提

身份留在法兰西共同体内时,立即激起当地居民的极大愤怒。10月6日,首府吉布提市群众举行示威游行,发生流血冲突,哈比和政府事务部长哈桑·利班都受了伤。次日,哈比与其他几名部长都因反对《戴高乐宪法》而被解除职务。10月21日,法国政府宣布解散法属索马里议会,并规定11月23日为新议会选举的日子。

在新议会选举前夕,哈比提出了法属索马里完全独立,并同英属索马里和意属索马里联合起来的口号。而古莱德则提出了"法国—非洲共同体万岁"的竞选纲领。在殖民当局的支持下,以古莱德为首的"保卫领地经济和社会利益党"在新议会的选举中获胜。他本人担任了政府委员会的副主席。新政府和议会的第一个重要行动,就是进行投票作出决定,确认法属索马里仍是法兰西共同体的一个海外领地。

1959年4月,古莱德被选为法属索马里参加法国议会的众议员,阿里·阿里夫出任政府委员会副主席。阿里夫多次表示,法属索马里不希望立即改变自身的地位,也不存在参加"大索马里"的问题,而是要在法国的帮助下发展经济和培养干部。阿里夫的声明与戴高乐的主张是一致的。1959年7月3日,戴高乐在吉布提港逗留期间宣称:"不管别的地方发生了什么事,法国将决不规避它在这里所负的人道主义的责任。"法国就是要"留在这个领地"。①

不过,进入1960年,由于法国原来在西非和赤道非洲各领地先后都成为独立主权国家,更由于英属索马里和意属索马里在7月1日合并成为独立的索马里共和国,就使得法属索马里在政治上停滞不前的状况更加突出,使得法属索马里人民要求独立的

---

① 转引自弗·汤普森、理·阿德洛夫著《吉布提与非洲之角》,斯坦福大学出版社,1968,第75页。

呼声越来越高。就在 7 月 1 日这一天,哈比通过广播呼吁法属索马里人民起来造反。古莱德也开始转变态度。7 月 18 日他在法国国民议会辩论发言中说,"极其迫切的内部和外部的政治上的需要",都要求法属索马里"改变自己的法律地位"。为了阻挠法属索马里独立,并同索马里共和国合并,法国殖民当局加强了对民族主义力量的镇压。哈比和他担任政府委员会副主席期间一部分部长被迫流亡国外,另有几位部长被逮捕。哈比还被殖民当局缺席判处有期徒刑十年。哈比与一些在国外流亡的战友就以开罗和摩加迪沙为基地,为争取国家独立进行积极活动。1960 年 9 月,哈比先后访问中国和东欧有关国家。9 月 29 日,哈比在去往摩加迪沙途中,因殖民者在其所乘的飞机上安放的定时炸弹爆炸而遇难。

1961 年 9 月,法国殖民当局颁布"紧急条例",规定非经允许不得举行 5 人以上的集会,不得成立任何党派组织,任何有"危害安全"的嫌疑者都将被监禁或流放。1962 年初,法国政府又调遣 4500 多名法军到法属索马里,使当地的法国驻军增至 4 万人。许多民主进步人士遭逮捕和关押。

然而,压迫愈甚,反抗愈烈。1966 年 8 月 25 日,当戴高乐在时隔七年再次来到吉布提时,他在大街上看到的是挥舞着写有"完全独立万岁"字样的旗帜,喊着要独立、要自由口号的示威群众。示威群众与武装军警发生了冲突。戴高乐发表讲话的场所也由公共广场改为议会大厅。他以新闻记者称之为"冰凉的矜持"态度告诉听众,法国是要考虑当地居民想改变局面的愿望的,如果这种愿望是用正常的民主方式来表达,而不是使用暴力和喊口号的方式。总而言之,他已改变了七年前要"长期留下来"的态度,表示法属索马里这个领地可以独立。不过,他没有说明什么时候和用什么方法来实现。第二天,即 8 月 26 日,戴高乐匆匆离开吉布提,前往埃塞俄比亚访问。8 月末和 9 月上

旬，领地连续发生多次群众示威游行和罢工。

1966年9月21日，戴高乐在同阁僚们商量后宣布：法属索马里人民就领地前途问题可以在1967年7月1日之前举行一次公民投票。为了继续维护对法属索马里的殖民统治，法国殖民者积极支持反对独立的阿法尔民主大会党进行宣传活动，并在投票前将赞同独立的3.7万多名伊塞人和伊萨克人列为"外国人"，剥夺了他们的公民权，其中有的还被驱逐出境。所以，到1967年3月19日举行投票时，据官方的统计，参加投票的共37257人，其中60.4%的人赞同法属索马里仍留在法兰西共同体内。同年6月，法国议会通过决议，将法属索马里更名为"法属阿法尔和伊塞领地"，并享有"实际的自治"地位，在法国议会中拥有代表席位。法国不再向该地任命总督，而改为派驻高级专员。但高级专员仍保留对领地的外交、防务、治安和币制等的控制权。法国保留有任何时候进入吉布提港的权利。法属索马里人民要争取独立必须继续开展斗争。

二　吉布提的独立与共和国的成立

进入20世纪70年代，非洲大多数国家经过斗争都获得了独立，少数尚未独立的国家如莫桑比克、安哥拉、津巴布韦和纳米比亚等，武装斗争方兴未艾，日益高涨。法国继续占领吉布提，越来越受到国际舆论的谴责。非洲统一组织、不结盟国家会议和联合国等都通过相关决议，要求法国尊重吉布提人民的意愿，让吉布提尽早独立。1975年2月，当地两大民族主义组织——"非洲人民联盟"与"正义和进步行动党"合并，成立"非洲人民争取独立联盟"。"独立联盟"明确提出当前的行动纲领是：消除殖民主义，法国撤走，吉布提独立。在这种情况下，法国政府不得不于1975年12月31日宣布：法国将承认吉布提是一个独立的国家。

第二章 历 史

1977年2月，在巴黎召开关于吉布提独立的圆桌会议。同年5月8日，吉布提全国举行公民投票，98.7%的选民赞成独立。6月24日，哈桑·古莱德当选为总统。古莱德本人是伊塞族，随后他任命阿法尔族的艾赫迈德·迪尼（Ahmad Dini）为总理。6月27日正式宣布独立，并成立吉布提共和国。

6月26日，古莱德在宣誓就职总统时说，经过曲折斗争，"我国人民终于获得自由，终于站起来了。""我们现在必须共同工作，共同建设，共同挑起担子。"他还宣布，吉布提"属于阿拉伯国家联盟"，伊斯兰教"是这个年轻国家信奉的宗教"。

1977年吉布提共和国成立后，对内实行发展经济、民族团结和平等政策，对外奉行和平、中立、睦邻和不结盟政策，主张同世界各国在平等的基础上发展合作，主张通过和平方式解决争端，反对霸权主义和强权政治，从而使吉布提政局日益稳定，经济不断发展，国际地位不断提高。有关情况，后面各章将予以介绍。

第三章

政治和军事

第一节 政治体制

前面已提到,在西方列强入侵前,吉布提分成三个素丹国和一个酋长国,分别由其统治者进行治理。在法国殖民统治时期,吉布提由法国派总督治理。独立后,吉布提实行民主共和制。它是依照法兰西第五共和国的总统共和制构建的。这,在吉布提的宪法中得到了反映。

吉布提独立后先后颁布过两部宪法,即1977年6月颁布的独立宪法和1992年9月颁布的多党制宪法。这两部宪法在说明吉布提是一个"民主、主权、统一和不可分割的共和国",是一个"民主法制"国家,各族人民遵奉"团结、平等、和平"的原则,政府应做到"人民政权源于人民,为了人民"的同时,都强调吉布提实行总统内阁制。宪法规定,共和国总统是国家元首兼政府首脑、军队最高统帅,拥有行政权和规章制定权;有权颁布并负责执行议会通过的法令;负责制定和指导国家政策;监督司法决定的执行;指定总理,并在总理的建议下,任命其他政府成员;任命部队高级指挥官;经议会批准,对外宣战、缔约、委派使节。总统由直选及两轮多数制选举产生,任期6年,只可

第三章 政治和军事

连任一次。总统因故暂时不能视事时,由总理代行职权;总统职位空缺时,由最高法院院长暂代,但不得对政府和任何国家机构进行调整,并要在 30~45 日内选出新总统。

1977 年吉独立时,哈桑·古莱德·阿普蒂敦(Mr. Hassan Gouled Aptidon)经议会选举出任吉首任总统。随后,在 1981 年、1987 年、1993 年总统选举中蝉联总统。1999 年古莱德总统选定其侄子伊斯梅尔·奥马尔·盖莱(Ismail Omar Guelleh)为接班人。同年 4 月,盖莱在大选中获胜,出任第二任总统。2005 年 4 月,总统换届选举,盖莱获胜,蝉联总统。

第二节 国家机构

国家机构分为中央政府和地方政府。中央政府由总统和他主持下的部长委员会组成,政府成员向总统负责。总统府内设有办公厅、秘书长、礼宾、计划、城建等部门,还专门聘请国防、财政、计划、新闻、司法等法国顾问协助工作。地方政府主要是各县政府。

中央政府机构如图 3-1。

第三节 立法与司法

一 立法

吉布提的立法机关是国民议会,实行一院制。宪法规定,只有议会可以以议员投票的简单多数通过法案。

议会立法范围主要是:国家政权的组织机构;中央和地方权力的分配;有关职能部门的设立;国有企事业机构的组建;民法的实施和修正;公民的基本权利和义务;教育、劳动和社会保

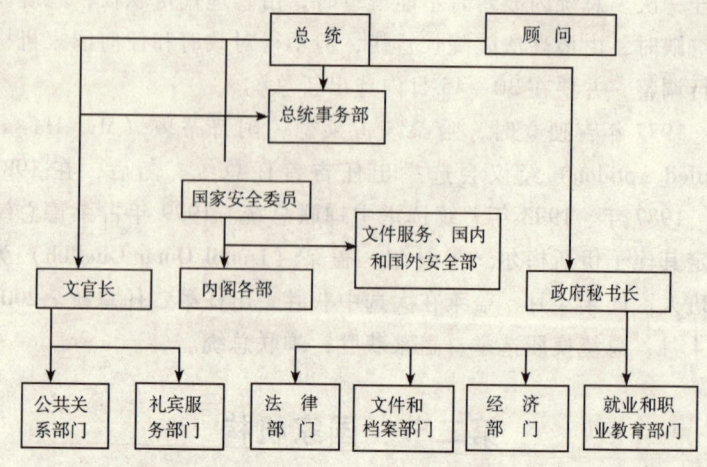

图 3-1 中央政府机构

障；税务、财政、货币、信贷、银行和保险等。

议会共有 65 名议员，每 5 年进行一次直接选举产生。议员具有再次当选资格。议会领导机构由总务委员会、常设委员会和专门委员会组成。总务委员会由议长、两名副议长、一名总务主任和一名秘书组成。议长是议会最高负责人，任期 5 年，由议员无记名投票选出。负责组织议会辩论，监督投票表决，宣布投票结果和代表议会宣布有关法案和声明；代表议会与政府进行联系。副议长在议长因故缺席时代行议长职权。总务主任受议长委托负责议会财政事务。常设委员会由 14~18 名议员组成，主要负责处理在议会全会休会期间需要审议的问题。专门委员会由外交委员会，财政、经济和计划委员会，国防委员会，社会发展和环境保护委员会，司法和行政委员会，生产和贸易委员会等 6 个委员会组成，其成员由议员选举产生，每个专门委员会由 10~16 名委员组成，在议会全会期间行使有关职权。

第三章 政治和军事

议会每年召开两次例会，第一次在3月15日至4月15日，第二次在9月。具体开会日期和日程由总务委员会确定，每次会议不得超过两个月。如总务委员会认为有必要，可将会期再延长，但不能超过15天时间。第一次全会主要讨论立法问题，第二次全会主要讨论财政预算，也称预算全会。

二　司法

吉布提司法体系是以法国民事法制为蓝本，并吸收了吉布提传统习惯法和伊斯兰法律的相关内容。宪法规定，吉布提司法机关独立于立法机关和行政机关。司法权分别由县法院、一审法院、上诉法院和最高法院行使。吉实行法官终身制，但法官的工作受总统主持的最高法官会议监督。吉作为伊斯兰教国家，还设有伊斯兰教大法官。

吉布提议会设有最高司法法庭。共有9名正式法官和9名候补法官，皆由议员担任。职责是受理由议会对总统和部长提出的起诉。政府设有司法、感化和伊斯兰事务部。此外，总统府、外交部聘有法国人担任司法顾问。

第四节　政党、团体

一　政党与政党制度

吉布提政党活动始于20世纪60、70年代。在争取独立斗争中，一些政治团体逐渐发展壮大，纷纷组成政党。至1977年独立前夕，吉影响较大的政党有5个，即非洲人民争取独立联盟、争取独立全国联盟、索马里海岸解放阵线、争取解放人民运动和吉布提解放运动。

在1977年5月8日关于独立问题的全民公决和议会选举中，

吉布提

非洲人民争取独立联盟、索马里海岸解放阵线和"议会多数派"以"争取独立人民联盟"名义联合参选,获得了议会中的多数议席,并组成联合政府。

多党并存的局面维持了两年,古莱德总统认为吉党派之争与民族矛盾交织,影响国家的团结、稳定和发展。经与各党派协商,决定取消多党制,合并成立统一政党"争取进步人民联盟"(简称人盟)。1979年3月4日在迪基尔县召开新党成立大会,原各派领导人均进入"人盟"中央领导机构"执行委员会"。因民族矛盾和政见不同而被解职的吉第一、二任总理迪尼和卡米勒指责古莱德搞大民族主义,认为吉布提出现"塞浦路斯式局势的可能",于1981年8月组建"吉布提人民党"。同年9月两人被捕入狱。1981年10月,吉议会通过全国动员法,宣布人盟为唯一合法政党。该党1982年召开第二次代表大会,重申其在国家事务中的领导地位,即党决定国家大政方针,政府负责实施。但反政府的秘密政党活动依然存在。

20世纪90年代初,在非洲"多党民主"浪潮影响下,吉布提国内一些以民族、部落和氏族为背景的反对派组织和政党纷纷成立。当时人口不足60万人的吉布提,竟然冒出近20个政党。1991年夏,一些阿法尔族反对党组成"恢复团结和民主阵线"(简称"阵线"),并在外来势力支持下,在北方发动武装叛乱,与政府军对抗,占领了一些地方。吉布提政局出现严重动荡。

迫于内外压力,1992年9月,吉政府宣布实行多党制,并规定政党总数不得超过4个。不过,政府从来没有就此事公布过。反对派要求更加开放的政治,认为只有4个政党被承认为合法是很不够的。同年10月,民主革新党、全国民主党和社会民主人民党相继成立,并取得合法地位。而法拉赫·瓦贝里领导的争取进步民主联盟和穆罕默德·穆萨·阿里领导的争取团结和民主运动的申请被拒绝。同年12月,吉举行了首次多党议会选举。

第三章 政治和军事

古莱德领导的"人盟"在选举中获胜。

1993年7月,政府军向叛军发动强大攻势,叛军遭到重创,有些人逃往邻国。与此同时,吉布提政府强调民族团结和国家统一,谴责民族分离主义。1994年春,叛军内部出现分裂,组成了新的领导机构,要求同政府谈判,实现和解。同年12月26日,吉布提政府与"阵线"代表在巴黎签署和平与民族和解协议。"阵线"放弃武装,成为合法政党,并参加对国家事务的管理。1995年6月,"阵线"领导人加入政府内阁。1996年3月,"人盟"与"阵线"结成"执政联盟"。1997年12月,吉布提举行第二次多党制议会选举,"执政联盟"大胜,获得了全部议席。根据联盟协议,成立了以"人盟"为主体,并有"阵线"主要领导成员参加的民族团结政府。直到今天,吉布提仍是这样的政治格局。多个政党结成联盟,共同执政,保持政局稳定,这在非洲是罕见的,在世界上也是少有的。

经过多次组合,目前吉布提有9个合法政党:

(1)争取进步人民联盟(Rassemblement Populaire pour le Progrès – RPP):执政党。1979年3月4日成立。主要由原非洲人民争取独立联盟组成。自1981年10月至1992年一直是吉唯一合法政党。2000年3月召开第八次代表大会,选举盖莱为该党主席。2001年1月召开特别代表大会,规定联盟今后10年的工作重点是开发人力资源,三大中心任务是维护国家安全和统一、巩固和平与稳定、促进社会经济发展。

(2)恢复团结和民主阵线(Front pour la Restauration de l'Unité et de la Democratie – FRUD):执政党。其前身是1991年8月12日由北方阿法尔族反政府武装建立的政党。1996年被承认为合法政党。1997年该党举行第一次全国代表大会,决定与执政党"争取进步人民联盟"结盟,积极参与国家政治、经济生活,通过和平方式捍卫党的思想,为恢复国家政治、经济平衡而共同

努力。主席为阿里·穆罕默德·达乌德（Ali Mohamed Daoud）。

（3）全国民主党（Parti national démocratique – PND）：参政党。1992年10月23日成立，目标和原则是维护国家统一和民族独立。主张政治上通过建立多党制实行自由选举、权力下放、司法独立和新闻自由等，建立真正的民主社会；经济上实行市场经济，通过优先发展农业和开发海洋资源、加强服务性经济、鼓励私营企业等措施促进经济发展；反对种族主义和部落主义。2003年与人盟结盟。主席阿登·罗布莱·阿瓦莱（Aden Robleh Awaleh）。

（4）社会民主人民党（Parti Populaire Social-Démocratique – PSD）：参政党。2002年10月31日成立。目标是维护既得社会成果，恢复经济，协调政府政策，规范工资，平衡物价，提高生活水平。2003年与人盟结盟。主席为穆明·巴东·法拉赫（Moumin Bahdon Farah）。

（5）民主革新党（Parti du Renouveau Démocratique – PRD）：反对党。1992年10月2日成立。其纲领是恢复并维护和平，实现民族和解。主张通过民主和平的方式实现政权交接。目前该党处于分裂状态，达荷尔·艾哈迈德·法拉赫（Daher Ahmed Farah）和马基·胡默德·加巴（Maki Houmed Gaba）均称自己为主席。

（6）争取发展共和同盟（Alliance républicaine pour le Développement – ARD）：反对党。2002年10月6日成立，主席为艾哈迈德·迪尼·艾哈迈德（Ahmed Dini Ahmed）。

（7）争取民主和正义联盟（Union pour la Démocratie et la Justice – UDJ）：反对党。2002年10月13日成立，主席为伊斯梅尔·盖迪·哈立德（Ismael Guedi Hared）。

（8）吉布提发展党（Parti Djiboutien pour le Développement – PDD）：反对党。2002年11月11日成立，主席穆罕默德·达乌

德·谢希姆（Mohamed Daoud Chechem）。

（9）改革者联盟（Union des Partisans de la Reforme-UPR）：在野党。2005年3月1日成立。主张在吉布提进行改革，实行适合本国的政策，以建立和谐的社会。对盖莱政府采取支持态度。主席为易卜拉辛·谢希姆·达乌德（Ibrahim Cheme Daoud）。

二　群众性团体

（1）吉布提全国妇女联盟（L'UNION NATION ALE DES FEMMES DE DJIBOUTI，简称 UNFD）。成立于1977年4月30日，宗旨是：改善妇女生活状况，促进妇女事业发展，并将其纳入国家社会经济发展进程；通过宣传教育，提高全民对女童入学和妇女扫盲意义的认识；推行计划生育，保障母幼健康，根除残害妇女的恶习；通过职业培训和立法来促进妇女参与商业活动，增强其在国家经济生活中的地位。

吉妇联中央领导机构为高级委员会，由主席、副主席、秘书长和10个委员会负责人组成，并在首都10个区和各县设分部。10个委员会是：健康委员会，扫盲委员会，农业委员会，儿童权益委员会，创收委员会，环境委员会，资料委员会，传媒委员会，文化委员会，促进妇女经商委员会。

吉妇联属民间机构，没有政府预算拨款，财政上除国家偶有少量资助外，主要依靠联合国儿童基金会等国际组织以及友好国家的援助。在极其困难的条件下，吉妇联加强与国际妇女界的联系，在提高吉妇女社会地位、改善其生存环境和参与国家建设等方面做了大量有益的工作。

妇联还下辖一个相对独立的母子中心。该中心由前总统古莱德的夫人艾莎于1978年创建，属慈善机构，主要任务是收容孤

儿,将其抚养和教育成人,并帮助就业。中心初建时只有两幢简陋的平房,后经沙特政府援助2亿吉郎,建成了现在办公室、宿舍、车间和医院一应俱全的规模。中心现有300名儿童,从不满1岁到19岁不等,分幼儿班、中班和高班。工作人员40多人,主要由本地妇女担任。儿童的文化课以阿拉伯文《可兰经》为主,同时学习刺绣、缝纫和制陶等手工艺课程。高年级学生在教师指导下从事服装裁剪和手工艺制作,其产品在当地市场销售。

(2)吉布提劳动者同盟(l'UNION GENERALE DES TRAVAILLEURS DE DJIBOUTI,简称UGTD)。同盟章程规定,该组织是一个非政治性社会组织,为所有劳动者服务。目标是:在劳动立法上,保证吉布提人民的优先劳动权;培养吉劳动者的责任感,实现工会团结;参与劳动立法和决策;修正和确认劳资协议;争取对政府部门的监督权力。该组织领导机关为执行局,由18名委员组成,领导人为总书记。下辖20个基层工会组织。该组织在吉布提人中影响不大,属于政府外围组织。

(3)吉布提红新月会。成立于1977年6月27日,接替独立前的法国红十字会。1986年,国际红十字会予以承认并接纳为成员。其宗旨是:减轻人类痛苦。它在吉建立了难民营,收容了由于灾难而造成的难民,并在全国范围及首都地区搞预防接种,负责分配各国救济物资给难民。吉1980年、1984年和1985年遭受干旱,该组织提供了大量救护。红新月会在首都建立了五个保健中心,为营养不良儿童提供食品,教授母亲喂养婴儿及为妇女儿童看病。该会经常举办一些义卖、义演活动募捐。该会还在巴尔巴拉区实行母亲儿童卫生计划,由吉卫生部和联合国儿童基金会资助,目的是通过教育和提供信息改善穷人的身体健康状况,鼓励社会参与,防治腹泻和6种可以通过接种疫苗而预防的疾病。吉红新月会与阿拉伯联盟红新月会、联合国儿童基金会、

天主教救济协会等都有联系。

（4）全国保护青少年协会（ASSOCIATION NATIONAL POUR LA PROTACTION DE LA JEUNESE，简称LANJ）。前身是1960年成立的"保护青年领地协会"，1977年独立后改为现名。主要任务是收留并培养孤儿和穷人家孩子，以勤工俭学形式，教给他们各种技能，使他们成为自食其力的劳动者。办有一个小学和一个技术培训学校，设有木工、电焊、电工、汽修和泥瓦工等五个技术车间。该会在四个县设分会，名叫"青年之家"。

协会资金50%来自国家拨款，每年2600万吉郎。此外，沙特阿拉伯非政府组织ERA每年提供3万美元。还有自创收入，如建房出租，出售产品等。

第五节　军事

一　概述

（一）建军简史

吉布提武装部队创建于1977年6月6日。这支部队是在吉布提宣布独立前三周，以当时在法国军队中服役的吉布提籍士兵和从索马里撤回的索马里海岸解放阵线的士兵为主体仓促组成的。当时兵员仅为1500人。在法军中服役的吉布提人无一军官，为解决建军需要，从中选拔了13名士官送到法国速成培训。建军初期，装备十分简陋，无任何重武器，装备的大部分是苏联向索马里海岸解放阵线提供的轻武器。其后，在法国的援助下，吉军发展壮大，武器装备得到更新。1993年吉内战时，政府军迅速扩充，从原来的4000人扩充到15000人。自1994年起，政府开始复员士兵，目前总兵力为

2800人。

(二) 国防体制

军队由两部分组成：武装部队（AND）和国家安全部队（FNS）。前者由国防部统辖，后者由内政部领导。国家安全部队创建于1977年7月1日。两部分部队均实行志愿兵制度。

吉布提全国武装部队由陆海空三军组成，总统为武装部队总司令，通过三军总参谋长实施对军队的领导和指挥，国防参谋长为三军总参谋长的副手。现任总参谋长为法蒂·艾哈迈德·侯赛因（Fathi Ahmed Houssein）少将，国防参谋长为扎卡里亚·谢赫·易卜拉欣（Zakaria Cheik Ibrahim）准将。军队主要职责是国家防务，和平时期参与社会发展和救灾活动。

吉军队还有一个陆军装备修理中心、军队卫生所、通信指挥中心和4所军校。4所军校，就是哈桑·古莱德军校、昂布理技术和战略培训中心、国家扫雷中心和军队卫生培训中心。

(三) 国防预算

2002财年吉军费开支为2653万美元，占GDP的4.4%。吉军费开支主要来源于法国等外国援助。自1985年起，吉每年从法国获得军援1300万美元。

二 军种与兵种

(一) 陆军

军2000多人，有一个炮兵团（包括一个后勤指挥连、一个伞兵连、五个榴弹炮组和重型迫击炮组等）、一个装甲团（驻在巴尔巴拉区谢赫·奥斯曼军营和DAMERJOG地区）、奥博克兵团（负责东北部地区防务）、塔朱拉兵团（负责西北部防务）、南部兵团（驻于迪基尔县，负责南部地区防务）。

第三章 政治和军事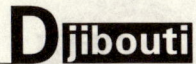

（二）海军

海军约 200 人，装备七艘巡逻艇和快艇。司令马哈穆德·易卜拉欣·罗布莱（MAHMOUD IBRAHIM ROBLEH）少尉。

（三）空军

空军约 200 人，拥有一个空军基地，七架 TRANSALL 运输机和几架米格－8、米格－17 直升机，负责重要人物和军事人员的运输，搜救和战斗支援。

（四）准军事部队

主要有宪兵队、国家安全部队和警察部队。1994 年内战结束后，国家安全部队和警察部队经复员、减编和合并后，称为国家警察部队，其总人数仅 1400 人，主要负责治安、边检、司法、消防等工作。

宪兵队是 1999 年 1 月从武装部队分离出来的准军事部队，约 700 人，负责刑事犯罪（与国家警察部队分工协作）、国内治安、指挥交通任务和重要人物的安全保卫。宪兵由法国、美国和意大利培训。

另外，吉布提还设有国际刑警组织分支机构。该机构是在 1979 年 2 月 5 日组建的。

三 对外军事关系

吉是法国在印度洋－红海地区的重要军事基地。吉独立后，与法签订军事议定书。议定书规定，法国在吉布提享有驻军权。规定法在吉驻军总数为 4150 人，当吉布提受外敌入侵时，法国驻军将予吉军事援助，帮助吉抵抗侵略。1991 年吉爆发内战后，吉要求法履行该协定，共同消灭北方叛军，法以该战争系吉内政为由予以拒绝。

从 20 世纪 90 年代后半期起，法国开始调整海外军事部署，减少海外驻军人数。目前，法国驻扎在吉布提的军队总数为

吉布提

2700人，包括两个战斗团和一个伞兵团的别动连；海军有一支增援印度洋舰队的海军部队，一支突击队和一个通讯监听站；空军有一个歼击中队和一个直升机运输大队。法驻军向吉军提供后勤援助，派遣军事合作人员，为吉培训军事人员。

美国遭受"九一一"恐怖袭击后，吉布提在美国全球反恐战略中的地位提高，以美国为首的全球反恐力量加强在吉驻军，巡防索马里和红海沿岸。2002年1月，德国在吉布提建立海军基地，驻扎800名海军士兵、三艘巡防舰、两艘补给舰和约900名后勤人员。[①]

[①] 英国经济情报所：《经济季评——吉布提》2002年3月号，伦敦，第40页。

第四章

经　济

第一节　概述

吉布提是联合国宣布的最不发达国家之一。由于自然资源贫乏、气候恶劣等因素，吉布提工农业基础薄弱，90%以上的农产品和工业品依赖进口。所以，吉第一、二产业在经济中的作用很小，而以服务业为主的第三产业则在经济中居于垄断地位。

由于吉布提气候炎热，雨量稀少，土壤贫瘠，农业生产极为困难，仅局限于为数不多的畜牧、少量种植和手工捕鱼上。第一产业在国民经济中仅占3%。吉几乎不产粮食，城镇人们所需粮食全部靠进口。由于国内市场狭小，人口过度集中在首都，生产领域成本昂贵，缺少熟练工人等原因，吉布提的工业极不发达，项目屈指可数，大部分生产和生活所需工业品都靠进口。在首都只有几家小型机修厂、船舶修理厂、铁路工厂、发电厂、饮料厂等。第二产业在吉国民经济中的份额为15%～17%。吉布提的经济支柱是第三产业，交通运输（依靠港口、机场、铁路）、对外贸易、商业和服务业在经济中占主导地位，约占国内生产总值的80%左右。1994年第三产业产值占国内生产总值的77.9%。

吉布提

近几年吉政府更加大了对第三产业的投入。

吉布提的经济基础虽然薄弱，但是独立后由于在引进外资，发展第三产业等方面采取一些措施，社会经济还是得到一定发展。1977～1983年，国内生产总值年均增长3%。1989～1992年，年均增长3.3%。然而，由于1991年开始的内战的影响，由于受海湾战争和索马里战乱的影响，从1993年开始，吉布提的经济明显恶化。外援减少，财政收入下降，支出上升，赤字增大，无力扩大再生产。失业人员大量增加。为摆脱困境，1996年4月，吉布提政府决定接受国际货币基金组织提出的条件，开始对经济进行结构性调整。

从1996年4月开始的经济结构性调整，其主要政策和措施包括：严格管理财政收支，紧缩银根，严格控制财政预算，减少内债外债；调整税收政策，保证税收，增加征收透明度；削减行政开支，实施军警复员计划，裁减国家公职人员20%，并降低工资20%，取消住房补贴，加强社会保障机制；修改投资法，颁布工业保税区制度，改善投资环境，努力增加出口；促进私营经济发展，改造国有企业等。同时，国际社会于1997年5月底在日内瓦召开了援吉圆桌会议，为吉经济结构调整计划筹措资金。据称，与会各方承诺出资7860万美元，满足了吉方80%多的要求。

实施上述紧缩政策后，加之港口进出货物增加，吉经济逐渐扭转衰退局面，国内生产总值自1997年起扭转了负增长的局面。1998年由于埃塞俄比亚与厄立特里亚发生边界冲突，埃塞俄比亚原经厄立特里亚出口的贸易转经吉布提出口，埃塞对吉港口贸易激增，极大促进吉经济增长，当年吉经济增长1.7%。

1999年10月，吉政府开始同国际货币基金组织进行第二阶段合作。双方签署了《加强经济结构调整计划》。根据该计划，吉政府在承诺继续执行财政紧缩政策的同时，同意加速进行经济的结构性调整，计划在三年内将大部分公有制企业转化为私营企业。国际货币基金组织则同意恢复对吉的贷款和援助，在三年内向吉提供5000万美元贷款，帮助吉实行经济结构调整和经济私有化和自由化。

2001年，吉政府制定了《经济社会发展十年计划，2001~2010》，工作重点是加强经济自由化和对外开放，提高吉在地区经济中的地位；减少财政赤字，恢复并保持经济平衡，控制通胀，保证足够的外汇储备，保持货币稳定；促进私营经济发展；加强环保和国土整治，保持经济和社会可持续性发展；扩大就业；提高人民福利；保证饮水安全。积极吸引外国资金和技术，加强税收征缴等。2001年预算赤字减少，外贸盈余有所增加，电厂和港口赢利，经济增长率为1.5%。2004年，由于港口、电力和电讯部门经营情况良好，经济增长率达3.2%。但失业率和贫困人口比例居高不下，财政拮据，外债负担沉重等问题仍没有根本解决。

总的来看，吉布提由于自然条件差，经济基础薄弱，综合基础设施落后，生产力水平和劳动力素质低，对外援依赖度过大，要使经济有所发展，还需不断改革。

第二节　农业

受恶劣气候条件限制，吉农业极不发达，在国内生产总值中所占比例很小，几乎可忽略不计。2003年农业产值为1938.66万美元，约占国内生产总值的3.8%，主要从事蔬菜生产、山地畜牧和手工捕鱼等活动。

一　种植业

吉土壤含盐度高，土壤中缺少有机物质，气候炎热，降雨量少（不到150毫米），且不规律，这些因素极大限制了种植业的发展。1997年，可耕地1000公顷，已耕地900

公顷,其中只有70公顷可灌溉。主要种植玉米、蔬菜、水果和椰枣。农产品仅能满足国民11%的水果蔬菜需求,粮食基本上靠进口,每年要从欧共体、法国、日本等国接受1.3万吨粮食援助。目前,吉全国约有农户500户,从事耕作业的农民1000人左右,每年生产蔬菜2000吨,主要是西红柿、甜瓜、辣椒、洋葱等。主要产区在吉布提市昂布里区和塔朱拉的GABAD区。目前,吉布提正在试种一种名叫"Jojoba"的沙漠植物。这种植物根须长,需水量少,生长期长,一般可存活100年,有助于防止土壤进一步沙化。其果实可以提炼油,制作美容品、药品、蜡烛,还可制作高质量的润滑油等。

二　畜牧业

畜牧业不景气。全国有天然牧场23万公顷,质量很差,一年大部分时间草木稀少。全国无一人工牧场。全国约10万牧民,采取粗放式放牧,主要牲畜有山羊、绵羊、骆驼、牛和少量的驴等。畜牧业作为传统的经济行业,还没有进行商业性开发。牲口只是作为牧民的财富象征和声望高低,而不是为了贸易。据吉国民银行估计,2003年有牛5万头,骆驼6万只,绵羊45万只,山羊56万只。由于干旱、缺水,吉畜牧业发展较困难。

三　渔业

虽然拥有372公里的海岸线和丰富的水产资源,但由于吉布提人以往长期以游牧为生,不习惯吃鱼、虾、螃蟹等海鲜,所以渔业没有得到很好的开发。独立后,政府鼓励人们多捕鱼、多吃鱼,但效果不明显。目前捕捞业仍比较落后,采用手工作业捕鱼,并且只供本地消费。吉布提的海产捕捞潜力估计应在每年47000吨左右,但由于吉布提渔民人数少,只有百余艘小渔船,全年捕鱼量有限。独立时的1977年,捕鱼量不足100吨,到2004年,也只增加到1000吨左右。人们还没有形成多吃鱼的习惯,家庭鱼产品消费量低,平均每户年消费3.5公斤。

四 林业

吉布提全国大部分地区是火山岩物质的地面或寸草不长的沙漠,又加之雨量稀少,真正的森林相当少。只有在海拔800米以上的山区可以看到森林,因为那些地方雨量稍多,又有云雾滋润,适于树木生长。全国森林总面积约6000公顷,主要有榕树、松树和柏树等。政府计划在一些河滩和沿海地带种植耐热耐碱的棕榈、椰枣和柳树等。

第三节 工业

独立后,吉布提政府对发展工业很重视,为发展工业作出很大努力,如对一些外资企业实行国有化,鼓励私人企业发展等。但至今仍无多大起色,与迅速发展的第三产业相比显得十分落后。工业项目屈指可数,仅有几家小型机械修配厂、船舶修理厂、炼油厂、制革作坊、建筑材料厂、发电厂和饮料厂等。工业产值占国内生产总值的比率,1991年是18%,1993年是18.1%,2003年是14.1%。造成吉布提工业滞后的原因主要有:技术人才奇缺,资源匮乏,居民收入水平低,水和电费价格昂贵等。近些年,吉布提政府打算在国内发展毛里求斯式的出口加工型企业,并着手有关发展此类企业的研究。此计划得到联合国开发署的支持。吉布提开发银行也同意给予条件优惠的贷款。

盐矿开采有一定的规模。主要在阿萨勒湖,那里每月可产盐10万吨左右。为了防止过度开采,保护生态环境和旅游资源,政府限发许可证,目前只允许5家公司在阿萨勒湖合理开采盐矿。开采地段被明确划分，每个公司的开采都限定在特定的范围内。盐业工人每月收入近4万吉布提法郎，相当于全国人均收入的20倍。生产的盐大部分销往埃塞俄比亚。①

第四节　商业、服务业

吉布提的商业服务业主要是港口商业服务。吉布提港自1949年宣布为国际自由港以来，它不仅是个商业港，而且是法国、英国、意大利和美国的海军基地，是多国商船和军舰的加油站。围绕港口服务建立的商品运输销售系统、银行金融系统、电脑网络、通讯、租赁和餐饮业等的收入，是吉布提第三产业的支柱和外汇的主要来源。全国商业服务业产值在国内生产总值中的比重，1994年是77.9%，2004年上升到82%。

根据吉布提港口贸易同东北非和中东的市场相衔接的特点，吉布提商人大多从事转口商品的贸易。商人通过吉布提港进口商品，然后转卖给索马里和埃塞俄比亚等，或在吉布提国内出售，均可赚大钱。在吉布提市除了十来家大商店之外，还有许多小商店和大量小商小贩。不少商店为法国人、意大利人、阿拉伯人、埃塞俄比亚人和印度人所开办。小商小贩基本上都是本地人。

吉布提的商业为自由贸易，商品价格分两类，一类是限定价格，另一类是非限定价格。所谓限定价格，实际上是保证基层百姓最低生活必需品的价格，国家对诸如面包、白糖、食油和盐等商品实行限价出售。除此之外的商品价格，则由商人根据市场情况自行调节和竞争。所以，在吉布提，商店与商店之间商品价格差别较大，超级市场与一般市场上的价格差别更加悬殊。

---

① 英国经济情报所：《国情报道——吉布提》，伦敦，1999年4月，第32～33页。

第四章 经 济

第五节 交通与通讯

一 交通运输

吉布提交通系统主要是针对本国经济的特点和国际贸易的需要而发展的，对港口建设和铁路运输尤其重视。

吉布提港是国际自由港和法、英、意和美国海军基地，在东非地区占有重要地位。独立后，吉布提港经过扩建和整修，现有15个泊位，其中13个为深水泊位，包括1个20万吨输油码头（3个泊位）和1个集装箱码头（2个泊位），最大水深为12米。其航运、停泊和装卸条件完全符合国际标准，可停靠300米长、40000吨级的货轮或14万吨的油轮以及其它各类船舶。绝大多数码头设有淡水和燃料补给设备。1999年底，吉布提港向中国上海振华公司购买了总值1500万美元的两台50吨级龙门吊和六台汽车吊，使吉港集装箱装卸能力提高近一倍。2003年港口吞吐量为596.75万吨，比2002年增长31%，其中转运埃塞俄比亚货物达293万吨，占年吞吐量的49.1%。为提高吉布提港的效率和国际竞争力，2000年5月起，吉港与迪拜港签署合作协议，租让20年的管理权给迪拜港。2002年，吉政府加快港口扩建工程，投资4亿美元新建集装箱码头、输油码头和工贸免税区。（根据吉国际自由港年度报告）

吉布提港与埃塞俄比亚首都亚的斯亚贝巴有铁路相通，全长781公里，在吉境内有106公里。在吉布提内的车站除了吉布提市之外，还有豪尔豪尔、阿里萨比埃等车站。铁路由两国联合经营，收入平等分配。如果出现亏损，吉方负担10%。为提高铁路功能，目前正寻求国际援助，以便对铁路进行技术改造。全国有公路3067公里，其中沥青路415公里。沥青铺面公路主要有

两条,都以吉布提港为起点,分别通到塔朱拉和埃塞俄比亚的格拉菲。截至2001年底共有货车101570辆,比2000年增加了5.3%。2001年通过公路运往埃塞俄比亚的货物达294万吨。

为了充分发挥吉布提港的功效,1978年还在那里建起了国际机场。吉布提国际机场可起降大型客、货机。机场离市中心仅十分钟车程。机场跑道长3150米,宽45米。在吉经营的航空公司有法国航空公司(AF)、埃塞俄比亚航空公司(ET)、肯尼亚地区航空公司(Regional Air)、也门航空公司(IY)和索马里达洛航空公司(Dallo Airlines)等。吉布提航空公司飞行10条国际航线,可直通法国、埃塞俄比亚、也门、沙特、肯尼亚、埃及、索马里、毛里求斯、马达加斯加和塞舌尔等十多个国家。2003年由机场入出境旅客为112092人,比2002年上升6.3%,起降飞机17020架次,比2002年上升97%。目前,该机场使用量通常只达到其接待能力的30%。

二 通讯

吉布提拥有发达的电信产业,已形成电缆、光缆、卫星通讯相结合的全方位通讯系统,在非洲电信业中首屈一指。1977年独立后,吉政府于当年9月将殖民时代建立的"电讯总网"改造成吉布提国际电信公司,统一规划和管理电信业发展。1980年6月,吉建成第一个卫星地面站,通过接收和转发国际卫星INTELSAT和阿拉伯卫星的信号,便利了与外界的联系。1982年,吉建成了全国长途电话网,实现了各县之间和内地与国外的电话直拨。1986年,第一条欧亚海底电缆铺通(简称SEA–ME–WE1,连接新加坡和法国),吉以其优越的地理位置成为网上一个结点,享有100条左右国际线路。1994年7月26日,第一条海底光缆铺通(简称SEA–ME–WE2),吉斥资1200万法国法郎参与此工程,拥有了138条国际线路,与美、

第四章 经 济

法、意、埃及、沙特、印度、新加坡等国相连，并与世界光纤网联通。吉自此迈入光缆时代。

第六节 财政与金融

一 财政

吉财政来源主要靠税收和外国的无偿援助等。税收可分为直接税和间接税两种，而间接税是以海关关税为主。上世纪90年代前半期，由于内战等原因，吉国家财政支出大幅度上升，预算出现严重失衡。1998年，政府通过一项预算修改法案，采取措施控制开支，改善征收，保证了预算平衡。同年，吉财政收入下降7.4%以上，但接受的外国无偿援助达60.11亿吉法郎，财政外收入增加14.6%，预算收入则增加到231.54亿吉法郎，而财政法案预定额为246.28亿吉法郎。

上世纪末和本世纪初吉财政收支情况如表4-1。

表4-1 吉布提财政收支情况

单位：亿吉郎

	1999年	2000年	2001年	2002年	2003年
财政收入	294.29	304.67	287.74	309.47	379.62
财政支出	314.12	322.04	302.15	346.6	404.9
财政结余	-19.83	-17.37	-14.41	-37.13	-25.28

2002年度财政预算收入和支出总额均为395.95亿吉法郎，比2001年增加3.5%。2002年10月通过预算修正案，将收入和支出均追加到409亿吉法郎。到2003年底，吉布提外债总额为3.63亿美元，约占国民生产总值的58.4%，其中双边债务额为

1.03亿美元，多边债务为2.6亿美元。外汇储备1.001亿美元。

二　金融与货币

实行开放的现代金融体制。货币可自由兑换，既不限制信贷，也不控制汇兑和转让，中央银行不干预商业银行利率。这为商业服务业的发展创造了有利的条件。

吉布提法郎是法国人于1949年创建发行的。目前，吉郎的流通量币值约5000万美元，由吉在纽约的法美合作银行所存放的一笔等额美元做担保。商业银行的存款和国库储备，均成为货币的预备金。独立以来，吉郎汇率较稳定。1971年12月18日前，1美元=214.392吉郎；1971年12月18日至1973年2月23日，1美元=197.466吉郎；1973年2月23日至今，1美元=177.72吉郎。吉郎成为非洲之角最稳定的货币。吉金融政策的主要目标即是维护吉郎的稳定和自由兑换。这对吉布提发挥地区经济服务中心的作用是极其重要的。

目前，吉布提共有八家银行，即吉国家银行，吉开发银行，印度苏伊士银行，红海工商银行，索马里商业和储蓄银行，埃塞俄比亚商业银行，吉布提中东银行，奥·巴拉克银行（AL BARAK）。

第七节　对外经济关系

一　对外经济关系的方针政策

吉布提政府对外经济关系的方针是促进第三产业的发展，促进私营经济的发展，把吉布提建设成为东北非地区国际贸易、国际金融和远洋运输的中心。为此，吉布提不仅积极与周边国家建立经贸关系，而且积极与欧洲、亚洲和美洲的国家建立经贸关系。吉布提是多个地区和国际组织的成员，诸如

"优惠贸易区"(ZEP)、东非"政府间发展组织"(IGAD)、"东南非共同市场"(COMESA)、"阿拉伯联盟"(LAS)、"洛美协定"(APC-CEE)和世界贸易组织(WTO)等。为了便于同各国经济来往,吉布提实行自由贸易政策,不设关税和非关税壁垒,鼓励出口,改善对进口的管理,注意对国际贸易和金融方面专业技术人才的培养。为方便货物的转口、转运和再出口,吉布提在改善港口、机场、公路、铁路和仓储等基础设施的同时,还鼓励国内企业组成贸易集团,鼓励成立国际运输公司,以增强竞争力。

二 对外贸易

自独立以来,吉布提进出口贸易结构变化不大。它既是货物贸易的纯进口国,也是服务贸易的纯进口国,国民经济对外依赖性很大。进口商品额平均每年2亿美元左右,出口商品额每年保持在1000万~2000万美元之间。贸易极不平衡。主要进口商品依次为食品、饮料、机械设备、家用电器、卡特草、燃料、运输工具、石油化工产品、金属制品、纺织品和鞋类等。出口商品绝大多数是再出口货物,本国货物出口量微不足道,目前能供出口的基本上限于食盐、牲畜、皮张等。主要贸易伙伴为法国、埃塞俄比亚、沙特、意大利、阿联酋、荷兰、新加坡、日本、英国、美国、中国等。法国是吉布提最重要的贸易伙伴国。从20世纪90年代到2003年,吉布提年均从法国进口量在其总进口量中占26%,对法国出口在其出口总额中占57%。

三 外国援助

外国援助是吉布提经济命脉。对1991年吉接受的外援进行分析,可了解其构成、类别、来源及分配的一些特点:1991年吉共接受外援1.148亿美元,比1990年增长约

4.4%,其中:(1)双边援助 7630 万美元,占总数 66.5%;多边援助 3850 万美元,占 33.5%。(2)双边援助国主要是法国和意大利,法国援款 3820 万美元,占总数 34.1%;意大利援款 2270 万美元,占 19.8%。(3)12.7% 援助来源于联合国机构。(4)捐赠占外援的 77.3%,为 8880 万美元;贷款占 22.7%,为 2600 万美元。(5)外援使用与吉中长期发展战略一致,几个主要发展部门吸收了外援的 50%,社会发展占 18.1%(其中 10.6% 用于饮用水工程、净化工程),人力资源开发占 17.1%,交通占 14.8%。

在 1991~1995 年间,吉接受外援总额约为 4.6 亿美元,其中 46.3% 为捐款,36.7% 为贷款,占政府公共投资的 93%。1997 年接受外援总额为 7700 万美元。1998~2002 年共接受外援 3.628 亿美元。2002 年外援总额为 7780 万美元,其中双边援助额为 3690 万美元,占外援总额的 47%。主要援助国为法国、日本、沙特和中国。其他援助方还有意大利、卢森堡、挪威、瑞士以及欧盟、世界银行、联合国儿童基金会等。

据吉布提国家银行统计,截至 2000 年 12 月,吉布提外债余额为 3.67 亿美元。该年偿还本息共计 1548.6 万美元。

2000~2003 年,吉布提年均接受外援在 1 亿美元左右。

第八节 旅游业

吉政府重视发展旅游业,对旅游业进行了大量投资,使之具有一定的接待能力。但由于自然条件的限制,旅游业的发展不显著,客房利用率仅 25% 左右,年均接待旅客不足 3 万人。主要旅游景点除了吉布提市之外,还有阿萨尔湖、穆沙岛、阿尔塔山、阿尔杜巴火山群落、达依原始森林、朗达奔古瓦莱瀑布、塔朱拉海上乐园等。

第四章 经 济

吉布提市位于吉布提中东部,依山傍海。人口42万人。面积600平方公里。气候炎热潮湿,全年分两季:11月至次年3月为凉季,平均气温27℃;4~10月为热季,平均气温37℃,最高气温达45℃以上。雨量较少,年降雨量仅为188毫米左右。

吉布提市以其优越的地理位置和先进的港口、机场、铁路设施而成为本地区的经济中转中心。对人们观光旅游具有很大的吸引力。

吉布提市内有多家旅馆,其中喜来登饭店是四星级饭店,有200个房间,设备和管理均优。收费标准较高,住宿费每天150美元左右。伙食费另算,其中早餐(自助餐)费为27.7美元。但参观交通费免费。吉布提市90年代初开设了两所具有高等教育性质的学校,即高级技术学院和国家教师培训中心。在此基础上于2000年组建了吉布提大学,该校长远目标是提供四年大学教育,建成真正意义上的大学。市内只有一家综合医院,即佩尔蒂总医院。此外,还有法国驻吉军队下属的军医院、私人诊所和私人小门诊部。吉布提市的主要文化设施是中国援建的人民宫和体育场。人民宫内有一能容纳800人的演出大厅和一个200人的国际会议厅。体育场可容纳一万名观众。在法国文化中心内有图书馆和一个小型剧场。

下面是吉布提其他几个景点的情况。

穆沙岛 吉布提近年来十分重视发展海洋旅游业,包括游泳、潜水和钓鱼等。每年9月到次年5月,红海海水变得清澈,是钓鱼和潜水的好季节。从吉市乘快艇到穆沙岛约需一个小时,该岛沙滩洁白,还有着珍贵的红树林,离岛不远的海底珊瑚礁中栖息着各种美丽的海鱼。该岛是首都居民周末度假休闲的好去处。

阿尔塔山 距吉布提市区40公里,海拔近800米,从高处可见塔朱拉海湾的美丽景色。与市区比较,气候凉爽,雨量较

多，故当地上层和法国商人多在此建有别墅。2000年5～8月吉政府在此组织了第13次索马里和会，亦称阿尔塔和会。

阿萨勒尔湖 距吉布提市区200公里，原是古拜特（Goubet）海湾的一部分，因地质运动与海湾隔开，形成盐湖，盐层有2米厚，18公里长，1公里宽，含盐量为330克/升，游客可以轻松地漂浮在水面上。另外，该湖水面低于海平面153米，是世界最低点之一，仅次于死海和里海。该湖所产盐块洁白纯净，晶莹可爱，故又有盐湖之称。据一些地质学家称，尽管当地蒸发量巨大，但海水仍源源不断地从地下裂层渗入盐湖，所以盐湖没有干涸之虞，盐层还在不断加厚。

阿尔杜科巴火山群落 吉布提位于东非大裂谷的末端，地壳运动剧烈，形成了很有特色的火山群。其中最著名的要数1978年11月喷发形成的阿尔杜科巴（Ardoukoba）火山。该火山持续活动了一个星期，留下了一大片黑色火山群落。

第九节 国民生活

一　人文开发指数

1998年联合国世界人类发展报告显示，吉布提的人文开发指数为0.324，在174个国家中排162位。这一位置反映了吉布提要达到世界预定的发展目标，即人口平均寿命85岁，人人享受教育和合理的生活水准，还有很长一段路要走；它还反映了吉社会形势堪忧，贫困程度高。根据世界银行估计，吉布提的赤贫线为每位成年人年收入100229吉布提法郎或等值物（=567美元），贫困线为每位成年人年收入216450吉布提法郎或等值物（=1225美元）。目前吉布提有9.8%的常住家庭生活在赤贫线以下，无法保证从"菜篮子"中获取必需的最低能

第四章 经　济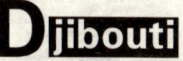

量；45.1%的常住家庭生活在相对贫困中，其花销低于必须保证基本需求的开支水平。如果加上游牧民、难民和居无定所者，吉大约有60%的居民生活在相对贫困中。

在经济贫困的同时，吉布提还存在着严重的人文贫困。伴随着在寿命、教育和生活条件这三个人类生存基本要素的欠缺，吉布提人文贫困指数高达40%。从人文指数角度看，吉布提有三分之一人口为各种形式的贫困或欠缺所困扰。

二　就业

吉可就业人口占适龄劳动人口（15岁以上）的46.3%。第三产业吸纳了大部分就业人口。工薪阶层占劳动者人口总数的75.2%，仅有18.7%的人独立就业，1.2%受雇佣。失业是国家最严重的问题之一。43.5%的可就业人口处于失业状态，年轻人受影响最大，近58%的21～25岁的吉布提人失业。造成这一形势的原因主要是，劳动力市场需求与教育体制之间相矛盾，对失学年轻人的指导机构缺乏，各领域熟练劳动力缺乏，私有部门没有活力等。

三　工资

从1980年起，政府规定最低周工资不得低于15860吉法郎。据1987年统计，吉行政机关人员工资平均约为7800美元/年；小学教师的基本工资约为7090美元/年（此外还享受住房津贴，约为工资两倍）；私企职工工资平均约为4200美元/年。吉布提佣人的工资最低，每年1600美元左右。吉工资分配极不平衡，10%的人领取了工资总额的大部分，其中，占人口总数2%的外国人领取了约25%的工资。由于大批外国人和一批富有的吉布提人的存在，表面上吉布提平均工资水平较高，但实际上大部分城乡人口生活困苦。

四　人口增长与寿命

吉布提官方统计，吉布提人均期望寿命50岁，人口自然增长率为2.9%，婴儿死亡率106‰。15岁以下的人口占人口总数的41%，60岁以上的占3.5%，难民约占7%～11%。城镇人口约占总人口的81%，农村人口占19%。

第五章
教育、科学、文艺、卫生

第一节 教育

吉布提基本上沿袭法国的教育制度，采用法国教育法和教科书。中小学教育分为三个阶段：小学、初中和高中。学制为小学6年、初中4年，高中3年，对6岁到16岁的青少年实行免费义务教育。因气候炎热，学校每年9月上旬开学到翌年5月下旬为一学年，其间仅放假10~13天。每年5月下旬至8月下旬为暑假时间。1990年，吉布提成人识字率仅为17%。鉴于文盲比例较大，吉布提政府制定了扫盲计划，大力开展扫盲工作，成效显著。1995年，成人识字率已提高到46%，但农村妇女文盲率仍高达95%。

吉布提教育经费主要依靠外援。在外国帮助下，吉教育设施有很大改善。自1977年吉布提独立起，沙特阿拉伯援吉322万美元修建了四所初级中学，即昂希里、迪基尔、塔朱拉、阿里萨比中学。另外，沙特阿拉伯还援吉574万美元修建小学。法国援吉307万美元修建了布劳奥斯初级中学和一所师范学校。1991年，非洲开发银行投资30亿吉郎建成吉布提工商学校。1994年日本捐助15亿吉郎修建了巴拉巴拉中学。

除国立学校外,吉布提允许设立民办中、小学,二者数量之比约为4∶1。2000年吉有公立小学82所,私立小学18所,共有学生38191人,教师1168人,男童入学率为39%,女童为30%;公立中学11所(只有国家中学设有高中),私立中学8所,在校学生共计14570人,教师521人(吉布提人占75%)。

吉高中毕业生可参加全国统一考试,国家根据考试成绩从中选派出国留学生,名额要视外国提供的助学金的数目而定。留学生主要被派往法国、美国、突尼斯、阿尔及利亚、英国、中国和摩洛哥等国。目前,吉布提在国外学习的学生约有600人。①

1990年吉布提创办了高级技术学校和国家教师培训中心。高级技术学校由吉布提公立中学和法国合作建立和办学。该学校主要为中小企业和公司培养高级从业人员,学制两年,设置信息管理、国际贸易和文秘专业。国家教师培训中心于1991年由吉布提师范学校与法国蒙彼利埃大学合作建立。主要培养中学师资,学制为两年。该中心有10名教师,其中5人为法国专家。至1996年,已有37名教师结业。

吉布提大学成立于2000年,第一届有学生500名,与法国三所大学合作办学,下设高等商业学院和高等技术学院。目前,该校可颁授大学第一阶段(2年)结业证书、高级技术员合格证书。该校的长远目标是建成四年制的正规大学。

第二节 文学艺术

吉独立20多年来,文化事业发展缓慢。同许多非洲国家一样,当地传统文化多系口头文化(吉当地人主要应用索马里语,而索马里文字在上世纪60年代才随着索马里

---

① 《非洲教育概况》,中国旅游出版社,1997,第115~116页。

共和国的独立而产生),当地人形象地说,一位长者的去世等于一个小图书馆的消失。吉政府迄未制定系统的文化政策,传统文化的收集整理工作也始终没有列入文化主管部门的议事日程。由于缺少资金投入,文化活动不够活跃,仅军队和执政党分别资助的两家歌舞团有少量演出。现有的文化设施年久失修已破旧不堪,中国援建的人民宫是目前唯一可用的大型文化演出场所。

一 文学

1994年2月,吉本土作家阿里·穆萨·伊艾赫(ALI MOUSSA IYEH)的小说《树的判决》获法国海外科学院颁发的LABERT BERNARD奖。其他知名作家:威廉·西亚德(WILLIAM SIAD),阿卜杜拉拉赫曼·瓦贝里(ABDOURAHMAN WABERI),达埃尔·艾哈迈德·法拉赫(DAHER AHMED FARAH)。

二 戏剧电影

吉人民宫有自己的剧团和电影译制厂,可从事简单的电影和录像译制(将英法文译成索马里语)。

知名话剧演员:穆萨·哈桑·穆萨(MOUSSA HASSAN MOUSSA)。

知名话剧导演:艾哈迈德·迪尼(AHMED DINI)。

三 音乐舞蹈

知名歌唱家:阿卜迪·努尔·阿拉莱赫(ABDI NOUR ALLALEH),阿卜达拉·阿卜杜勒卡德(ABDALLAH ABDOULKADER),阿巴亚兹德·巴德里(ABAYAZID BADRI),尼马·贾马(NIMA DJAMA),法杜马·艾哈迈德(GATOUMA

AHMED)、阿卜杜·阿亚舍（ABDO AYACH）和夫阿毛·艾哈迈德（GOUAD AHMED）。

四　美术

名画家：萨伊德·阿里·穆罕默德（SAID ALI MOHAMED）、贾马·埃勒米·高德（DJAMA ELMI GOD）和穆罕默德·马哈茂德（MOHAMED MAHMOUD）。

五　文化设施

娱乐设施缺少，文化生活贫乏。全国只有六座露天电影院和一个剧场，中国援建的人民宫是多功能会议中心，有一个800人演出大厅，常用来举办文艺演出，但由于收费昂贵，吉布提人较少出入。

吉布提市设有一个"青年中心"，每个街区有一个"青年之家"。吉国内四县各设一个"青年之家"。但由于国家财政困难，无力投资，许多青年之家现已形同虚设，有的设施改为它用。

第三节　医药卫生

吉布提的卫生条件在非洲东北部地区是最好的，不仅医疗技术较先进，而且药品也较齐全。

吉实行免费医疗制度。卫生拨款在国内生产总值中所占比重较小，主要靠外援。在外援中，除了法国的技术援助之外，还有意大利、日本等的医疗设备和药品捐助。1997年，中国为吉布提佩尔蒂医院援建了门诊楼。

全国共有2家综合性医院，6个市县级医疗中心，21个门诊所和12个私人诊所。全国共有1910张床位，平均每509人一张病床。900名医务人员中有98名正式医生（34名吉布提医生，

第五章　教育、科学、文艺、卫生

64名外籍医生)。另有900名护理人员，平均每1000人有1.5名医生、0.07名牙医、0.13名药剂师、7名护士、0.67名产科医生和0.75名化验人员。人民的健康状况较差，结核病、登革热、艾滋病发病率较高，霍乱和疟疾时有爆发性流行。据联合国艾滋病控制中心（UNAIDS）估计，截至2000年6月，在15~49岁的吉布提人口中HIV/AIDS患者占11.75%。[1]

吉卫生系统有三级机构，依次是佩尔蒂总医院、各县医疗卫生中心以及基层门诊所和卫生站等，共41个，城区和农村各占一半。除上述国立机构外，还有国防部和劳动部所属的军人医院和企业医院，法国驻军所属的军医院，以及3家私人诊所和9家私人小门诊部。

佩尔蒂总医院是全国最大的医院，设有外、内、儿、妇、口腔、耳鼻喉、眼、精神病、放射、针灸等科和化验室等。有610张床位。

法国、中国等国家根据双边合作协定，向吉布提派驻医疗队。目前在吉外国医疗人员有法国29人、中国10人、埃及4人、意大利4人、巴勒斯坦1人。

第四节　体育

吉布提开展的体育运动主要是田径、足球、网球、篮球、排球、柔道等。全国有12个体育协会。由于缺乏资金、体育设施和训练员，活动受到很大限制。

吉布提人最喜欢的运动是长跑和足球。由于吉布提运动员在奥运会、世界锦标赛等国际大赛中取得过较好成绩，所以国人对长跑比较偏爱。吉常举行全国性的和国际性的田径赛，如马拉

---

[1] 英国经济情报所:《国家概况——吉布提》(2001年)，伦敦，第59页。

松、二分之一马拉松等。吉布提"20公里马拉松"创于1990年。从1993年开始,它已成为国际性比赛。

第五节 新闻出版

吉布提总统府下设新闻署,领导全国新闻工作。政府新闻发布渠道主要是广播电视台和《民族报》。

一 报纸与通讯社

《吉布提民族报》(La Nation de Djibouti)原名《法属阿法尔和伊萨领地觉醒报》,吉布提独立后,更名为《吉布提觉醒报》,后改为现名。是唯一的官方周报。以法、阿两种文字每周一、四出版,每期12页,刊登吉官方的主要政治活动、经济、文化、体育、卫生、社会和国际新闻等。每期发行4000份。社长由新闻秘书长兼任。吉布提新闻社(Agence Djiboutienne de Press)是国家通讯社。

二 广播、电视

吉布提广播电台(Radiodiffusion de Djibouti)是国家电台,1956年创建,用法语、索马里语、阿法尔语和阿拉伯语广播,每周播出共45小时节目。德国于1983年帮助吉建立无线电发射中心,现有中波、短波和调频广播。在意大利援助下,开始逐步实现广播节目制作和播出的数字化。

吉布提电视台(Television de Djibouti)是国家电视台,1956年创建。每天有7小时电视节目,每晚播出综合节目。电视新闻用阿拉伯语、索马里语、阿法尔语和法语播音。1980年6月在沙特阿拉伯和法国援助下,建成一个地面卫星通讯站,可转播法国和邻国电视节目。1990年日本援建一电视制作中心。90年代

第五章 教育、科学、文艺、卫生

初,吉全国约有4万台电视机。吉布提广播电台和电视台台长均是穆罕默德·法拉·穆萨(Muhammad FaRah Moussa)。

三 期刊

期刊主要有:"争取进步人民联盟"创办的《进步》周刊、民主革新党周刊《复兴》、全国民主党周刊《共和》和"争取发展共和同盟"周刊《事实》。此外,还有由罗马天主教组织出版发行的半月刊《非洲十字路口》和1977年国家新闻署创办的《今日吉布提》。

第六章
外　交

第一节　外交政策

一　外交政策

1977年获得独立后，吉布提对外奉行"严格中立和不结盟"并"在平等、互相尊重和不干涉别国内政的基础上同世界各国进行合作"的政策，主张维护世界和平、稳定和安全，通过和平方式解决争端。吉首任总统古莱德认为"国家之间可以不管其政治色彩而进行合作"，希望"普天下都和平"。吉称其外交政策建立在"对话和合作"的基础上。吉支持把红海、印度洋、波斯湾地区变为和平区和无核威胁区；强调非洲之角的和平与稳定，重视发展同邻国的睦邻友好关系，赞同本地区人民在尊重民族主权和独立、和平共处、不干涉他国内政基础上以和平方式解决冲突，发展友好合作关系。在非洲发展问题上，主张各国首先应依靠自己，紧密团结，真诚合作，努力实现经济一体化。主张对联合国进行改革，认为增加安理会常任理事国席位有助于改变大国对否决权的垄断，认为联合国应是一个能表达各国忧虑的、具有透明性和综合性的国际组织。

1977年6月27日吉布提独立后不久，即于1977年7月3日参加非洲统一组织（非洲联盟的前身），1977年9月3日加入阿拉伯联盟，1977年9月20日加入联合国及其所属的主要机构（世界卫生组织、粮农组织、国际劳工组织、世界气象组织等），1978年4月加入洛美协定，成为该协定的成员国。吉布提目前还是伊斯兰会议组织、政府间发展组织（伊加特）、萨赫勒－撒哈拉共同体等地区组织成员国，还是不结盟运动和77国集团等世界性组织成员国。

截至2000年5月，吉同62个国家建立了外交关系。

二　对当前重大国际问题的态度

关于索马里问题　积极参与调解索各派矛盾，强调通过和谈解决分歧，呼吁国际社会承担解决索问题责任。从1991~2004年，多次推动索马里各派参加"和平会议"，为索马里的和平与统一作出了积极贡献。

关于埃、厄冲突　呼吁埃、厄双方停止敌对和武装冲突，主张厄从其占领的巴德梅地区撤军，通过和谈方式解决争端。赞赏埃、厄签署阿尔及尔和平协议，认为有助于地区和平与稳定。

关于以、巴冲突　坚决支持巴勒斯坦人民争取权利的斗争，支持建立巴勒斯坦国。反对以色列的侵略扩张，谴责以色列的国家恐怖主义，强烈呼吁国际社会对以色列施压，要求以色列从它1967年6月以来所占领的土地包括东耶路撒冷撤走。

关于反恐问题　强烈谴责任何恐怖行为，支持国际社会反对和消除恐怖主义的合法努力，但坚决反对将伊斯兰教同恐怖主义混为一谈，反对将反恐战争扩大到其他阿拉伯或穆斯林国家。

关于伊拉克问题　强烈谴责对伊制裁，反对在没有安理会决议和国际合法性的情况下对伊或其他阿拉伯国家进行打击。支持伊政府和人民反对外来干涉、维护国家统一和主权的斗争。

第二节 同美国的关系

国重视吉在东北非的战略地位。1980年9月美向吉派遣常驻大使。1979年之后，随着美国海军舰队在印度洋的增加，美国海军舰队开始出入吉布提港。1982年美海军第七舰队司令曾随舰队到达吉布提港。从20世纪80年代初至90年代初，美国向吉布提提供的援助为2300万美元，并提供价值2亿吉郎的军用物资。自1991～2000年共向吉提供各种援助1240万美元。1991年4月23～27日，古莱德总统首次访美。1994年1月，美国负责非洲事务的助理国务卿乔治·摩西访吉。1998年，美两家公司获准在吉勘探金矿。但吉对美霸权主义时有抨击。

吉重视与美国的关系。1981年6月，吉向美派驻首任大使。吉希望美向吉提供更多的军事和经济援助，也愿为美来往吉港口的军舰提供方便。但在上世纪80年代初期，由于大部分阿拉伯国家同美关系紧张，吉不得不同美保持一定的距离。1981年以色列轰炸伊拉克核反应堆和1982年以色列入侵黎巴嫩，吉均与阿拉伯国家一起谴责美国在政治、经济、军事上对以色列的支持。

在第一次海湾战争和美参加的联合国索马里行动期间，吉向美军提供了港口、机场，作为美国军舰、军用飞机和军需后勤中转站。

美遭"九一一"恐怖袭击后，吉总统盖莱即致电美总统布什表示慰问，并谴责恐怖主义。吉支持美的反恐行动，允许美在吉进行军事训练和使用吉机场运送物资，但认为不应将恐怖主义与伊斯兰教混为一谈，反对扩大反恐打击面。2002年，美获准在吉设立"美国之音"转播站，使用英、法、阿拉伯语对东非

第六章 外 交

和阿拉伯半岛进行 24 小时播音。为感谢吉布提对美国反恐的合作，美国增加了对吉布提的援助，2001 年援助为 785 万美元，2002 年为 1385 万美元。2002 年底，美国防部长拉姆斯菲尔德访吉。2003 年 1 月，盖莱总统应邀访美，布什总统等美高级官员会见，并允诺增加对吉援助。2004 年，美国向吉布提提供了价值 1400 万美元的援助，其中包括 400 万美元的巡逻艇和其他军用设备。

第三节　同法国的关系

法是吉原宗主国，也是吉最大援助国和贸易伙伴，吉在经济、安全等方面对法依赖较大。吉独立初期，古莱德总统称"吉法关系是特殊关系"，采取一条亲法、靠法路线，曾多次赴法访问、开会和度假。法在德斯坦总统时期，吉法关系十分密切。但到 1981 年密特朗总统上台后，由于社会党标榜"民主"、"自由"，主张搞"多党制"，同情和支持吉反对党，与吉政府观点不一致，使两国关系出现摩擦。吉因此在对外政策上做出一些调整，在亲法、靠法同时，加强同阿拉伯联盟各国，尤其是海湾国家的关系，还加强同德、意、日等国的关系，以避免过多对法国的依赖，并防止法国对吉内政的干涉。

90 年代前半期，吉布提与法国在多党民主制和如何对待吉布提国内反政府武装问题上摩擦不断，矛盾激化。法国动用经济和外交手段对吉布提施加压力，包括冻结对吉布提财政援助，推迟双方合作混合委员会会议，怂恿和拉拢其他有关国家停止对吉布提的援助等，致使吉布提经济陷入极其困难的境地。为了能使法国恢复对吉布提的援助，吉布提不得不作出重大让步。吉布提除了在国内实行多党民主制之外，还与反政府武装组织达成和平协议，实现民族和解，裁减政府武装力量等。1994 年夏，法国答应恢复援助，两国关系恢复正常。

吉布提独立后与法国虽然不时发生矛盾，但是由于历史和现实的原因，双方在政治、经济和军事上互有需求，这就决定在今后相当一段时间内，两国仍将保持一种"特殊关系"。

首先，从吉布提方面来看。吉布提的农业和工业基础十分薄弱，在经济中占主导地位的是服务业。而服务业中很大部分是靠为一万多人的法国侨民、商人和驻军提供服务所得。此项收入占吉布提财政收入的1/3。法军缴纳的直接税收占吉布提财政收入的19%。吉布提财政预算的赤字部分，往往也由法国提供财政援助予以平衡。吉布提又是一个贸易国。与法国之间的贸易在吉布提出口总额中占57%，在其进口总额中占26%。法国还是吉布提的最大援助国。自吉布提独立至2000年，吉布提接受法国的各种援助共38371.2万美元。90年代中期以前，法国援助额一直占吉布提接受外援总额50%以上。此后，法援有所下降，但仍占吉布提外来援助总额1/3左右。政治上，法国在吉布提政府大多数部门都派有顾问。军事上，两国签有防务协定，法国驻军协助防守吉布提的边界领土、领海和领空，并为吉布提训练军队。

其次，从法国方面来看。法国要维护大国的地位，必须依靠包括吉布提在内的非洲国家的支持。在地缘上，吉布提是法国在东北非的立足点，法国经地中海、苏伊士运河、红海，赴印度洋和远东的飞机、轮船和军舰，都需在吉布提停靠。从海外运往法国的石油中，有70%需经过吉布提港口。根据吉布提独立时两国签订的防务协定，法国在吉布提设立军事基地。早期法国驻军4000多人。从90年代后期开始，法国调整海外军事部署，缩减海外驻军人数。到2001年，法国在吉布提军事基地驻军人数已减至2700人，但仍占法国在非洲驻军人数的一半。

事实上，吉布提与法国在经过短暂的摩擦之后，从20世纪末开始，又恢复了原来的"特殊关系"。由于法国从1998年开始逐渐减少在吉布提的驻军人数，对吉布提经济特别是服务业带来了不少影响，吉布提为此向法国提出要求予以补偿。经过近一年的谈判，1999年1月双方签署了由法国提供7500万法国法郎援助款协议。1999年4月盖莱就任吉布提总统后，于同年5月和2002年10月先后两次访法，都向法国提出了增加援助的要求。为了对吉布提的要求作出回应，2002年10月法国防部长访吉，表示法国将尽快向吉布提提供一笔特别财政援助，并自2003年起扩大法驻吉军队的纳税范围，帮助吉布提争取国际货币基金组织的援助，实施水资源和国土整治等方面的发展计划，以促进吉布提经济的发展。此外，还提出降低吉布提留法学生的学费，要为在二次大战中为法国而战的吉布提老兵发放抚恤金等。

第四节　同苏联/俄罗斯的关系

吉布提同苏联/俄罗斯关系一般。自1978年吉与苏联建交后，双方交往不多。由于苏联所执行的霸权主义政策及在红海地区的扩张，吉对苏抱有一定的戒心。古莱德总统访问过许多国家，但从未访问苏联和俄罗斯。

吉除了接受苏联妇联、红十字会等组织的一些救灾援助之外，从未接受其他经济援助。

1982年6月，苏运输部长马祖罗夫率团访吉，同吉签订航空协定。苏开辟了莫斯科－开罗－吉布提航线，但客运量不多。

苏联解体后，1992年1月，吉承认俄罗斯联邦和其他独联体国家。吉俄关系迄今无重大进展。

第五节 同中国的关系

1977年6月27日吉布提获得独立后,即表示要同我国发展友好关系。1979年1月8日中、吉正式建交。1980年3月,中国在吉建立使馆。多年来,两国友好合作关系发展顺利。中国坚持大小国家一律平等原则,尊重吉主权和领土完整,不干涉其内政,并对吉提供力所能及的援助,为吉修建了人民宫、体育场及一批住房项目等,赢得吉信任。吉布提政府重视发展同中国友好关系,坚持奉行一个中国政策,双方在重大国际事务中共识较多,相互支持和配合。

一 人员互访

1979年1月我国与吉布提正式建交后,吉布提首任总统古莱德即于同年12月访问我国。后来,又于1991年3月、1994年7月、1998年8月三次访华。1999年4月,古莱德辞去总统职务后,又于同年5月和12月两次来华访问。12月访华期间,还以嘉宾身份参加澳门政权交接仪式。古莱德1998年8月访华期间,正值我国长江流域洪水肆虐之时。为表示对我国抗洪救灾的支持,古莱德以个人名义向我国红十字会捐赠了一万美元。吉方访华的还有议长阿斯卡尔(1981年9月)、总理哈马杜(1999年)、外长穆明(1986年3月)、谢海姆(1997年)、总统办公室主任盖莱(1998年)、工业、能源和矿业部长法拉赫(1996年)、卫生部长达乌德(1997年)、古莱德总统夫人爱莎(1998年)、青体和文化部长巴马克拉(1998年)、争取进步人民联盟副主席盖莱率领的该党代表团(1998年)、武装部队总参谋长法蒂(1998年和2005年)、总理哈马杜(1999年)、议长巴杜尔(2000)、总统盖莱(2001年)和总理迪莱塔（2005年）等。

中方访吉的主要有：姬鹏飞副总理（1980年9月）、城乡建设部长芮杏文（1985年3月，率政府代表团访吉并参加中国援建的人民宫竣工典礼）、经贸部部长助理周小川（1988年3月）、外交部副部长杨福昌（1990年）、国家体委主任伍绍祖（1993年6月下旬，率政府代表团出席中国援建的体育场竣工仪式并参加吉国庆庆典）、外交部部长助理王昌义（1994年）、全国政协副主席王兆国（1994年5月）、钱其琛副总理兼外长（1996年）、外经贸部部长助理杨文生（1998年）、外交部副部长吉佩定（1999年）、北京军区政委杜铁环（2002年）、全国人大常委会副委员长许嘉璐（2002年）和外交部长李肇星（2004年）等。

二　经济合作与贸易

自1979年两国建交至2003年，我国先后向吉布提提供各种经济援助共2.9360亿元人民币，其中无息贷款1.0805亿元人民币，无偿援助8555万元人民币，贴息优惠贷款1亿元人民币，并免除吉布提欠我国到期债务4213.5万元人民币。我国共承担成套项目15个，已建成人民宫、烈士铜像纪念碑、体育场、门诊楼、外交部办公楼、居民住宅楼、艺术文化中心、母子中心和两座小型体育设施等13个项目。

中国与吉布提互利合作始于1982年。到2002年10月，两国共签劳务和工程承包合同额计1.1569亿美元。中国土木工程公司、中国建筑工程总公司分别于1982年、1985年在吉布提设立办事处。在完成的工程中影响较大的工程有牲畜屠宰厂、工商学校、电力公司办公楼、利雅德市场、国家银行、医院门诊楼和外交部办公楼等。

吉布提独立前，我国一些轻工业产品已进入吉布提市场。独立后，两国贸易进一步发展。我国对吉布提出口主要商品为服装、鞋、小五金、轮胎和茶叶等。近几年，我国机电产品开始进入吉布提市场。我国从吉布提进口货物不多，仅有皮张、手工印花织物。有些年份，我国对吉布提贸易只有出口，而无进口。例如，1987年、1989年、1991年和1996年我国对吉布提出口额分别为680万美元、654万美元、977万美元和981万美元，但从吉布提进口额均为零。2004年，我国对吉布提出口额已增至7123万美元，而从吉布提进口额仅51万美元。

三 医疗、教育和文化合作

中国与吉布提签有医疗、教育和文化合作协定。从1981年起，我国先后向吉布提派遣医疗队12批，共88名队员。2005年有10名中国医生在吉布提工作。根据教育合作协定，我国每年向吉布提提供2个全额奖学金大学本科生名额。据2004年资料，吉布提在华留学生11人，其中奖学金生4名，自费生7名，分别在有关大学学习临床医学、国际贸易、国际金融和计算机等专业。根据文化合作协定，我国长春杂技团、铁道部艺术团、宁夏艺术团和山西艺术团等先后赴吉布提演出。

四 两国驻对方使馆

中国驻吉布提大使：沈江宽。馆址：LOT 5, LOTISSEMENT DU HERON, DJIBOUTI。信箱：B. P. 2021。地区号：00253。电话：350404/352247。电传：CHINA DJI, 5926, DJ。经商处地址：RUE NAIROBI, LOTISSEMENT HERON, DJIBOUTI。信箱：B. P. 4001。电话：350575。传真：354174。

2001年6月，吉决定向中国派常驻大使。吉首任常驻中国大使是穆萨·布·奥多瓦（MOUSSA BOUH ODOWA）。2005年届满后，继续留任。馆址：朝阳区塔园外交公寓2-2-102。电话：65327857。传真：65327858。

第六章 外　交

第六节　同周边国家的关系

一　同索马里的关系

吉布提主体民族伊塞人在人种上与索马里人相同，语言上相通。1977年吉布提获得独立后，与索马里之间关系密切。1981年，古莱德总统访索，两国签署友好合作条约和引渡条约，还签订贸易、旅游、移民及人员来往等协定。1982年，吉索高级军事团互访，磋商共同边界防卫问题。1986年1月，索马里西亚德总统访吉，两国签订渔业、文化协定。1987年2月，古莱德总统访索，两国达成七项合作协议，其中包括成立两国边境联合委员会，签订畜牧业、农业、科技、港口及航海、航空合作协议和条约。1988年6月27日，索马里总理萨马尔特参加吉布提独立11周年庆典并访吉。

1991年1月索马里西亚德政权在内战中被推翻后，索马里陷入各派互相厮杀和地方割据的状态。吉布提为调解索马里各派冲突进行了多方努力。就在同年的6月和7月，吉布提先后两次将索马里各派聚集到吉布提，讨论和平解决相互间的冲突。吉布提还支持联合国安理会向索派兵保护人道主义援助的794号决议，主张迅速、彻底解除索马里各派武装。1994年4月，"索民族联盟主席"艾迪德应邀访吉，古莱德总统两次与其会谈。1997年4月，吉布提接待索马里兰阿登·阿卜迪拉伊·努尔将军率团访吉。1999年9月，盖莱总统在第54届联大会议上提出通过"文化途径"解决索马里问题的和平倡议。2000年5～8月，吉布提在阿尔塔主持召开索马里和会。会上产生了索马里过渡全国政府。会后，吉布提与该过渡政府互派大使。不过，这个过渡政府并没有得到索马里多数派别的支持，也没有得到国际社

会的承认。吉布提继续要为解决索马里问题而努力。

2002年7月,在东部非洲国家"政府间发展组织"的支持下,经吉布提与埃塞俄比亚、肯尼亚的共同努力,在肯尼亚召开了索马里各派第14轮"和解会议"。2003年9月15日,"和解会议"通过了"索马里过渡联邦共和国宪章"。2004年8月29日,过渡联邦议会成立。同年10月,经议会选举,产生了过渡联邦政府。这个过渡联邦政府得到索马里国内多数派别和国际社会的支持。吉布提为索马里和平与统一所作的努力,终于结出了硕果。

二　同埃塞俄比亚的关系

吉布提同埃塞俄比亚的关系一直较好。吉所需农产品大部分从埃塞进口,而埃塞则将吉布提港视为对外贸易的重要通道。吉-埃塞铁路是两国的经济动脉。由于两国互相需要,双方都重视发展双边关系。1981年3月,古莱德总统访问埃塞,签订了友好合作协定和运输总协定,还签订了铁路、文化和贸易单项协定,签订了成立埃塞-吉布提经济、科技合作混合委员会的协定,还签订了两国为期十年友好条约。1982年吉在埃塞的迪雷达瓦设立了总领馆。1984年3月,埃临时军事行政委员会主席门格斯图访吉,双方发表联合公报。1984年9月,古莱德总统率团参加埃革命10周年庆祝活动。1985年两国签订农业科技合作议定书。1986年9月,古莱德总统访埃塞,双方讨论了难民、交通、贸易等问题。

1991年,埃塞过渡政府成立后,由于双方在政治、经济上互有需要,尤其是打击国内武装反对派上需进行合作,两国关系进一步加强。1992年1月,埃塞副外长访吉。12月,古莱德总统应埃塞过渡政府总统梅莱斯邀请前往埃塞迪雷达瓦会晤,双方讨论了索马里问题。关于吉北部叛乱问题,梅莱斯总统表示将要

第六章 外 交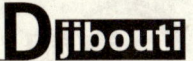

求所有参加吉叛乱的埃塞俄比亚的阿法尔人立即离开吉布提。

1992年10月,哈马杜总理访问埃塞。1993年10月,哈马杜总理赴埃塞出席吉埃第五次混委会会议。会后两国发表联合公报,决定今后加强各方面工作,最大限度地利用吉布提港口,充分发挥吉埃铁路的作用。双方重申要采取共同行动控制非法贸易和非法移民,强调继续在民用航空、电讯、铁路以及基础建设方面的合作。

1994年4月,埃塞总理莱内访吉。两国签署关于引渡、海关、国防和工农业方面的合作议定书。在吉内战问题上,莱内表示埃塞不会成为吉叛军的后方基地。在经济上,双方同意商业活动自由,反对非法贸易。埃难民问题也是这次访问的议题之一。

三 同厄立特里亚的关系

1991年5月29日厄立特里亚宣布独立,成立临时政府后不久,吉布提很快予以承认,并在次年10月派出以哈马杜总理为首的代表团访厄。12月,厄临时政府外交部长穆罕默德访吉。

1993年5月,古莱德总统赴厄参加厄开国庆典,与厄、埃塞和苏丹三国领导人发表联合声明,表示吉、厄、埃塞、苏四国首脑承认四国间存在特殊的兄弟关系。重申支持厄重建国家的努力,呼吁国际社会支持厄,并强调要维护和平,维护地区稳定和加强地区合作。

1993年12月,厄总统伊萨亚斯访吉,双方强调要加强两国关系,为新的地区合作奠定基础。伊萨亚斯称古莱德总统是非洲之角地区的"精神之父"。关于索马里问题,双方都主张索问题应由索人民自己解决,反对外部干涉。

1998年5月埃、厄边境武装冲突爆发,吉积极参与调解。同年11月,因厄指责吉在埃厄冲突中偏袒埃塞,吉宣布与厄断交。2000 年两国复交,并于 2001 年实现两国元首互访,吉厄关系得以修复。2002 年两国政治和经贸合作进一步发展,两国部长级混委会签署了政治、经济和社会领域内的一系列合作协议,两国商界签订商业合作议定书。同年,厄立特里亚商界组团在吉举行了商品展销会。两国友好关系得到了进一步发展。

附录 吉布提重要人物介绍

1. 哈桑·古莱德·阿普蒂敦(Hassan Gouled Aptidon)

1916 年 10 月出生于吉布提市,伊塞族,信奉伊斯兰教。1950 年起先后当选为法国参议员,法属索马里领地代表委员会委员、副主席,领地议会议员、第一副主席,领地政府委员会副主席等职。1963 年创立"伊塞民主同盟",1973 年改名为"非洲人民联盟"。1975 年该联盟与"正义和进步行动党"合并,组成"非洲人民争取独立联盟",古莱德任主席。1977 年 6 月吉独立后出任总统。1979 年创立"争取进步人民联盟",任主席。1981、1987、1993 年三次连任国家总统。1999 年 4 月主动退休。曾 6 次访华。

2. 伊斯梅尔·奥马尔·盖莱(Ismail Omar Guelleh)

1947 年 9 月 17 日出生于埃塞俄比亚的迪雷达瓦,伊塞族,信奉伊斯兰教。在迪雷达瓦读小学,在吉布提读中学。1968 年在法国保安局任调查员。不久,因他能讲索马里语、法语、阿姆哈拉语、阿拉伯语和英语,被调到情报局工作,并于 1970 年升为督察。1974 年,因参加争取独立运动,被殖民当局解职。1977 年吉独立后即任总统办公室主任。1978 年兼任国家安全局局长。1982 年任"争取进步人民联盟"中央委员和政治局委员,1997 年 3 月当选为该党第三副主席。1999 年初,由执政的两党联盟正式提名为总统候选人,并于 4 月当选总统,5 月 8 日宣誓就职。2000年3月,当选为执政党"争取进步人民联盟"主席。2005年4月总统选举中蝉联总统。曾5次访华。已婚,有子女四人。

3. 迪莱塔·穆罕默德·迪莱塔(Dileita Mohamed Dileita)

1958年出生,阿法尔族人,信奉伊斯兰教。先后在埃及和法国就读初中和高中,在阿尔及利亚就读大学,毕业于阿尔及利亚外交学院。1982年进入吉外交和国际合作部,1988年任总统府典礼局副局长,后曾任吉驻法国使馆参赞和驻埃塞俄比亚大使。2001年3月被任命为总理。2005年4月盖莱蝉联总统后,再次被任命为总理。2005年9月访华。

主要参考文献

外文部分

1. Africa South of Sahara, 2002~2004, London, the Gresham Press.
2. all Africa. com.
3. Bachholzer, J., The Horn of Africa, London, 1959.
4. Drysadle, J., The Somali Dispute, London, 1964.
5. Lewis, I. M., Peoples of the Horn of Africa, Somali, Afar and Saho.
6. Lewis, I. M., The Modern History of Somaliland: From Nation to State, London, 1965.
7. Somalia Human Development Report, 2001~2003, Published by United Nations Development Program.
8. Pankhurst, S. F., Ex-Italian Somaliland, London, 1951.
9. Republicof Djibouti, Djibouti, 2001.
10. Thompson, V. and Adloff, R., Djibouti and the Horn of Africa, California, 1968.
11. U. S. Congress, —Somali.
12. The Somali Republic and African Unity (Somali Government Publications), London, 1962.

13. The Economist Intelligence Unit, Country Profile, Djibouti, London, 2003.

中文部分

13. 中华人民共和国外交部网站。
14. 世界各国知识丛书《东非诸国》，军事谊文出版社，1996。
15. 世界宗教研究所：《各国宗教概况》，中国社会科学出版社，1984。
16. 西克·安德烈：《黑非洲史》，上海人民出版社，1973。
17. 伊·谢·谢尔盖耶娃：《索马里地理》，江苏人民出版社，1977。
18. 刘恩照：《联合国索马里行动》，《国际问题研究》1995年第1期。
19. 顾章义：《非洲国家政局动荡中的民族问题》，《西亚非洲》1994年第6期。
20. 吕国增：《吉布提的服务性经济》，《西亚非洲资料》1983年（总）第97期。
21. 袁辉：《索马里共和国》，世界知识出版社，1965。
22. 《非洲教育概况》编写组：《非洲教育概况》，中国旅游出版社，1997。
23. 李树藩、王德林主编《最新各国概况》（第五版），长春出版社，2005。
24. 曾尊固等编著《非洲农业地理》，商务印书馆，1984。

《列国志》已出书书目

2003 年度

沈永兴、张秋生、高国荣编著《澳大利亚》
王振华编著《英国》
徐世澄编著《古巴》
吴国庆编著《法国》
张健雄编著《荷兰》
孙士海、葛维钧主编《印度》
黄振编著《阿拉伯联合酋长国》
杨鲁萍、林庆春编著《突尼斯》
马贵友主编《乌克兰》
李兴汉编著《波罗的海三国》
卢国学编著《国际刑警组织》

2004 年度

马细谱、郑恩波编著《阿尔巴尼亚》
张宏明编著《贝宁》
马胜利编著《比利时》

朱在明、唐明超、宋旭如编著《不丹》
吕银春、周俊南编著《巴西》
王晓燕编著《智利》
徐宝华编著《哥伦比亚》
陈广嗣、姜琍编著《捷克》
张林初、于平安、王瑞华编著《科特迪瓦》
李智彪编著《刚果民主共和国》
王德迅、张金杰编著《国际货币基金组织》
赵常庆编著《哈萨克斯坦》
高晋元编著《肯尼亚》
王景祺编著《科威特》
马树洪、方芸编著《老挝》
朱在明主编《马尔代夫》
顾志红编著《摩尔多瓦》
王宏纬主编《尼泊尔》
杨翠柏、刘成琼编著《巴基斯坦》
鲁虎编著《新加坡》
王兰编著《斯里兰卡》
何曼青、马仁真编著《世界银行集团》
施玉宇编著《土库曼斯坦》
杨会军编著《美国》
孙壮志、苏畅、吴宏伟编著《乌兹别克斯坦》

相关链接

更多信息请查询:www.ssap.com.cn

180卷大型志书《列国志》

一套内容权威、准确,评论客观、公正的大型国际知识参考书

全面、系统地介绍世界各国及主要国际组织的最新情况

中国社会科学院重大课题、国家"十五"重点出版项目

1842年,受林则徐之托,魏源编辑刊刻了近代中国首部介绍当时世界主要国家史地政情的大型志书《海国图志》。林、魏之目的是为长期生活在闭关锁国之中、对外部世界知之甚少的国人"睁眼看世界",提供一个基本的参考资料,尤其是让当时中国的各级统治者知道"天朝上国"之外的天地,学习西方的科学技术,"师夷之长技以制夷"。这部著作,因应当时中国所面临的重大变局——列强环伺、强迫开关、被动地融入世界性的相互联系之中,在当时乃至其后相当长一段时间内,产生过巨大影响。自那时起,中国认识世界、融入世界的步伐就再也没有停止过。

当今世界,资本与技术代替往昔的刀枪舰炮,令世界融合之进程大大加速,面临这样一种不同以往的"大变局",已有的种种有关介绍、论述各国史地政情的论著,无论就规模还是内容来看,已远远不能适应时代发展的要求。新世纪新时代呼唤新的、更系统全面、更权威的著作的出现。

时至今日,在《海国图志》出版了一个半世纪之后,中国社会科学院重大课题、国家"十五"重点出版项目——大型志书《列国志》终于问世了。她将向国人全面、系统地介绍世界各国及主要国际组织的最新情况,为我们认识外部世界提供一套内容权威、准确,评论客观、公正的大型国际知识参考书。

《列国志》凝聚了数百名专家学者的心血。中国社会科学院是国家哲学社会科学的综合研究中心,也是国内研究国际问题的重要基地,全院有11个专门研究国际问题和外国问题的研究所,学科门类齐全,研究力量雄厚。《列国志》的作者主要为中国社会科学院国际片各研究所的学者,也包括国内其他科研院所及大学的相关学者,还包括少量曾任对象国大使的离退休人员。

这套大型志书共180卷,其规模前所未有。每一卷将全面介绍对象国地理环境、历史、政治、经济、军事、文化教育、社会生活、外交等方面的基本情况。本丛书强调学术性与资料参考性相结合,她不是一般的"手册"、"概览",而是在尽可能吸收前人成果的基础上,体现专家学者们的研究所得和个人见解。

《列国志》是一座里程碑,这一浩繁工程无愧于先人的理想,更为今天和后来的中国人探索和认识外面的世界开拓了更广阔的空间。

相关链接

更多信息请查询：www.ssap.com.cn

180卷大型志书《列国志》

适宜大、中型图书馆，大学、中学及其他专业学校收藏，供师生阅读；各国驻华使领馆、对象国驻华商务机构、各大旅行社、国际问题研究及教学工作者和涉外工作者等

《列国志》是一座里程碑，这一浩繁工程无愧于先人的理想，更为今天和后来的中国人探索和认识外面的世界开拓了更广阔的空间

社会科学文献出版社网站
www.ssap.com.cn

1. 查询最新图书　　2. 分类查询各学科图书
3. 查询新闻发布会、学术研讨会的相关消息
4. 注册会员，网上购书

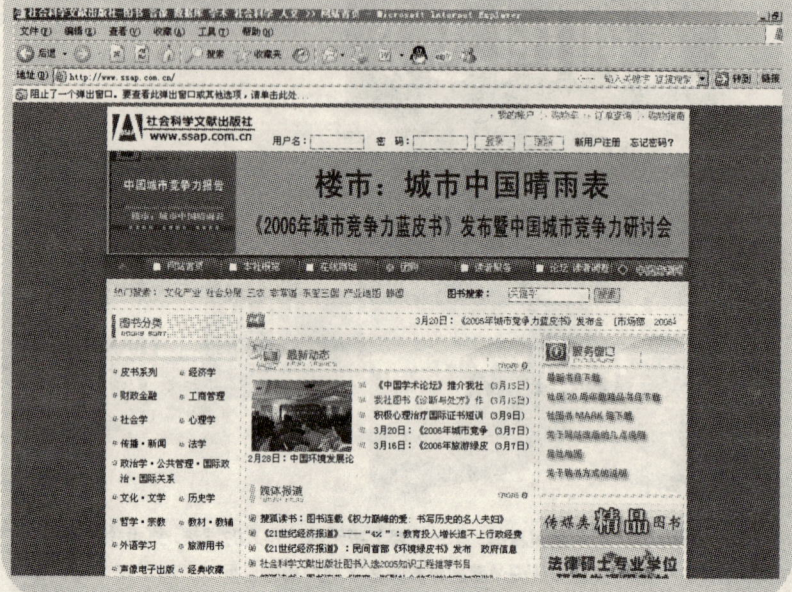

本社网站是一个交流的平台，"读者俱乐部"、"书评书摘"、"论坛"、"在线咨询"等为广大读者、媒体、经销商、作者提供了最充分的交流空间。

"读者俱乐部"实行会员制管理，不同级别会员享受不同的购书优惠（最低7.5折），会员购书同时还享受积分赠送、购书免邮费等待遇。"读者俱乐部"将不定期从注册的会员或者反馈信息的读者中抽出一部分幸运读者，免费赠送我社出版的新书或者光盘数据库等产品。

"在线商城"的商品覆盖图书、软件、数据库、点卡等多种形式，为读者提供最权威、最全面的产品出版资讯。商城将不定期推出部分特惠产品。

资　询/邮购电话：010－65285539　　邮箱：duzhe@ssap.cn
网站支持（销售）联系电话：010－65269967　　QQ：168316188　　邮箱：service@ssap.cn
邮购地址：北京市东城区先晓胡同10号　社科文献出版社市场部　邮编：100005
银行户名：社会科学文献出版社发行部　　开户银行：工商银行北京东四南支行　　账号：0200001009066109151

图书在版编目（CIP）数据

索马里　吉布提/顾章义，付吉军，周海泓编著．－北京：社会科学文献出版社，2006.6
（列国志）
ISBN 7－80230－051－7

Ⅰ．索..　Ⅱ．①顾...②付...③周...　Ⅲ．①索马里－概况　②吉布提－概况　Ⅳ．①K942.2②K942.3

中国版本图书馆 CIP 数据核字（2006）第 024360 号

索马里（Somalia）
吉布提（Djibouti）
·列国志·

| 编 著 者 / 顾章义　付吉军　周海泓 |
| 审 定 人 / 温伯友　贺红燕　张　斌 |

出 版 人 / 谢寿光
出 版 者 / 社会科学文献出版社
地　　址 / 北京市东城区先晓胡同 10 号　（邮政编码：100005）
网　　址 / http：www.ssap.com.cn
网站支持 / （010）65269967
责任部门 / 《列国志》工作室　（010）65232637
电子信箱 / bianjibu@ ssap.cn
项目经理 / 宋月华
责任编辑 / 李正乐
责任校对 / 李　衍
责任印制 / 同　非

总 经 销 / 社会科学文献出版社发行部
　　　　　（010）65139961　65139963
经　　销 / 各地书店
读者服务 / 市场部　（010）65285539
法律顾问 / 北京建元律师事务所
排　　版 / 北京中文天地文化艺术有限公司
印　　刷 / 北京智力达印刷有限公司

开　　本 / 880×1230 毫米　1/32 开
印　　张 / 10.25
字　　数 / 242 千字
版　　次 / 2006 年 6 月第 1 版　2006 年 6 月第 1 次印刷

书　　号 / ISBN 7－80230－051－7/K·242
定　　价 / 25.00 元

本书如有破损、缺页、装订错误，
请与本社市场部联系更换

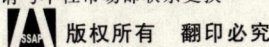
版权所有　翻印必究

《列国志》主要编辑出版发行人

出 版 人	谢寿光
总 编 辑	邹东涛
项目负责人	杨　群
发 行 人	王　菲
编辑主任	宋月华
编　　辑	（按姓名笔画为序）
	朱希淦　杨　群　宋月华
	陈文桂　李正乐　周志宽
	范明礼　章绍武
封面设计	孙元明
内文设计	熠　菲
责任印制	同　非
编　务	李　敏
编辑中心	电话：65232637
	网址：ssdphzh_cn@sohu.com